| 交通运输低碳发展战略与关键技术丛书 |

CO₂ Emission Trading Scheme for Road Transport under the
Carbon Neutrality Target

碳中和目标下
道路交通碳交易机制研究

李文翔　李　晔　著

人民交通出版社股份有限公司

北京

内 容 提 要

本书主要围绕道路交通碳交易的制度设计、作用机理、影响效应、减排潜力以及系统构建进行阐述。全书共包含8章，主要包括道路交通碳交易机制的发展需求与挑战，道路交通碳交易研究现状，多主体协同共治的道路交通碳交易机制，道路交通碳交易的建模与仿真，道路交通碳交易政策对新能源汽车市场的影响，道路交通碳减排潜力及各影响因素的减排贡献，基于区块链的道路交通碳交易系统原型，道路交通碳减排及新能源汽车发展政策建议。

本书可为政府部门、交通运输行业主管部门制定交通运输发展政策提供参考，也可供燃料供应企业、汽车生产企业等单位参考使用。

图书在版编目(CIP)数据

碳中和目标下道路交通碳交易机制研究/李文翔，李晔著.—北京:人民交通出版社股份有限公司，2023.12

ISBN 978-7-114-19142-8

Ⅰ.①碳… Ⅱ.①李…②李… Ⅲ.①公路运输—交通运输业—二氧化碳—排污交易—研究—中国 Ⅳ.①F542

中国国家版本馆 CIP 数据核字(2023)第 225363 号

Tanzhonghe Mubiao xia Daolu Jiaotong Tanjiaoyi Jizhi Yanjiu

书　　名:	碳中和目标下道路交通碳交易机制研究
著 作 者:	李文翔　李　晔
责任编辑:	杨丽改　刘捃梁
责任校对:	赵媛媛　魏佳宁
责任印制:	张　凯
出版发行:	人民交通出版社股份有限公司
地　　址:	(100011)北京市朝阳区安定门外外馆斜街3号
网　　址:	http://www.ccpcl.com.cn
销售电话:	(010)59757973
总 经 销:	人民交通出版社股份有限公司发行部
经　　销:	各地新华书店
印　　刷:	北京虎彩文化传播有限公司
开　　本:	720×1000　1/16
印　　张:	16.75
字　　数:	250 千
版　　次:	2023 年 12 月　第 1 版
印　　次:	2023 年 12 月　第 1 次印刷
书　　号:	ISBN 978-7-114-19142-8
定　　价:	88.00 元

(有印刷、装订质量问题的图书，由本公司负责调换)

前言 | PREFACE

为了应对全球气候变化，2020年9月22日，国家主席习近平在第七十五届联合国大会上宣布，中国力争2030年前二氧化碳排放达到峰值，努力争取2060年前实现碳中和❶。我国交通部门碳排放量占全国碳排放总量的10%左右，是第三大温室气体排放部门，仅次于能源供应和工业生产部门，也是近二十年来能源消耗增长最快的部门。其中，道路交通碳排放占据了交通部门碳排放的80%以上，是落实碳中和目标的关键领域。然而，由于道路交通碳减排涉及上游、中游、下游多类相互影响的异质责任主体，导致现有针对单一主体的减排措施大多存在不确定性和反弹效应等问题。因此，如何有效控制道路交通碳排放增长成为当今社会亟待解决的难题。

发展新能源汽车既是我国保障石油安全、保护环境和应对气候变化的战略需要，也是我国从汽车大国迈向汽车强国的必经之路。近年来，我国通过财政补贴和税收优惠等政策，大力支持新能汽车产业化和市场推广，对新能源汽车发展起到了积极作用。但随着新能源汽车产销量不断增长，大规模的财政补贴已难以为继，政府已于2023年完全取消电动汽车补贴，由市场决定新能源汽车的发展方向。因此，亟须引入市场机制接力财政补贴政策，以建立新能源汽车市场化发展的长效机制。

碳交易作为一种缓解气候变化的重要政策工具，通过总量控制与配额

---

❶ 出自《人民日报》(2020年09月23日01版)。

交易的市场机制，为排放主体提供了灵活的履约方式，可以降低全社会减少碳排放的成本，帮助国家更明确、更高效、更经济地实现减排和促进新能源汽车发展的双重目标。然而，当前碳交易市场的覆盖范围主要包括数据统计基础较好的、减排潜力较大的固定排放源及大型企业。由于移动排放源的复杂性与分散性，交通碳排放监测与管理难度较大，目前国际上绝大多数碳交易体系都尚未包括碳排放增长最快的道路交通部门。随着未来大数据、云计算、车联网、区块链等技术的发展，将道路交通部门纳入碳交易市场逐渐成为可能。但不同于其他固定排放部门，道路交通部门具有单体排放小、排放主体多且分散、涉及面广等特点，其碳交易体系的构建还有待深入研究与完善。

针对上述社会问题与需求，本书旨在探究如何将移动排放源纳入碳交易体系，建立适合于我国的道路交通碳交易机制，以促进道路交通领域节能减排，同时推动新能源汽车在后补贴时代的可持续发展，助力国家碳中和目标的实现。本书主要围绕道路交通碳交易的制度设计、作用机理、影响效应、减排潜力以及系统构建进行阐述，全书共包含8章，各章节内容安排如下：第1章分析了碳中和目标下道路交通碳交易机制的发展需求与挑战；第2章分别从上游、中游、下游不同责任主体的角度，综述了道路交通碳交易机制的研究现状与不足，进而提出建立多主体协同的道路交通碳交易机制的优化方向；第3章提出同时把燃料供应企业、汽车生产企业、汽车使用者作为碳排放的责任主体，设计了政府-企业-居民多主体协同共治的道路交通碳交易机制；第4章基于多智能体建模与仿真，模拟分析了道路交通碳交易机制下各责任主体的决策行为及其演化规律，进而揭示了道路交通碳交易的作用机理；第5章融合系统动力学的方法，分析并预测了道路交通碳交易的关键政策参数对新能源汽车市场发展的影响；第6章结合LEAP模型和对数平均迪氏指数法评估了碳交易机制下中国道路交通碳减排潜力及各影响因素的减排贡献；第7章构建了基于区块链的道路交通碳交易系统原型，可为道路交通碳交易政策落地实施提供支撑平台；第8章在总结本书研究成果与结论的基础上，提出了促进中国道路交通碳减排及新能源汽车发展的政策建议。

本书可能的创新点及贡献在于：①综合考虑政府、燃料供应企业、汽车生产企业、汽车使用者等多类异质责任主体，开创性地将相互独立的上游、中游、下游三种道路交通碳交易机制融为一体，实现燃料排放因子、汽车能耗强度、交通活动需求三个道路交通碳排放主要驱动因素的协同优化；②引入碳交易机制驱动新能源汽车发展，从供给侧和需求侧两端发力，形成市场化激励与惩罚机制，建立燃油汽车反哺新能源汽车的市场机制，促进后补贴时代新能源汽车的生产与消费；③融合自下而上的多智能体建模与仿真和自上而下的系统动力学方法，构建了道路交通异质主体行为仿真与政策测试平台，为政策效果的量化与评估提供依据，揭示政策实施的不确定性；④基于区块链构建了去中心化的道路交通碳交易系统原型，将碳排放权数字化与资产化，实现道路交通碳排放可追溯、可测量、可交易、不可篡改，进而降低移动排放源的管理难度和交易成本。

本书得到了国家自然科学基金面上项目"政府-企业-居民协同共治的道路交通碳交易机制研究"（项目编号：71774118）、国家自然科学基金青年项目"碳交易驱动的共享出行行为演化机理研究"（项目编号：52002244）、国家自然科学基金重点项目"城市交通治理现代化理论研究"（项目编号：71734004）、上海市哲学社会科学规划课题"基于区块链的道路交通碳交易政策设计与评价研究"（项目编号：2020EGL019），以及上海市科技创新行动计划科技支撑碳达峰碳中和专项"面向深度减碳的城市交通碳排放计算关键技术研究及示范"（项目编号：22dz1207500）的资助，在此表示感谢！

著　者

2023 年 4 月

目录 CONTENTS

第1章 道路交通碳交易发展背景 /1

1.1 全球气候变化与碳中和目标 …………………………… 3
1.2 碳交易市场发展现状与趋势 …………………………… 6
1.3 新能源汽车发展现状与趋势 …………………………… 10
1.4 道路交通碳交易发展需求分析 ………………………… 13

第2章 道路交通碳交易理论研究综述 /17

2.1 碳交易基础理论研究现状 ……………………………… 19
2.2 道路交通碳交易研究现状 ……………………………… 21
2.3 已有研究总结与评述 …………………………………… 24

第3章 政府-企业-居民协同共治的道路交通碳交易机制设计 /27

3.1 多主体协同机制分析 …………………………………… 29
3.2 碳配额总量设定与分配制度 …………………………… 34
3.3 行业基准设定制度 ……………………………………… 42
3.4 履约与考核制度 ………………………………………… 43
3.5 市场交易制度 …………………………………………… 47
3.6 监测报告核查制度 ……………………………………… 51
3.7 实例分析 ………………………………………………… 52

第 4 章　基于多智能体的道路交通碳交易建模与仿真/65

  4.1　模型基本假设 …………………………………… 67
  4.2　多主体行为建模 ………………………………… 68
  4.3　基于多智能体的仿真模型 ……………………… 85
  4.4　仿真实例分析 …………………………………… 97

第 5 章　引入碳交易机制的新能源汽车发展路径研究/121

  5.1　基于系统动力学的道路交通碳交易因果关系分析 ………… 123
  5.2　道路交通碳交易对新能源汽车市场的影响效应分析 ……… 134
  5.3　碳交易机制下中国新能源汽车发展预测 …………………… 145

第 6 章　碳交易机制下中国道路交通碳减排潜力评估/157

  6.1　道路交通碳排放影响因素分析 ………………… 159
  6.2　道路交通碳交易情景设置 ……………………… 160
  6.3　碳交易情景下道路交通碳减排路径分析 ……… 176
  6.4　碳交易情景下道路交通碳减排驱动因素分析 … 179

第 7 章　基于区块链的道路交通碳交易系统构建/185

  7.1　区块链技术简介 ………………………………… 187
  7.2　Fabric 区块链应用平台简介 …………………… 197
  7.3　区块链在碳交易中的应用 ……………………… 204
  7.4　基于区块链的道路交通碳交易系统设计 ……… 206
  7.5　基于 Fabric 的道路交通碳交易系统原型开发 … 220

第 8 章　结论与展望/235

  8.1　主要成果与结论 ………………………………… 237
  8.2　政策建议 ………………………………………… 239
  8.3　未来展望 ………………………………………… 241

参考文献/243

第1章

道路交通碳交易发展背景

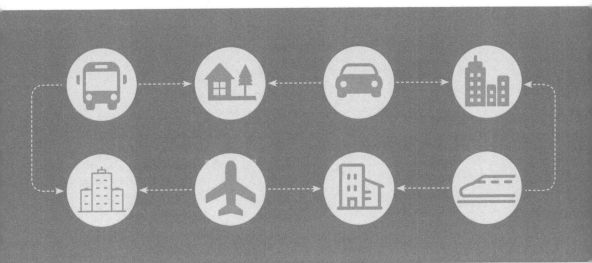

第1章 道路交通碳交易发展背景

气候变化是人类面临的最严峻的挑战之一，减少温室气体排放迫在眉睫。道路交通碳排放由于占比大且持续增长，已成为全球气候变化治理的焦点。面对现有减排政策的不确定性与反弹效应，基于总量控制与市场机制的碳排放权交易或将成为未来道路交通碳排放治理的重要手段。因此，本章首先介绍了碳中和目标的提出背景、碳交易市场及新能源汽车的发展现状与趋势，进而分析碳中和目标下道路交通碳交易机制的发展需求。

1.1 全球气候变化与碳中和目标

气候变化是指气候平均值和气候极端值出现了统计意义上的显著变化。平均值的升降，表明气候平均状态的变化；气候极端值的增大，表明气候状态不稳定性增加，气候异常愈加明显。近百年来，全球气候出现了以变暖为主要特征的系统性变化。相关气象数据显示，自工业革命时期以来，全球温室气体浓度持续上升，平均气温也随之增加，2011—2020年是有记录以来最暖的10年。2020年的全球平均气温约为14.9℃，比工业化前(1850—1900年)水平高出了1.2(±0.1)℃。这种气候长期持续变暖的趋势意味着，我们的子孙后代将面临越来越严重的气候变化影响，包括温度升高、极端天气、水资源压力、海平面上升以及海洋和陆地生态系统遭到破坏等。

全球气候变化已经引起国际社会的广泛关注，如何采取有效措施减少温室气体排放成为各国共同关注的焦点。为了更好地应对气候变化问题，自1990年开始，全球各国在联合国的号召下进行了多次关于应对气候变化国际制度安排的谈判。1992年5月，在纽约联合国总部通过了《联合国气候变化框架公约》(*United Nations Framework Convention on Climate Change*，UNFCCC)，其最终目标是"将大气中温室气体的浓度稳定在防止气候系统受到危险的人为干扰的水平上"。目前，已有198个国家成为该公约的缔约国。1997年12月，《联合国气候变化框架公约》缔约方第3次会议通过了《京都议定书》(*Kyoto Protocol*)。该议定书要求发达国家缔约方遵守减排目标，于2005年2月16日正式生效，是全球第一个以法律形式明确规定各国减排义务的文件。《京都议定书》的第一个承诺期是2008—2012年，第二个承诺期是2013—2020年。截至2023年7月，《京都议定书》有192个缔约国。2015年11月30日至12月12日，《联合国气候变化框架公约》缔约方第21次会议在巴黎举行，各缔约国达成了一项具有里程碑意义的协议——《巴黎协定》(Paris Agreement)，成为各国携手应对气候变化的政治和法律基础。《巴黎协定》的核心目标是：到21世纪末把全球平均气温升幅控制在工业革命前水平以上2℃之内，并努力将气温升幅限制在工业化前水平以上1.5℃之内。截至2023年7月，已有195个国家加入了《巴黎协定》，并被要求提交"国家自主贡献(NDC)"的承诺。

2018年，政府间气候变化专门委员会(IPCC)发表的《全球升温1.5℃特别报告》表明，如果要将温升控制在2°C以内，需要在2075年前实现全球二氧化碳净零排放(即碳中和)；如果要将温升控制在1.5°C以内，则需要在2050年前实现全球二氧化碳净零排放。为了促进这一全球共同目标的实现，截至2021年4月，全球已有130个国家或地区承诺在21世纪中叶实现碳中和，这些国家或地区产生的排放量占全球温室气体排放总量的70%以上，部分国家和地区的碳中和目标时间见表1-1。其中，大部分国家和地区计划在2050年实现，如欧盟、英国、加拿大、日本、新西兰、南非等。美国已明确表示，承诺将在2050年实现碳中和。一些国家计划实现碳中和的时间更早，如乌拉圭、芬兰、冰岛和奥地利、瑞典分别提出2030年、2035年、2040年和2045年实现碳中和，而苏里南和不丹已经分别于2014年和2018年实现了碳中和目标，进入负排放时代。

部分国家和地区碳中和目标一览 表1-1

国家/地区	承诺性质	碳中和目标达成时间	国家/地区	承诺性质	碳中和目标达成时间
乌拉圭	《巴黎协定》自主减排方案	2030年	葡萄牙	政策宣示	2050年
芬兰	执政党联盟协议	2035年	瑞士	政策宣示	2050年

续上表

国家/地区	承诺性质	碳中和目标达成时间	国家/地区	承诺性质	碳中和目标达成时间
奥地利	政策宣示	2030年实现100%清洁电力，2040年气候中立	西班牙	法律草案	2050年
冰岛	政策宣示	2040年	匈牙利	法律规定	2050年
美国	政策宣示	2050年	南非	政策宣示	2050年成为净零经济体
瑞典	法律规定	2045年	马绍尔群岛	提交联合国的自主减排承诺	2050年
加拿大	政策宣示	2050年	韩国	政策宣示	2050年结束煤炭融资
欧盟	提交联合国的自主减排承诺	2050年	不丹	《巴黎协定》自主减排方案	目前为碳负，承诺发展过程中碳中和
丹麦	法律规定	2030年起禁止销售新的汽油和柴油汽车，2050年碳中和	新西兰	法律规定	2050年碳中和，届时生物甲烷将在2017年的基础上减少24%~47%
英国	法律规定	苏格兰地区2045年碳中和，其他地区2050年碳中和	哥斯达黎加	提交联合国的自主减排承诺	2050年
爱尔兰	执政党联盟协议	2050年碳中和，在未来10年每年减排7%	智利	政策宣示	2040年前淘汰煤电，2050年碳中和
挪威	政策宣示（意向）	2030年通过国际抵消实现碳中和，2050年在国内实现碳中和	斐济	提交联合国的自主减排承诺	2050年

续上表

国家/地区	承诺性质	碳中和目标达成时间	国家/地区	承诺性质	碳中和目标达成时间
法国	法律规定	将减排速度提高3倍,2050年碳中和	中国	政策宣示	力争于2030年前碳达峰,2060年碳中和
斯洛伐克	提交联合国的自主减排承诺	2050年	日本	政策宣示	在21世纪后半叶尽早实现
德国	法律规定	2050年	新加坡	提交联合国的自主减排承诺	在21世纪后半叶尽早实现

为了助力实现《巴黎协定》的目标,中国于2015年6月提交了《强化应对气候变化行动——中国国家自主贡献》,细化了2020年后的国家气候行动计划:二氧化碳排放在2030年左右达到峰值,并争取尽早达峰;单位国内生产总值二氧化碳排放比2005年下降60%~65%。2020年9月22日,国家主席习近平在第七十五届联合国大会一般性辩论上发表讲话时宣布:"中国将提高国家自主贡献力度,采取更加有力的政策和措施,二氧化碳排放力争于2030年前达到峰值,努力争取2060年前实现碳中和。"❶ 在此后不到一年的时间里,习近平主席曾多次在重大国际场合发表关于中国"双碳"目标的讲话。在2021年全国两会上,碳达峰、碳中和被首次写入政府工作报告。由此可见,碳中和已经成为中国未来40年重要的战略目标与发展愿景,势必对我国社会经济结构产生重大的影响,同时也为各行各业带来了转型的机遇与挑战。

1.2 碳交易市场发展现状与趋势

碳交易源于欧美,经过十几年的发展,已经成为国际认可的有效的温

---

❶ 出自《人民日报》(2020年09月23日01版)。

室气体减排手段。自英国于 2002 年建立世界上第一个企业间的碳交易体系[1]之后，碳交易大幕就在全球范围内徐徐拉开。2005 年，欧盟建立了世界上首个跨国间的碳交易体系——欧盟排放交易体系(EU ETS)[2]，为全球范围内的其他碳交易体系提供了重要参考，也极大增强了其他国家开展碳交易的信心。自 2008 年全球金融危机和 2009 年哥本哈根全球气候变化大会以来，碳交易的浪潮更加迅猛地席卷着世界上的经济大国，美国、日本、澳大利亚等发达国家内部的区域碳交易体系如雨后春笋般迅速发展起来。美国先后通过芝加哥气候交易所(Chicago Climate Exchange，CCX)、区域温室气体倡议(Regional Greenhouse Gas Initiative，RGGI)、西部气候倡议(Western Climate Initiative，WCI)等建立了多个区域性碳交易市场[3]；澳大利亚于 2015 年通过立法正式启动了全国碳交易市场，其"先实施碳定价，后推动碳交易"的做法成为当时建设碳交易市场国家关注的焦点[4]；日本在东京建立了全球第一个纳入办公楼宇、公共建筑等商业排放源的碳交易体系，也是全球第一个以城市为覆盖范围的碳交易体系[5]。除了上述发达国家以外，其他国家如乌克兰、哈萨克斯坦、白俄罗斯、土耳其、墨西哥、智利、巴西、韩国、中国等也纷纷开始筹建各自的碳交易体系，碳交易在全球范围内已经遍地开花[6]，见表 1-2。

全球主要碳交易市场发展进程[6]　　　　　　　　　　　　表 1-2

名称	启动年份(年)
英国排放交易体系(UK ETS)	2002
(澳)新南威尔士温室气体减排计划(GGAS)	2003
欧盟排放交易体系(EU ETS)	2005
挪威排放交易体系(NOR ETS)	2005
瑞士排放交易体系(SZ ETS)	2008
(英)碳控排目标计划(CERT)	2008
新西兰排放交易体系(NZ ETS)	2008
(美)温室气体减排倡议(RGGI)	2009
(日)东京总量控制与排放交易计划	2010
(英)减碳承诺计划(CRC)	2010
(美)加利福尼亚州总量控制与交易计划	2012

续上表

名称	启动年份(年)
(美)西部气候倡议(WCI)	2012
(澳)清洁能源未来计划	2015

近年来，随着中国经济总量的持续增长，能源消费和碳排放量不断攀升。2011年底，国务院在《"十二五"控制温室气体排放工作方案》中提出了"探索建立碳排放交易市场"的要求。2011年10月，国家发展改革委同意在北京市、上海市、天津市、重庆市、湖北省、广东省及深圳市7个省市开展碳交易试点，并于2013年正式启动碳交易试点，其间7个试点陆续制定了适用于当地的碳交易管理试行办法，并取得了一定成效。2014年12月12日，国家发展改革委发布了《碳排放权交易管理暂行办法》，正式发布了国家层面的碳交易市场建设政策。2016年1月，在《碳排放权交易管理暂行办法》的基础上，国家发展改革委又组织制定了《碳排放权交易管理条例(送审稿)》，计划于2017年正式启动全国碳交易市场，到2020年力争建成制度完善、交易活跃、监管严格、公开透明的全国碳排放权交易市场。2017年12月，国家发展改革委发布了《全国碳排放权交易市场建设方案(发电行业)》，标志着全国碳交易体系正式启动，截至2019年11月，已陆续发布了24个行业碳排放核算报告指南和13项碳排放核算国家标准。2021年10月，《中共中央 国务院关于完整准确全面贯彻新发展理念做好碳达峰碳中和工作的意见》中明确指出：加快建设完善全国碳排放权交易市场，逐步扩大市场覆盖范围，丰富交易品种和交易方式。《中华人民共和国国民经济和社会发展第十四个五年规划和2035年远景目标纲要》也明确提出，推动全国碳交易市场建设是实现"双碳"目标的有力抓手与重要保障。

随着碳交易在全球的逐步实施推进，碳交易市场覆盖的行业范围、温室气体种类等也逐渐扩大，碳交易在促进"低成本控排"中也将发挥越来越重要的作用[7]。各个国家和地区的碳交易市场覆盖范围见表1-3。中国试点的7个省市碳交易所覆盖的温室气体界定为化石能源消耗导致的二氧化碳(包括直接和间接)以及部分工业行业(钢铁、水泥等)的过程排放；

履约主体主要考虑了重点排放企业,覆盖的行业主要包括电力、钢铁、水泥等高排放工业部门,部分试点引入了建筑部门。发电行业是最具条件、数据最完整,同时也是碳排放规模占比较大的行业,因此中国刚刚启动的全国碳交易市场首先覆盖发电行业,履约主体是年排放超过 2.6 万 t 二氧化碳当量的发电企业。

全球碳交易市场覆盖范围[8]　　　表 1-3

国家/区域/团体	覆盖的温室气体	覆盖的行业
欧盟	二氧化碳,部分工业气体(2013 年起),约占排放总量的 44%	电力与热力、水泥、玻璃、陶瓷、钢铁、石油天然气及造纸化工、化石、合成氨、有色和炼铝,2012 年加入航空业,大约包括 11500 个设备($>20MW$)
瑞士	二氧化碳	可豁免碳税征收的能源密集型产业自愿参与,大约包括 350 家企业
澳大利亚新南威尔士州	二氧化碳	电力部门发电厂和零售商
澳大利亚	二氧化碳,甲烷,氧化亚氮,碳氟氢化物	固定能源行业、运输业、工业制造业、废弃物及逃逸气体,不包括农业和林业,每年排放量 25000t 二氧化碳当量的排放源大约有 500 家企业
美国区域温室气体减排行动	二氧化碳	电力部门,单机容量 25MW 以上 225 个发电厂的约 600 个机组
加拿大阿尔伯塔省	二氧化碳	电力和工业部门每年排放量 >10 万 t 二氧化碳当量的企业
新西兰	二氧化碳,甲烷,氧化亚氮,碳氟氢化物,全氟化物,六氟化硫	能源、运输、工业、废弃物、林业、农业等部门
日本东京	二氧化碳	约 1400 个商业建筑和工厂设施

续上表

国家/区域/团体	覆盖的温室气体	覆盖的行业
英国CRC减排计划	二氧化碳	大型商业和公共部门组织(其所涉及的排放不包含于气候变化协议和欧盟排放权交易体系中),用电量>6000μW·h
美国西部气候倡议	二氧化碳,甲烷,氧化亚氮,碳氟氢化物,全氟化物,六氟化硫,三氟化氮	能源、工业、液态燃料,主要取决于各州的决定每年排放量>25000t二氧化碳当量的企业/组织
美国加利福尼亚州	二氧化碳,甲烷,氧化亚氮,碳氟氢化物,全氟化物,六氟化硫,三氟化氮	能源、工业、液态燃料占加利福尼亚州总排放量>85%的设施,大约有600个,每年排放量>25000t二氧化碳当量的企业/组织
中国7个试点省市	二氧化碳	工业(电力、钢铁、石化、化工等)和非工业(机场、港口、商场、宾馆等)

然而,当前碳交易市场的覆盖范围主要包括数据统计基础较好的、减排潜力较大的固定排放源及大型企业,例如电力、钢铁、石化、化工等行业。由于移动排放源具有复杂性与分散性,交通碳排放监测与管理难度较大[9],目前国际上绝大多数碳交易体系都尚未包括碳排放增长最快的道路交通部门[10]。但随着5G(第五代移动通信技术)、大数据、云计算、区块链、物联网等前沿科学技术的快速发展,将实现道路交通碳排放可追溯、可测量、可交易与不可篡改[11-12],因此,未来有望将道路交通部门纳入碳交易市场[13]。

1.3 新能源汽车发展现状与趋势

为了缓解能源和环境危机,世界各国都在大力推广、发展新能源汽车。自2010年起,全球新能源汽车(主要包括纯电动汽车和混合动力电动汽车)保有量持续高速增长,其中纯电动汽车增长略快于混合动力电动汽车的增长。截至2015年,全球新能源汽车保有量达126万辆,是2010年的100倍,创造了新能源汽车市场新的里程碑[14]。同年,中国以20万辆的新能源汽车销量超越美国,首次成为全球最大的新能源汽车销售市场[14]。

中国新能源汽车的快速发展得益于国家政策的大力支持,截至2017年底,我国国家层面出台新能源汽车相关政策达200余项,地方层面超过500项[15]。其中,财政补贴政策是持续时间最长、影响最深远、效果最突出的扶持政策之一,驱动中国新能源汽车销量由2009年的不足300辆跃升至2022年的688.7万辆。截至2021年,中国新能源汽车市场占存率达到13.4%,连续7年位居世界第一。虽然中国新能源汽车发展迅速,但仍然存在一些问题值得关注,例如:私人市场不活跃,消费者购买积极性不高;地方保护主义较为严重;不同地区推广力度分化明显;产品推广过于依赖政策扶持,存在汽车生产企业"骗补"现象等。然而随着新能源汽车产销量继续增长,大规模的财政补贴政策已难以为继。因此,国家先后出台调整政策,补贴标准逐年退坡,并于2023年完全取消电动汽车补贴,由市场决定新能源车的发展方向,这也标志着中国新能源汽车市场即将迈入"后补贴时代"。此外,2020年11月国务院办公厅发布的《新能源汽车产业发展规划(2021—2035年)》强调要充分发挥市场在资源配置中的决定性作用,并提出要"完善企业平均燃料消耗量与新能源汽车积分并行管理办法,有效承接财政补贴政策,研究建立与碳交易市场衔接机制。"这意味着中国新能源汽车发展将由政策主导过渡到市场驱动,因此亟须探索建立新能源汽车市场化发展的长效机制。

美国加利福尼亚州零排放汽车(Zero Emission Vehicle,ZEV)积分交易制度是国际上最早引入市场机制推动新能源汽车发展的政策。该制度通过采用"胡萝卜加大棒"的措施,强制规定在加利福尼亚州汽车年销售量达4500辆以上的汽车生产企业,必须承担一定销售比例的零排放汽车生产责任,即具备一定的ZEV积分,具体以企业传统燃油汽车年销量乘以零排放车占比要求来确定企业应达到的ZEV积分目标。企业可以通过生产销售各种零排放车来实现ZEV积分目标,也可以通过额度交易购买其他企业的富余积分进行抵偿,否则必须按照健康安全法向加利福尼亚州政府缴纳5000

美元/积分的罚款,以此倒逼汽车生产企业发展新能源汽车,如图 1-1 所示。在 ZEV 制度的推动下,新能源汽车在加利福尼亚州加速普及,当前,加利福尼亚州已成为美国新能源汽车最重要的销售市场,2013 年加利福尼亚州电动汽车销量已经占当年全美电动汽车销量的 44%[16]。

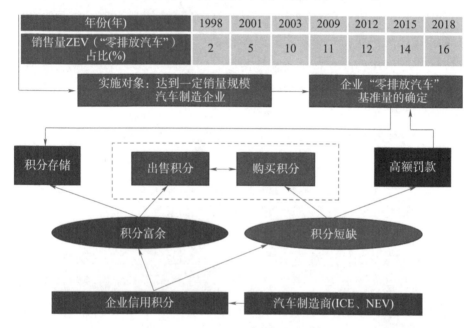

图 1-1　零排放汽车积分交易机制示意图[17]

中国有关研究机构对美国加利福尼亚州零排放汽车法案进行了深入研究,并充分讨论了在中国实施新能源汽车积分管理的可行性[17]。2017 年 9 月 28 日,工业和信息化部等五部委联合发布了《乘用车企业平均燃料消耗量与新能源汽车积分并行管理办法》("双积分"政策),该政策于 2018 年 4 月 1 日起正式实施,旨在实现节能降耗和促进新能源汽车发展的双重目标。该政策面向乘用车生产企业同时设立燃料消耗量和新能源汽车两种积分,根据企业的平均燃料消耗量是否达标形成燃料消耗量正、负积分,根据新能源汽车生产比例达标是否达标形成新能源汽车正、负积分。企业的负积分可以通过积分交易进行抵偿归零,否则将会受到暂停高油耗产品申报、暂停高油耗产品生产等行政处罚。可见,中国的"双积分"政策与加利福尼亚州的 ZEV 积分交易制度类似,都是以积分的形式进行核算,并不是直接以碳排放作为计量单位,对温室气体减排量没有直接的体现。

实际上,在"双积分"政策落地之前,2016年8月2日,国家发展改革委就发布了《新能源汽车碳配额管理办法(征求意见稿)》,对生产和进口燃油汽车达到一定规模的企业设定新能源汽车与燃油汽车的年度产销量比例,并折算为企业应缴的新能源汽车碳配额数量,即新能源汽车与燃油汽车相比,在使用过程中减少的二氧化碳排放量。"新能源汽车碳配额"政策同样允许企业之间进行配额交易,生产销售新能源汽车数量不足的汽车企业,可以通过碳交易市场向有碳配额富余的企业购买。当前《新能源汽车碳配额管理办法》仍停留在征求意见阶段,关于碳配额计算方法、交易价格、如何监管等实施细节仍然还在研究制定中。

然而,不管是加利福尼亚州的 ZEV 积分交易制度,还是中国的"双积分""新能源汽车碳配额"政策,都仅仅局限于对供给侧的激励,如大型汽车生产企业,而忽视了下游消费者的需求,如汽车使用者。事实上,企业生产或进口新能源汽车并不能直接减少碳排放,而只是提供了下游减排的工具。如果没有消费者行为的转变和充电基础设施的发展,将会导致企业生产的新能源汽车没有市场销路而库存严重。只有当消费者主动购买并实际使用新能源汽车时,才能真正发挥出新能源汽车节能减排的效益。因此,建立覆盖道路交通上游、中游、下游的市场机制,同时从供给侧和需求侧两端发力,可以实现减少道路交通碳排放和促进新能源汽车市场发展的双重目标。

1.4 道路交通碳交易发展需求分析

随着经济迅猛发展、城市化进程加快、人民收入水平和机动化水平不断提高,交通需求与交通能耗急剧增长,进而导致交通部门(尤其是道路交通部门)的碳排放量持续攀升。国际能源署(International Energy Agency,IEA)研究报告统计数据显示,2019年全球交通部门 CO_2 排放为82.2亿t,占据全球能源消耗 CO_2 排放的25%,仅次于电力及供暖部门,是全球第二大碳排放部门,也是增长最快的能源消耗部门,预计到2030年这一比例将提高到41%[18]。由于我国经济社会正处于快速发展阶段,随着城镇化和机动化的快速推进,道路交通碳排放量的比重将会继续增长[19]。因此,如何有效治理道路交通碳排放是我国乃至全球亟待解决的热点问题[20]。

根据交通部门碳排放 ASIF 框架❶,道路交通碳排放可主要分解为燃料排放因子、汽车能耗强度、交通活动需求 3 个影响因素的乘积[21],分别对应上游的燃料供应企业、中游的汽车生产企业、下游的汽车使用者三类责任主体,其对应关系如图 1-2 所示,其中:G 表示碳排放总量,以二氧化碳当量(CO_2e)表示;A_i 表示 i 类汽车的活动量;I_i 表示 i 类汽车的能耗强度;F_j 表示 j 类燃料的排放因子。

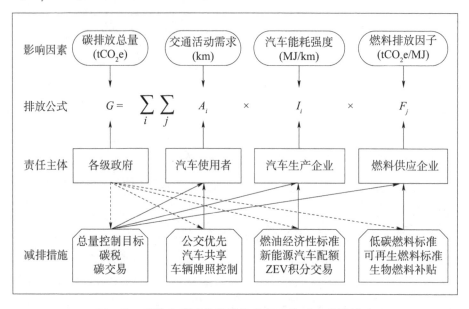

图 1-2　道路交通碳排放因素分解及其对应减排措施

由图 1-2 可知,各级政府提出不同的道路交通减排政策与措施,分别作用于汽车使用者、汽车生产企业、燃料供应企业这三类责任主体,进而控制其对应的影响因素[22]。例如:公交优先、汽车共享、车辆牌照控制等政策主要作用于汽车使用者,使其减少私人小汽车的使用频率和行驶里程,降低交通活动需求;燃油经济性标准、新能源汽车配额、零排放汽车(ZEV)积分交易等政策主要作用于汽车生产企业,使其通过提高传统燃油

---

❶ ASIF 为活动(Activity)、结构(Structure)、强度(Intensity)和燃料(Fuels)的英文首字母缩写。

汽车节能效率或者生产新能源汽车来降低汽车能耗强度;低碳燃料标准、可再生燃料配额、生物燃料补贴等政策主要作用于燃料供应企业,使其通过改变燃料成分比例、使用生物燃料及可再生能源来降低燃料碳含量,进而降低燃料排放因子[23]。

然而,以上道路交通减排措施大都具有不确定性和反弹效应,并且只能影响单个因素与主体,无法保证实质性减少碳排放总量[24]。例如,燃油经济性标准这一类政策虽然可以降低汽车能耗强度,但燃油经济性的提高反而可能刺激燃油汽车使用需求的增长。低碳燃料标准这一类政策虽然可以促进低碳燃料的发展,但无法抑制高碳燃料的生产与使用,并且无法影响汽车能耗强度与交通需求的改变[21]。同时,由于交通碳排放具有负外部性,汽车使用者所付出的个人成本往往小于其产生的社会影响,因此这就造成了一种社会不公平现象。然而,以上政策措施都不能够很好地消除这种外部性差异,导致这种不公平现象将会越演越烈,进而道路交通碳排放也将持续增长。

事实上,空气作为一种公共环境资源,不能仅仅依赖于单一化、碎片化、强制化地治理,而需要由政府、企业、居民共同来分担减排责任,充分发挥市场机制的作用。为了解决上述问题,阿瑟·奥沙利文在其经典著作[25]中提出"谁污染谁治理"的原则,利用经济学原理将交通碳排放的外部性内部化,例如:碳交易、碳税等。这类措施通过政府宏观调控对碳排放进行定价,以价格信号引导企业和居民的行为转变,实现市场的自我调节与优化,并且同时作用于多个责任主体与影响因素,以更高效率地促进碳排放减少。

相比其他道路交通减排政策与措施,道路交通碳交易机制更具优势[26]。首先,政府通过设定碳配额总量可以保证道路交通实质性减排,克服了单一减排措施的反弹效应与不确定性,减排效果显著[27,28]。其次,碳交易为所有责任主体减排提供了极大的灵活性与经济性。例如,减排潜力大的企业可通过出售多余的碳配额来获取技术创新补贴,而减排潜力小的企业则可购买碳配额来完成减排义务。同时,碳交易还可激励企业主动探索研发低碳技术以实现自身利益最大化。因此,引入基于市场机制的道路交通碳交易政策,可以更高效、确定性地实现道路交通碳减排的目标。

然而，各国当前应用碳交易机制管控交通运输行业碳排放仍然处于起步阶段，且存在争议和面临难题。由于交通运输行业具有点多、线长、面广、移动性强、与个人和组织联系密切的特点，车、船、路、港等导致交通运输各行业的碳排放具有排放边界不固定、排放源多而杂、减排成本高等特征，目前国内外仍在探索寻求科学合理的方式将交通运输纳入碳交易体系[29]。国际上，欧盟于2012年将航空业纳入欧盟排放交易体系(EU-ETS)，美国加利福尼亚州于2015年率先建立了交通燃料供应商碳交易市场。中国也正在通过碳交易试点探索交通运输领域碳交易，例如：上海将国内航空、港口纳入碳交易体系，试点航空、港口碳交易；深圳探索交通移动源碳交易，创新机制推进新能源汽车应用；北京先后纳入交通固定源和移动源，逐步管控交通运输企业碳排放。

综上所述，道路交通碳交易是一种政府为完成道路交通减排目标及推动新能源汽车产业发展的探索性政策手段，对于其制度设计、作用机理、影响效应以及系统构建还有待进行深入研究。

第2章

道路交通碳交易理论研究综述

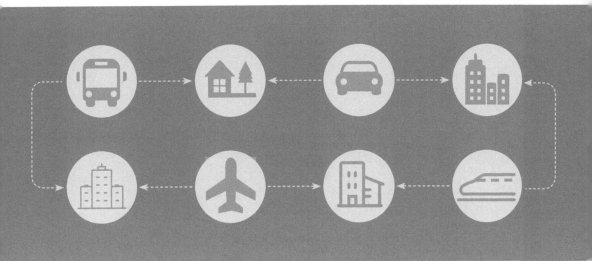

第 2 章 道路交通碳交易理论研究综述

虽然目前道路交通领域碳交易的实践案例较少,但国内外学者已针对如何将道路交通部门纳入碳交易体系开展了广泛的理论研究与探索。本章首先介绍了碳交易的基础理论,然后分别从上游、中游、下游不同责任主体的角度,综述了道路交通碳交易机制的研究现状,并对比论述了三种道路交通碳交易的作用机理和优缺点,进而提出建立多主体协同的道路交通碳排放权交易机制优化方向。

2.1 碳交易基础理论研究现状

碳交易起源于环境排污权的相关研究,其基本原理主要是外部性理论、产权理论和公共物品理论。"外部性"一词最早是由经济学家马歇尔于1890年提出,指的是生产者或消费者在进行活动时会对周边旁观者的福利产生有利影响(收益)或者不利影响(损失),这种收益或者损失与生产者或消费者无关,是一类主体对另一类主体带来的一种"非市场性"的附带影响[30]。20世纪20年代学者庇古在其著作《福利经济学》一书中进一步丰富和完善了外部性问题,他建议可以通过进行征税或者收费的方式来解决这一问题,这就构成了环境税以及企业排污收费的理论基础。虽然庇古提出了一些解决外部性的方法,如征税、收费等,但是这些方法还存在一定的缺陷,如政府的干预可能会影响经济效率、不利于发挥市场的作用,实施征税、收费等政策会存在较高的执行成本等。为了克服这些弊端,经济学家科斯于1937年和1960年先后发表了《企业的性质》[31](*The Nature of the Firm*)和《社会成本问题》[32](*The problem of the social cost*)两篇论文,为解决外部性问题提供了新的思路,进一步丰富了外部性理论。他认为权利界定是外部性问题的关键影响因素,如果产权清晰,相关利益者就可以通过市场交易的方式来解决外部性问题,实现资源的优化配置、增加社会福利。大气作为人类共有资源,是一种公共物品,必须妥善维护。为了维护好大气环境,国际组织或政府之间可以通过谈判分配排污许可额度,建立许可额度的交易市场。因此,这也可理解为一种市场优化的配置,也是一种对产权管理方法的近似值。Dales[33]引入科斯定理在美国水污染治理方面对排污权交易进行了讨论。Montgomery[34]从理论上证明了基于市场的排污权交易系统明显优于传统的环境治理政策。

  Stavins 认为碳交易制度有 8 个要素：总量控制目标、分配机制、排污许可、市场运作、市场定义、监督和实施、分配和政治性问题、与现行法律和制度的整合[35]。目前，初始排污权分配主要有政府无偿分配、有偿拍卖以及两者结合的三类分配方式。Rose 等指出，免费分配方案会导致效益损失[36]。Sartzetakis 认为如果产品市场不是完全竞争的，初始排污权的计划分配将优于市场配置[37]。陈德湖[38]认为，通过有效的排污权初始分配可以减少社会福利的损失。卞化蝶[39]认为，对于我国现在的国情应实行拍卖为主相关制约措施和鼓励性政策为辅的方式来完成排污权初始分配。王先甲等[40]比较了市场与计划两种机制下企业购置排污权的行为，指出采用市场方式比采用计划方式更有效。这些研究成果对于我国排放权交易的发展提供了参考依据。近年来，关于上游碳交易对比下游碳交易的讨论也逐渐变为热门话题[41-43]，相关人员围绕碳交易管制对象展开了激烈的讨论。大量研究显示下游碳交易具有相对较好的实施效益[44-47]，但在交易成本、抵消机制、国际贸易方面不如上游碳交易[48]。Metcalf 和 Weisbach[49]认为上游碳交易可以较低的交易成本覆盖更多的碳排放。但随着碳监测技术的进步，下游碳交易也逐渐变得可行[48]。

  另一方面，碳税同样作为消除碳排放负外部性的一种政策，常常被学者拿来与碳交易进行对比研究。Weitzman 等[50]认为理论上，在完全竞争、完全信息和零交易费用的条件下，碳税和碳交易机制可以达到相同的政策效果，两者可以相互替代，只要将价格或者排放上限确定在边际减排成本与边际减排收益相等的界限处即可。但现实世界里完全竞争、完全信息、零交易成本的假设条件很难满足，碳税和碳排放交易机制的政策效果并不相同。因此，关于碳税和碳交易的选择，学术界还存在着分歧。Fawcett[51]认为如果考虑成本因素，碳税实施成本会比碳交易低得多，碳交易的实施需要一定的实施成本、公众参与成本、交易成本、碳交易系统的运行维护成本等；而碳税只需要政府等有关部门制定相关的法律法规，公众遵守即可。Capstick 和 Lewis[52]认为碳交易更具有经济效益，同时还具有心理效益和社会效益，能够直接作用于消费者个人并影响他们的生活方式和消费方式。Bristowetal[53]和 Harwatt[54]认为碳交易比碳税更易于实施，碳税是一种税收，会增加公众的负担，因此公共会有一定的抵触心理；而碳交易是一种市场交易方法，相比碳税而言，公众更加易于接受。Wadud[55]认为碳交易比碳税更能保持能源商品价格稳定，可能会存在一种缓冲机制，能够防止价格的剧烈波动，而碳税则不具有这种功能，因此当能源市场价格不稳定时，碳交易的效果要明显好于碳税。国内学者主要从减排量、碳价格模式、减排促进机制、监督约束机制、减排成本、接受度等几个方面对碳交易及碳税的优劣势进行比较分析，并运用模型对其效果进行了模拟评估[55-61]，研究结果见表2-1。

碳税与碳交易的优劣对比　　　　　　表2-1

政策	优势	劣势
碳交易	碳减排量确定 减排激励性强 机制灵活，降低减排成本 公众接受度高 利于实现碳金融化	碳价格波动频繁 交易管理成本高
碳税	碳价格保持稳定 可为政府增加税收 透明度高，便于监督 实施难度较小，管理成本低	碳减排量不确定 减排激励性弱 不利于与金融市场结合

2.2　道路交通碳交易研究现状

根据责任主体不同，碳交易主要可分为3种机制[62]：
(1) 以燃料供应企业为交易对象的上游碳交易机制。
(2) 以汽车生产企业为交易对象的中游碳交易机制。
(3) 以汽车使用者为交易对象的下游碳交易机制。

2.2.1　上游道路交通碳交易机制

上游道路交通碳交易机制一般以燃料供应企业为交易主体，是目前交通领域讨论最多的一种模式[63]，也是加利福尼亚州气候变化市场咨询委员会（California Market Advisory Committee）推荐的模式[64]。在这种模式下，政府首先制定交通部门的碳排放总量目标，并逐年递减，然后每年以碳配额的方式分配给所有燃料供应企业，燃料供应企业有义务根据配额情况控制燃料供给，并通过技术手段降低燃料排放因子，以此实现减少交通部门能源消耗与碳排放的目的[28]。由于燃料供应企业数量远小于道路上行驶汽车数量，并且所有汽车均需要使用燃料，上游碳交易机制理论上可实现以最低的管理成本覆盖最大范围的交通排放源[65]。Grayling 等学者[66]也提出在原有燃料税系统的基础上，通过燃料供应企业将道路交通的碳排放纳入欧盟排放交易体系，可相对降低管理难度与成本。例如，英国只有 20 家燃料供应企业，却提供了 99% 的道路交通燃料，据估计英国政府每年只需要支出 100 万英镑，交通行业每年支出 200 万英镑即可覆盖实施碳交易的成本[62]。因此，上游碳交易被认为是一种管理成本低、机制设计简单、公众接受度高的可行方案[67]。

虽然以燃料供应企业作为交易主体的上游碳交易机制可行性较高，但是该机制存在的主要问题是无法保证燃料供应企业减少碳排放[68]。实际上，燃料供应企业可采用的减排方式非常有限，除了生产过程中减排，剩下唯一的手段就是改变燃料成分和类型，例如在汽油中混入乙醇等可再生燃料。因此，该机制带来的最大影响就是燃料价格的上涨[28]。而由于人们对于出行的非弹性需求，该机制可实现的实际减排效果非常有限。有研究估计，30 美元/tCO_2 的碳配额价格将带来 0.27 美元的油价上涨，从长期来看仅能够减少 5%～7% 的燃油消耗[68-69]。

2.2.2 下游道路交通碳交易机制

下游道路交通碳交易机制大多以小汽车使用者为交易主体。最早出现的形式是燃料配额交易（Tradable Fuel Permit）[70]，即：每个居民都持有一定的可交易燃料配额用于交通出行。Keppens 和 Vereeck[71]提出根据年龄向每个公民分配免费的初始燃料配额，主要分为三类人群：0～18 岁（青少年），18～65 岁（成年），65 岁以上（老年），例如 6 岁儿童的配额会少于 25 岁成年人的配额。Verhoef 等[72]认为燃料配额交易是减少道路交通外部性最有效的一种方式，因为它能够刺激人们减少对燃油车的使用以及购买更加节能的车辆。Li 等[73]也证明了在个人碳交易机制下,碳配额价格、个人出行预算以及个人初始碳配额是影响消费者选择和使用清洁能源汽车的主要因素。Watters[62]与 Harwatt[54]在英国提出道路交通领域的个人碳交易机制,以促进英国实现到 2050 年减少 60% 碳排放(相对于 1997 年)的目标。在该机制下,政府每年将一半碳排放总量以配额的形式免费发放给公民,每个 18 周岁以上的英国公民将获得相等的初始碳配额;另一半的碳排放总量政府将通过拍卖的形式在碳交易市场出售给有额外配额需求的公民,所得收入用于弥补替代燃料税的税收损失以及发展公共交通。Wadud 等[74-76]对道路交通领域下游碳交易机制的可行性及其行为响应进行了长期的研究,结果表明下游作用机制可以使得消费者对于价格信号更加敏感,对消费者行为影响更加明显[77],例如改变消费者购车选择[78]、驾驶行为以及居住选址[79],由此将直接促进交通能耗排放的降低。

然而,仍然有许多学者认为个人碳交易是不切实际的,由于该系统将带来巨大的交易成本和管理成本,甚至可能会超过其带来的效益[68]。但 Raux[80]认为可以通过更为智慧的设计来降低系统的运行成本,Raux 和 Marlot[81]设想将这些碳配额储存在一张智能 IC 卡中,即碳账户,居民使用燃油车时将会消耗相应的额度。因此,个人碳交易系统需要一个实时更新可查询的电子数据库,Starkey 和 Anderson[82]认为目前的信息技术发展水平足够支持该系统的建立,例如嵌入已有的欧盟排放交易体系(EU ETS)[83]。相比数量大且较为分散的下游个体,王靖添等[29]从更易于监管的下游企业(轨道交通、公交、出租、港口、航空等大型运输企业)角度,探讨了中国交通运输行业参与碳交易的现状与策略。

2.2.3 中游道路交通碳交易机制

中游碳交易机制是一种折中的方式,是以汽车生产企业为交易主体。加利福尼亚州气候行动小组[84]将此作为交通领域碳交易最为可行的一种机制。Winkelman 等[65]设想在该机制下,强制要求汽车生产企业为履约期内生产或销售的车辆在使用阶段产生的碳排放购买碳配额,以此促进汽车生产企业改进工艺,提高车辆燃油经济性,降低碳排放。Michaelis 与 Zerle[26]提出根据行业基准线排放与企业历史销量分配初始碳配额,并且该基准线将逐年下降，倒逼汽车生产企业研发低排放车辆，或者从配额富余的制造商处购买碳配额，否则将受到惩罚。该机制可与燃料税同时实行，即：通过燃料税来影响驾驶人的驾驶行为与习惯，通过汽车生产企业之间碳交易影响汽车的能耗及排放标准，共同实现降低道路交通碳排放的目标。Albrecht[85]研究发现中游碳交易机制可使交通部门在15年内减少25%~38%的碳排放。该机制的优点是可避免政策导致的燃料价格上涨，同时降低管理成本（因为汽车生产企业数量远小于汽车数量），还可间接刺激消费者选择新能源汽车。

然而，中游碳交易机制也存在一些问题。首先，由于汽车生产企业难以获得其所生产的车辆实际运行中产生的碳排放数据，企业碳配额的分配与清缴难以保证准确性。另外，汽车生产企业所负责的对象不明确。如果是为新售汽车的碳排放负责，将无法覆盖已售出汽车的碳排放；如果是为其生产的所有已上路汽车的碳排放负责，则将会扭曲新售汽车的价格[65]。另一个问题是制度设计的复杂性：是否应该计算汽车从生产、运输、使用到报废全生命周期的碳排放，如何避免与其他部门重复计算碳排放[65]，上述这些问题都还有待深入研究解决。

2.3 已有研究总结与评述

综上所述，3种碳交易机制均可在一定程度实现控制道路交通碳排放总量的目标，并通过市场机制实现减排成本的优化，其主要区别在于责任主体和交易对象的不同。3种道路交通碳交易机制的配额原则、作用机理、优缺点见表2-2。

道路交通碳交易机制对比[87]　　　　　　表2-2

机制	主体	初始配额原则	作用机理	优点	缺点
上游碳交易	燃料供应企业	①基于企业历史排放免费分配；②免费分配与拍卖结合；③拍卖	燃料供应企业改变燃料成分，降低排放因子	①管理成本低；②碳排放覆盖广	减排效果不显著

续上表

机制	主体	初始配额原则	作用机理	优点	缺点
中游碳交易	汽车生产企业	①根据行业基准线排放与企业历史销量分配；②规定新能源汽车比例，并按其减排量折算为碳配额	①汽车生产企业提高车辆燃油经济性；②汽车生产企业增加新能源汽车产销比例	①管理成本低；②促进技术创新	碳排放覆盖不完全
下游碳交易	汽车使用者	①按人免费平均分配；②免费分配与拍卖结合；③拍卖	①消费者改变购车选择；②消费者减少交通活动需求；③消费者改变居住选址	①减排激励强；②减排效果显著	①管理成本高；②实施难度大

对于目前理论上存在的上游、中游、下游3种道路交通碳交易机制，已有研究都是针对其中一种机制单独讨论，尚未系统地把3种机制综合起来考虑。从碳排放总量控制的角度，虽然任意一种机制单独实施均可以实现减排目标，但单一机制往往直接作用于单一影响要素与责任主体，减排效率受到限制。例如：上游碳交易机制仅仅把燃料供应企业作为责任主体，通过碳配额的约束与价格信号激励其降低燃料碳排放因子，而对于企业生产低能耗车辆和汽车使用者减少交通需求的激励较弱。因此，将上游、中游、下游3种机制进行融合，同时把燃料供应企业、汽车生产企业、汽车使用者作为责任主体，构建多主体协同的道路交通碳交易机制，既可以集合单一机制的优点，又可互相弥补各自的缺点。

第3章

政府-企业-居民协同共治的道路交通碳交易机制设计

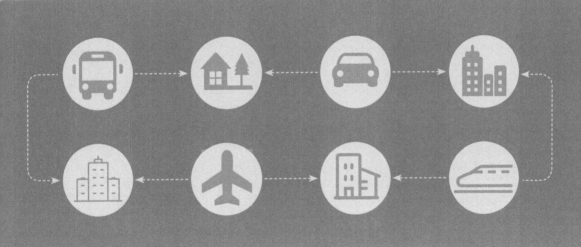

第 3 章
政府-企业-居民协同共治的道路交通碳交易机制设计

根据前文讲述的国内外研究进展可知,目前已存在的上游、中游、下游3种道路交通碳交易机制,由于只直接作用于同类主体与单一要素,减排效率有限。因此,本章提出将上游、中游、下游3种道路交通碳交易融为一体,建立政府-企业-居民多主体协同共治的道路交通碳交易机制,同时把燃料供应企业、汽车生产企业、汽车使用者作为碳排放的责任主体,可以有效提高道路交通碳减排效率,助力实现碳中和目标。

3.1 多主体协同机制分析

3.1.1 责任主体划分

道路交通碳排放涉及的行业和责任主体众多,下游汽车使用者(包括使用私人小汽车出行的居民与运输企业)作为终端排放源,产生交通活动,因此对道路交通碳排放负有最直接责任;中游汽车生产企业(包括传统燃油汽车与新能源汽车生产企业)向消费者出售具有不同能耗强度的汽车产品,因此对道路交通碳排放负有间接责任;上游燃料供应企业(包括加油站、加气站、加氢站以及为新能源汽车提供电能的充换电站运营企业等)向汽车使用者出售不同排放因子的汽车燃料,燃料燃烧将直接产生碳排放,因此对道路交通碳排放也负有间接责任。可见,道路交通碳排放的责任主体按上游、中游、下游可分为燃料供应企业、汽车生产企业、汽车使用者3类异质主体,应该分别对影响道路交通碳排放的三大因素:燃料排放因子、汽车能耗强度、交通活动需求负有相应责任[21](图3-1)。因此,本书提出同时将燃料供应企业、汽车生产企业、汽车使用者作为道路交通碳排放的责任主体,建立多主体协同的道路交通碳交易机制。

3.1.2 市场运行机制

基于已有碳交易市场的实践经验,本书构建的多主体协同的道路交通碳交易由两级市场构成:政府在一级市场通过免费或拍卖的形式进行初始碳配额分配与行业基准设定；责任主体根据自身的情况决定是否在二级市场进行交易，其基本运行机制如图3-2所示。

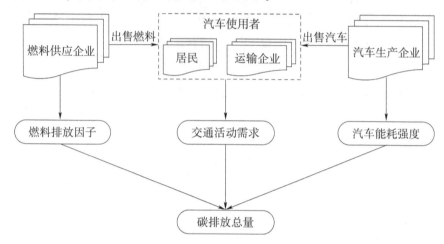

图3-1 道路交通碳交易责任主体

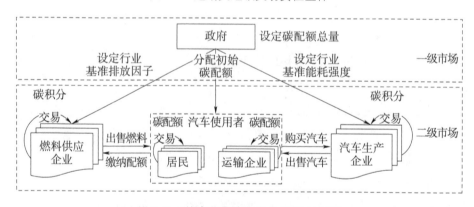

图3-2 道路交通碳交易市场运行机制

一级市场主要由政府主导，负责碳配额的分配和履约考核。在履约初期，政府根据年度减排目标确定道路交通领域的碳排放总量，并按照预先设定的规则（免费发放、拍卖或免费拍卖混合）针对下游的汽车使用者分配初始碳配额，针对中游汽车生产企业设定行业基准能耗强度，针对上游燃料供应企业设定行业基准排放因子。在履约末期，政府分别对汽车使用者的碳排放配额、汽车生产企业的汽车能耗积分、燃料供应企业的排放因子积分进行考核评估并采取必要惩罚。

二级市场主要由市场主导，不同责任主体为了履约，将分别根据各自边际减排成本选择最经济的减排策略。减排成本低的责任主体将选择主动减排，并通过碳交易出售剩余的碳积分或碳配额实现利益最大化。而减排成本高的责任主体可选择通过碳交易购买碳积分或碳配额，实现履约成本最小化。

在保证公平分配环境资源的原则下，每位汽车使用者享有相同的排放权利，同时也承担相同的减排的义务。因此，每个相同类型的汽车使用者拥有相同的初始碳配额，其向燃料供应企业购买燃料时，需要支付相应数量的碳配额，如果配额不足，则需要通过碳配额交易向配额富余的汽车使用者购买额外的配额，否则，在该履约期内将无法使用汽车出行。

汽车生产企业应该对履约期内销售的汽车能耗强度负责，根据政府制定的不同类型汽车的行业基准能耗强度，计算企业的实际碳积分。如企业生产销售的某车型实际的汽车能耗强度小于行业基准能耗强度，则按能耗强度差额和销量产生正积分，反之则产生负积分。最后，碳积分为负的汽车生产企业需要通过碳积分交易购买其他汽车生产企业的正积分进行弥补，否则，将受到行政处罚或罚款。

类似地，燃料供应企业应该对履约期内销售的燃料排放因子负责，根据政府制定的不同类型燃料的行业基准排放因子，计算企业的实际碳积分。如企业生产的某燃料实际的排放因子小于行业基准排放因子，则按排放因子差额和销量产生正积分，反之则产生负积分。最后，碳积分为负的燃料供应企业需要通过碳积分交易购买其他燃料供应企业的正积分进行弥补，否则，将受到行政处罚或罚款。

3.1.3 协同作用原理

在碳交易机制下，碳排放总量是固定的，因此碳配额的供给总量不随着价格变化而变化，那么，市场主体对于碳配额的需求取决于其边际减排成本。假设碳交易市场是完全竞争的，市场参与者会根据其边际减排成本与碳配额的市场价格调整自身碳排放水平，或者选择进行交易，最终达到与碳配额市场价格相等的减排边际成本。

如图 3-3 所示，横坐标轴表示碳排放水平，纵坐标轴表示价格，MAC 表示责任主体的边际减排成本（即减少一单位的碳排放所要付出的成本，也是碳配额的需求曲线），MSC 表示社会边际成本（即产生一单位碳排放所导致的社会成本），S 表示碳配额供给（即政府分配的初始碳配额，它不受价格变动的影响）。假设市场达到帕累托最优，则最优排放量 $Q^* = S$，对应的均衡价格为 P^*。当碳配额市场价格达到均衡价格 P^* 时，边际减排成本曲线 MAC_A 和 MAC_B 对应的责任主体 A 和 B 的碳排放水平分别为 Q_A 和 Q_B。在相同排放量 Q^* 时，由于责任主体 A 的边际减排成本 P_A 低于市场价格 P^*，因此责任主体 A 选择额外减少 $Q^* - Q_A$ 数量的碳排放，并将剩余碳配额出售以获利；而由于责任主体 B 的边际减排成本 P_B 高于市场价格 P^*，因此责任主体 B 则选择购买 $Q_B - Q^*$ 数量的碳配额。通过碳交易，不同边际减排成本的责任主体各尽所能，各取所需，均实现了各自减排成本的最小化。

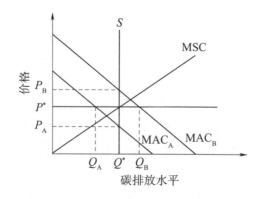

图 3-3 碳交易经济学原理

基于上述经济学原理，多主体协同的道路交通碳交易机制可激励各类责任主体投资或创新低碳技术，例如：燃料供应企业可通过改变燃料成分或生产可再生燃料来降低燃料排放因子；汽车生产企业可通过提高车辆燃油经济性或新能源汽车比例来降低汽车能耗强度；汽车使用者可通过减少车辆行驶里程降低交通需求或购买新能源汽车。此外，碳交易市场的价格信号还将对不同类型的责任主体产生交互影响与协同效应，例如：碳交易市场价格越高，越会引导更多的汽车使用者选择低排放汽车，进而将刺激汽车生产企业制造更多新能源汽车，同时倒逼燃料供应企业生产更加低碳的燃料。因此，本书所提出的道路交通碳交易机制通过政府、企业、居民多类责任主体的协同共治，可以同时促进道路交通碳排放三大影响因素：燃料排放因子、汽车能耗强度、交通活动需求的优化，推进道路交通行业从上游、中游、下游全面向绿色低碳转型发展，基本架构如图 3-4 所示。

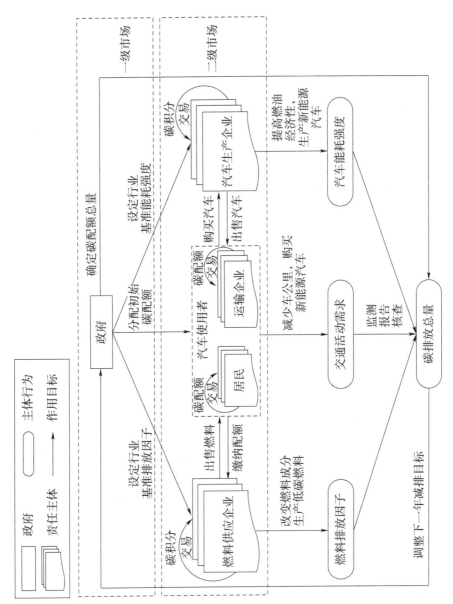

图 3-4 多主体协同的道路碳交易机制基本架构

然而不同于其他固定排放部门,由于移动排放源具有复杂性与分散性,道路交通碳交易的管理范围、参与主体、配额分配、核算方法等制度设计还有待深入研究与完善。下文将从碳配额总量设定与分配制度、基准设定制度、履约与考核制度、市场交易制度以及监测报告核查制度等方面,详细解析道路交通碳交易的制度和规则设计[88]。

3.2 碳配额总量设定与分配制度

3.2.1 覆盖范围

建立道路交通碳交易机制,首先要确定碳交易体系的覆盖范围,因为覆盖范围是碳排放总量设定与配额分配的先决条件。覆盖范围是指道路交通碳交易体系纳入的排放源种类,以及交易所涉及的温室气体类型。

1)排放源

理论上,碳交易体系覆盖的范围越广,就越能够充分挖掘低成本减排的机会。但现实中往往需要考虑所覆盖排放源碳排放量的大小及其占全社会总排放的比例、相关行业减排潜力与减排成本的差异、监管难度与管理成本、数据的可获得性与可靠性等多个实际因素,特别是要考虑理论研究容易忽略的管理成本因素[90]。因此,在碳交易市场建立初期,需要谨慎设定覆盖的排放源。

在道路交通领域,碳排放主要来自机动车使用过程中燃料消耗产生的尾气,而道路基础设施建造施工养护所产生的碳排放以及燃料生产运输过程的间接碳排放占比较低[91]。因此,本书建立的道路交通碳交易在当前阶段只覆盖机动车使用过程中燃料消耗产生的终端碳排放,即从油箱到车轮(tank-to-wheels)的碳排放。对于新能源汽车(如混合动力电动汽车、纯电动汽车),由电力行业碳交易覆盖其因发电而产生的排放,在道路交通碳交易中不再重复计算。

根据国家标准《道路交通管理 机动车类型》(GA 802—2019):"由动力装置驱动或者牵引,上道路行驶的供人员乘用或者用于运送物品以及

第3章 政府-企业-居民协同共治的道路交通碳交易机制设计

进行工程专项作业的轮式车辆,包括汽车及汽车列车、摩托车、轮式专用机械车、挂车、有轨电车、特型机动车和上道路行驶的拖拉机,不包括虽有动力装置但最大设计车速、整备质量、外廓尺寸等指标符合有关国家标准的残疾人机动轮椅车和电动自行车。"其中,民用汽车占据绝大多数,并且每年需要在公安机关交通管理部门注册登记,具有较好的数据统计基础,因此本书建立的道路交通碳交易在当前阶段只覆盖民用汽车的碳排放。而民用汽车根据用途和大小,又可进一步划分为载客汽车(大型、中型、小型、微型)和载货汽车(重型、中型、轻型、微型)。

2)温室气体

温室气体排放是指由于人类活动产生的,导致温室效应、使得全球气温上升的气体,包括二氧化碳(CO_2)、甲烷(CH_4)、氧化亚氮(N_2O)、氢氟碳化物($HFCs$)、全氟碳化物($PFCs$)、六氟化硫(SF_6)和三氟化氮(NF_3)。而二氧化碳排放占整个交通部门温室气体排放的96.6%[89],因此本书建立的道路交通碳交易只覆盖二氧化碳一种温室气体。

3)行业

为了提高减排的效率,促进燃料排放因子、车辆能耗强度、交通活动需求三者协同优化,本书建立的道路交通碳交易将覆盖燃料供应企业、汽车生产企业、汽车使用者3个责任主体。其中汽车使用者主要包括直接拥有并使用小汽车的居民和运输企业,而使用公交、出租汽车或其他公共交通方式出行的居民不在覆盖范围内,其碳排放由运输企业负责。对于燃料供应企业和汽车生产企业,鉴于小规模企业在节能减排的技术投入方面不具备规模分摊优势,减排成本较高,因此本书建立的道路交通碳交易机制主要考核近3年平均汽车产量(或进口量)超过2000辆的汽车生产企业,以及近3年平均油气当量产量(或进口量)超过2500t的燃料供应企业。经初步估算,以上行业范围可以覆盖95%以上的道路交通碳排放。

3.2.2 碳配额总量设定

目前碳配额总量的设定有两种不同的方式:绝对总量减排目标和相对强度减排目标。绝对总量减排目标实质上是碳排放总量控制的一种"硬约束",明确规定碳排放总量的下降目标。而对于相对强度减排目标,在履约期间碳排放总量还是可以继续上升,关键是通过对排放增量和增速的限制,实现相对于正常情景的额外减排量,并最终实现对碳排放总量的控制。相对强度减排目标是向绝对总量控制目标的过渡阶段,可给予经济充分调整的时间。考虑到人民生活水平日益提高,中国的汽车保有量也将持续保持增长态势。因此,本书建议在道路交通碳交易建设初期采用相对强度减排目标,并将道路交通碳配额总量设定分为两部分,一部分是已有汽车的碳配额,一部分是新增汽车的碳配额[92]。

1)已有汽车的碳配额总量设定

碳配额总量设定往往需要核算历史上某时期道路交通的碳排放数据,以此作为参考基准。根据《IPCC 国家温室气体清单指南2006》[93],移动排放源碳排放核算方法可分为两大类:一是自上而下,基于汽车燃料消耗的统计数据计算碳排放总量;二是自下而上,基于交通活动水平数据计算碳排放总量。

(1)自上而下。

该方法的基本思路为直接采用能源统计部门提供的道路交通燃料消费数据结合排放因子计算道路交通碳排放。由于道路交通碳交易的履约期一般为一年,本书将以道路交通领域上一年度的总碳排放作为基准进行计算,见式(3-1)、式(3-2)。

$$\mathrm{TCE}^e(t-1) = \sum_i \sum_k \mathrm{TFC}^e_{ik}(t-1) \times \mathrm{EF}_k(t-1) \tag{3-1}$$

$$\mathrm{TCE}^e_i(t-1) = \sum_k \mathrm{TFC}^e_{ik}(t-1) \times \mathrm{EF}_k(t-1) \tag{3-2}$$

式中,上标 e 代表已有汽车;下标 i 为汽车类型;下标 k 为燃料类型;t 为时间变量;$\mathrm{TCE}^e(t-1)$ 为上一年度道路交通碳交易覆盖的已有汽车的碳排放总量;$\mathrm{TCE}^e_i(t-1)$ 为上一年度已有汽车 i 的碳排放总量;$\mathrm{TFC}^e_{ik}(t-1)$ 为上一年度已有汽车 i 消耗燃料 k 的总量;$\mathrm{EF}_k(t-1)$ 为上一年度燃料 k 的碳排放因子。

(2)自下而上。

该方法基本步骤为:确定汽车类型,收集各类型汽车保有量、行驶里程、单位里程能耗强度等数据,进而推算出燃料消耗量,再结合燃料排放因子进行计算。为了便于统计和计算,同类型汽车的行驶里程和能耗强度往往取平均值,见式(3-3)、式(3-4)。

$$\text{TCE}^e(t-1) = \sum_k \sum_i \text{NV}_i^e(t-1) \times \text{VMT}_i^e(t-1) \times \overline{\text{FC}}_{ik}^e(t-1) \times \overline{\text{EF}}_k(t-1)$$
(3-3)

$$\text{TCE}_i^e(t-1) = \sum_k \text{NV}_i^e(t-1) \times \text{VMT}_i^e(t-1) \times \overline{\text{FC}}_{ik}^e(t-1) \times \overline{\text{EF}}_k(t-1)$$
(3-4)

式中，$\text{NV}_i^e(t-1)$ 为在上一年度已有汽车 i 的保有量；$\text{VMT}_i^e(t-1)$ 为上一年度已有汽车 i 的平均行驶里程；$\overline{\text{FC}}_{ik}^e(t-1)$ 为上一年度已有汽车 i 单位里程消耗燃料 k 的平均值；$\overline{\text{EF}}_k(t-1)$ 为上一年度燃料 k 的平均排放因子。

由于完整的交通活动数据往往难以获取，并且受车型、燃料类型、行驶里程、路况等因素影响，不同排放源的碳排放差异很大，因此道路交通领域采用"自下而上"方法计算碳排放的精度相比"自上而下"方法低一些[94]。但不同地区或国家数据统计方式存在差异，有的缺乏统一口径的燃料消耗量统计，因此建议根据实际情况选择方法一或方法二，条件允许的情况下可以同时使用两种方法相互验证。

采用相对强度减排目标，政府需要根据历史平均碳排放强度和相对强度减排目标(通常以碳配额下降率表示)计算已有汽车目标年的基准碳排放强度：

$$\text{BC}_i^e(t) = \frac{\text{TCE}_i^e(t-1)}{\text{NV}_i^e(t-1)} \times [1 - R_i^e(t)]$$
(3-5)

式中，$\text{BC}_i^e(t)$ 为本年度已有汽车 i 的基准碳排放强度；$R_i^e(t)$ 为本年度已有汽车 i 的碳配额下降率，可以由政府根据不同车型的减排潜力分别确定。根据目标年的各车型已有汽车的数量，可以计算目标年的碳配额总量：

$$\text{CAP}^e(t) = \sum_i \text{BC}_i^e(t) \times \text{NV}_i^e(t)$$
(3-6)

式中，$\text{CAP}^e(t)$ 为本年度已有汽车的碳排放总量设定值；$\text{NV}_i^e(t)$ 为本年度已有汽车 i 的数量(需要考虑上一年汽车报废的比例)。

2)新增汽车的碳配额总量设定

新增汽车往往采用更先进的节能技术和更清洁的能源，具有更大的减排潜力,并且新能源汽车的碳排放显著低于燃油汽车。为了促进推广新能源汽车,同时倒逼企业不断改进和创新技术,生产出更加低碳清洁的汽车和燃料,政府设定的新增汽车碳配额下降率应该大于已有汽车碳配额下降率。对于不同车型的新增汽车,其基准碳排放强度计算如下:

$$BC_i^n(t) = \frac{TCE_i^e(t-1)}{NV_i^e(t-1)} \times [1 - R_i^n(t)] \qquad (3-7)$$

式中,上标 n 表示新增汽车;$BC_i^n(t)$ 为本年度新增汽车 i 的基准碳排放强度;$R_i^n(t)$ 为本年度新增汽车 i 的碳配额下降率,通常 $R_i^n(t) > R_i^e(t)$。

对于目标年新增汽车的数量,可以由政府根据历年各类型汽车新注册数量或销量的变化趋势进行预测,并结合政府对汽车数量调控的政策最终确定汽车新增许可数量。常用的汽车销量预测模型可分为时间序列模型(如移动平均法、指数平滑法、自回归积分滑动平均模型(ARIMA)、灰色模型等)和因果关系模型(如逻辑(Logistic)回归模型、冈珀茨(Gompertz)回归模型、指数回归模型、神经网络等)。考虑到汽车新注册量受到各种因素综合影响,难以判断影响其需求的主要因素,具有一定的随机波动性,因此本书采用数据信息需求较少的灰色模型 GM(1,1),并结合马尔可夫模型对预测结果的残差进行改进,从而得到精准度更高的预测结果。基于改进的灰色马尔可夫模型预测新增汽车数量的步骤如下:

(1)假设历史的新增汽车 i 数量的原始序列为:

$$NV_i^{n(0)} = \{NV_i^{n(0)}(1), NV_i^{n(0)}(2), \cdots, NV_i^{n(0)}(t)\} \qquad (3-8)$$

对原始数据做 1 次累加(AGO)生成新的数列:

$$NV_i^{n(1)} = \{NV_i^{n(1)}(1), NV_i^{n(1)}(2), \cdots, NV_i^{n(1)}(t)\} \qquad (3-9)$$

式中,$NV_i^{n(1)}(t) = \sum_{k=1}^{t} NV_i^{n(0)}(k) (n = 1, 2, 3, \cdots, t)$。

(2)令 $M_i^{(1)}$ 为 $NN_i^{(1)}$ 的紧邻均值序列:

$$M_i^{(1)} = \{M_i^{(1)}(1), M_i^{(1)}(2), \cdots, M_i^{(1)}(t)\} \qquad (3-10)$$

式中,$M_i^{(1)}(t) = \frac{1}{2} NV_i^{n(1)}(t) + \frac{1}{2} NV_i^{n(1)}(t-1)$。

(3) 构建累加序列 $NV_i^{n(1)}$ 的一阶微分方程：

$$\frac{dNV_i^{n(1)}}{dt} + a \times NV_i^{n(1)} = b \qquad (3-11)$$

式中，参数 a，b 可由下列方程式求出：

$$[a, b]^T = (\boldsymbol{B}^T \boldsymbol{B})^{-1} \boldsymbol{B}^T \boldsymbol{Y} \qquad (3-12)$$

其中，$\boldsymbol{Y} = \begin{pmatrix} NV_i^{n(0)}(2) \\ NV_i^{n(0)}(3) \\ \vdots \\ NV_i^{n(0)}(t) \end{pmatrix}$，$\boldsymbol{B} = \begin{pmatrix} -M_i^{(1)}(2) & 1 \\ -M_i^{(1)}(3) & 1 \\ \vdots & \vdots \\ -M_i^{(1)}(t) & 1 \end{pmatrix}$。

(4) 求解微分方程，得到如下的 GM(1,1) 模型：

$$NV_i^{n(1)}(t+1) = \left[NV_i^{n(0)}(1) - \frac{b}{a}\right] e^{-at} + \frac{b}{a} \qquad (3-13)$$

(5) 由累加序列还原序列得到原始结果：

$$NV_i^{n(0)}(t+1) = NV_i^{n(1)}(t+1) - NV_i^{n(1)}(t) \qquad (3-14)$$

(6) 采用马尔可夫模型对预测结果进行修正：

基于 GM(1,1) 模型的预测结果，可以计算原始序列与预测序列的相对误差，并根据相对误差的大小比例来划分状态。一般可划分为3个状态：高估状态（预测值比实际值高）、正常状态（预测值接近实际值）、低估状态（预测值比实际值低）。假设由状态 E_m 经过一个时期转移到 E_n 的一步转移概率为 P_{mn}，将所有的一步转移概率组合构成状态转移矩阵，即：

$$\boldsymbol{P} = \begin{pmatrix} P_{11} & P_{12} & P_{13} \\ P_{21} & P_{22} & P_{23} \\ P_{31} & P_{32} & P_{33} \end{pmatrix} \qquad (3-15)$$

式中，$P_{mn} = \frac{m_{mn}}{m_m}$；$m_m$ 为从样本数据得到状态 E_m 的次数；m_{mn} 为状态 E_m 转移到状态 E_n 的次数。

(7) 计算修正后的预测值。

在状态转移矩阵确定后，预测值的状态区间便随之确定。例如，根据上一年所处的状态 E_m 以及状态转移矩阵 $\boldsymbol{P}_{mn}$，若 $\max(\boldsymbol{P}_{mn}) = k$，则下一年最有可能由状态 E_m 转移到状态 E_k，该状态对应的变动比例区间为 $(\delta_k^{\min}, \delta_k^{\max})$，一般采用变动区间的平均数作为修正系数,则最终求出预测变量的马尔可夫修正值,见式(3-16)。

$$\mathrm{NV}_i^n(t+1) = \frac{\mathrm{NV}_i^{n(0)}(t+1)}{1-\frac{1}{2}(\delta_k^{\min}+\delta_k^{\max})} \quad (3\text{-}16)$$

通过上述步骤便可以计算得到目标年度的汽车新增数量 i,进而可根据设定的排放强度计算新增汽车的碳配额总量。

$$\mathrm{CAP}^n(t) = \sum_i \mathrm{BC}_i^n(t) \times \mathrm{NV}_i^n(t) \quad (3\text{-}17)$$

式中,$\mathrm{CAP}^n(t)$ 为本年新增汽车的碳排放总量设定值;$\mathrm{NV}_i^n(t)$ 为本年度新增汽车 i 的数量。

3.2.3 初始碳配额分配

初始碳配额分配制度是根据所设定的碳配额总量目标,为每一个被纳入碳交易体系且符合条件的责任主体分配其可以使用的初始碳配额[95]。常用的初始碳配额分配方法可分为免费分配法和有偿分配法[40]。其中免费分配法包括历史数据法(又称祖父制,Grandfather)和基准线法(又称标杆法,Benchmark)。有偿分配法包括固定价格出售法和拍卖法等。各种分配方法的特点见表3-1。

初始碳配额分配方法对比　　　　　　　　　表3-1

分配方法		分配原则	优点	缺点
免费分配	历史数据法	根据主体历史的碳排放量,并结合减排目标分配碳配额	实施容易、可接受度高	相对不公平
	基准线法	根据行业碳排放强度和数量,并结合减排目标计算各个主体碳配额	相对公平、可接受度高	数据基础要求高

续上表

分配方法		分配原则	优点	缺点
有偿分配	固定价格出售	按统一价格出售碳配额	设计难度低	接受度低
	拍卖	由公开竞价的单向拍卖形式（例如英式拍卖）出售碳配额	公平、效率高	管理成本高

在碳交易机制的建立和实施进程中，碳配额分配方法也是不断优化的。在碳交易建设初期，为了获得大部分责任主体的支持，一般以免费分配的方法为主。在碳交易开展过程中，将逐渐过渡到免费分配和有偿分配相结合的方法，即一部分配额采用基准线法免费分配，剩余部分采用固定价格出售或拍卖的方式进行分配。在未来碳交易发展至成熟阶段后，一般采用效率最高的拍卖法进行碳配额分配。

在本书建立的多主体协同的道路交通碳交易体系中，碳配额的持有者下游汽车使用者，主要包括直接拥有并使用小汽车的居民和运输企业。对于使用公交、出租汽车或其他公共交通方式的无车居民不分配初始碳配额，其碳排放从相应运输企业的碳配额中扣减。由于参与主体众多，为了保证公平分配的原则，本书提出在道路交通碳交易建设初期，采用免费分配的基准线法，根据不同车型的基准碳排放强度，向汽车使用者平等分配碳配额。为了便于登记和管理，政府将通过每年的汽车注册或年检，把每个车型的标准碳配额发放至对应汽车碳账户中，汽车所有人（或企业）对该碳账户拥有使用权和转让权。因此，汽车使用者的初始碳配额由其本年度的已有汽车数量和新增汽车数量决定。

$$\mathrm{CE}_0(u,\ t) = \sum_i \mathrm{BC}_i^e(t) \times \mathrm{NV}_i^e(u,\ t) + \sum_i \mathrm{BC}_i^n(t) \times \mathrm{NV}_i^n(u,\ t) \tag{3-18}$$

式中，u 代表任意汽车使用者（包括居民和运输企业）；$\mathrm{CE}_0(u,\ t)$ 为汽车使用者 u 在本年度的碳初始配额；$\mathrm{NV}_i^e(u,\ t)$ 为汽车使用者 u 在本年度的已有汽车数量 i；$\mathrm{NV}_i^n(u,\ t)$ 为汽车使用者 u 在本年度的新增汽车数量 i。

3.3 行业基准设定制度

3.3.1 行业基准能耗强度设定

对于汽车生产企业,由于其不是道路交通碳排放的直接产生者,而是向下游消费者提供了产生排放的产品,因此不对其进行碳排放总量的控制。为了驱动汽车生产企业提高车辆燃油经济性和发展新能源汽车,政府应该根据不同类型汽车的减排潜力和上一年度的平均能耗强度,设定下一年度汽车能耗强度的下降率和目标值,即行业基准能耗强度。通常汽车类型按整车整备质量进行划分,例如,载客汽车可分为大型、中型、小型、微型,载货汽车可分为重型、中型、轻型、微型。则在本年度汽车车型 i 的行业基准能耗强度可表示为 $FC_i^b(t)$,见式(3-19)。

$$FC_i^b(t) = \overline{FC_i}(t-1) \times [1 - R^{FC}(t)] \qquad (3-19)$$

式中,$\overline{FC_i}(t-1)$ 为车型 i 的所有汽车在上一年度的实际平均能耗强度;$R^{FC}(t)$ 为本年度汽车能耗强度的下降率。

3.3.2 行业基准排放因子设定

对于燃料供应企业,由于其只是向下游出售汽车燃料,而不是燃料的消费者,同理也不对其进行碳排放总量的控制。为了促进燃料供应企业优化燃料成分或增加可再生能源比例,进而降低碳排放因子,政府应该根据不同类型燃料的减排潜力和上一年度的平均排放因子,设定下一年度排放因子的下降率和目标值,即行业基准排放因子。常见的燃料类型一般可分为:汽油、柴油、液化天然气、液化石油气、压缩天然气、甲醇等。则在本年度类型 k 燃料的行业基准排放因子可表示为 $EF_k^b(t)$,见式(3-20):

$$EF_k^b(t) = \overline{EF_k}(t-1) \times [1 - R^{EF}(t)] \qquad (3-20)$$

式中,$\overline{EF_k}(t-1)$ 为燃料 k 在上一年度的实际平均排放因子;$R^{EF}(t)$ 为

本年度燃料排放因子的下降率。

3.4 履约与考核制度

建立履约与考核制度是为了评估碳交易参与主体是否完成了其减排义务，并对未履约的主体采取相应的惩罚措施。履约和考核制度是碳交易机制的关键保障，没有强制性的履约和考核制度，就无法形成有效的约束和市场机制。合理而严格的履约和考核制度有助于提高碳交易参与者的积极性，促进责任主体履行其相应的减排义务，助力整体减排目标的实现。

3.4.1 履约期与交易期

履约期是指从初始碳配额分配或行业基准设定开始，到考核责任主体实际碳排放和碳积分之时为止的周期。履约期一方面会影响碳交易市场的活跃程度，另一方面会影响考核的行政成本。履约期规定较长，可以便于责任主体在履约期内根据初始碳配额与实际碳排放情况，动态调整配额使用决策，减少市场碳价的波动，降低主体减排成本；履约期规定较短，可以便于政府在短期内评估减排效果，并针对政策实施过程中发现的碳排放总量目标不合理、市场失灵等问题作出宏观调控。目前大部分国家的碳交易评价考核都是按年度施行。因此，本书所建立的道路交通碳交易机制履约期也采用一年周期。例如，规定从每年1月1日至12月31日为履约期。

交易期是指允许责任主体根据自身碳排放情况在碳交易市场进行自由交易的时期，交易期可以设置在履约期内，也可以是履约期后一段时间。对于汽车使用者，其碳配额会随着汽车的使用而逐渐消耗，碳配额不足的用户需要通过碳交易购买额外的碳配额。因此，为提高碳配额的流动性和汽车使用者的便捷性，本书规定碳配额的交易期为履约期内任意工作日的规定时间内。对于汽车生产企业和燃料供应企业，由于需要考核企业在完整的履约期内的碳积分情况，且交易主体较少，因此，本书规定汽车生产企业和燃料供应企业碳积分的交易期为履约期后一个月内，以便于政府相关部门集中处理业务。

3.4.2 履约与考核规则

本书所建立的多主体协同的道路交通碳交易机制包含三类不同的履约主体：对于汽车使用者，主要考核该年度汽车使用过程中实际碳排放情况；对于汽车生产企业，主要考核该年度所销售汽车的平均能耗强度；对于燃料供应企业，主要考核该年度所销售燃料的平均碳排放因子。

1）汽车使用者

每个汽车使用者将获得一定的初始碳配额，在燃料供应企业购买燃料时必须支付相应的碳配额。当碳配额不足时，汽车使用者将面临两个选择：停止继续使用该汽车或通过碳交易向配额剩余的用户购买额外的配额。当配额剩余时，汽车使用者可以选择通过碳交易出售多余的碳配额以获取额外的减排收益。为了防止碳配额囤积导致市场价格不受控，规定不允许将剩余碳配额转结到下一年使用。因此，对于汽车使用者考核合格的标准为实际碳排放不超过其初始碳配额与交易的碳配额之和，即：

$$CE(u, t) \leqslant CE_0(u, t) + \Delta CE(u, t) \quad (3-21)$$

式中，$CE(u, t)$为汽车使用者u在本年度内的实际碳排放量；$\Delta CE(u, t)$为u在本年度内交易的碳配额数量，当购买碳配额时，$\Delta CE(u, t) > 0$，当出售碳配额时，$\Delta CE(u, t) < 0$。

对于其实际碳排放的核算，可通过燃料供应数据计算或根据年度车公里和汽车能耗强度估算，具体计算过程分别见式(3-22)和式(3-23)。

$$CE(u, t) = \sum_k \sum_i TFC_{ik}(u, t) \times EF_k(u, t) \quad (3-22)$$

$$CE(u, t) = \sum_k \sum_i NV_i(u, t) \times VMT_i(u, t) \times FC_{ik}(u, t) \times EF_k(u, t)$$

$$(3-23)$$

式中，$TFC_{ik}(u, t)$为汽车使用者u在本年度内汽车i消耗燃料k的总量；$NV_i(u, t)$为汽车使用者u在本年度内拥有的汽车i的数量；$VMT_i(u, t)$为汽车使用者u在本年度内拥有的汽车i年度行驶里程。以上参数可基于汽车里程表、智能计费器、物联网和区块链等技术监测并记录。

2）汽车生产企业

为了推动汽车生产企业节能技术进步和产品结构调整升级，规定超过一定规模的汽车生产企业有义务使其生产销售的汽车能耗强度小于行业基准能耗强度。因此，本书建立的道路交通碳交易机制规定，汽车生产企业需要根据其履约期内销售的各车型平均能耗强度以及政府制定的相应车型的行业基准能耗强度，核算企业的实际碳积分，其计算过程如下：

$$\mathrm{CC}^{\mathrm{FC}}(m,t) = \sum_i [\mathrm{FC}_i^b(t) - \overline{\mathrm{FC}}_i(m,t)] \times N_i(m,t) \quad (3\text{-}24)$$

式中，m 代表某家汽车生产企业；$\overline{\mathrm{FC}}_i(m,t)$ 为汽车生产企业 m 在本年度内生产的汽车 i 平均能耗强度；$N_i(m,t)$ 为汽车生产企业 m 在本年度内销售汽车 i 的数量；$\mathrm{CC}^{\mathrm{FC}}(m,t)$ 为汽车生产企业 m 在本年度的能耗强度碳积分，如 $\mathrm{CC}^{\mathrm{FC}}(m,t)>0$，则反映企业生产的汽车平均能耗强度小于行业基准能耗强度，按能耗强度差额和销量产生正积分，反之则产生负积分。

汽车生产企业需要在履约期结束后的规定期限内，向政府提交履约年度碳积分的核算报告以及下一年度各类车型的目标能耗强度（作为政府制定行业基准能耗强度的依据）。汽车生产企业总碳积分为负的汽车生产企业需要通过碳交易购买其他汽车生产企业的正积分进行抵偿，否则将受到行政处罚或罚款。同样地，为了防止碳积分囤积导致市场价格不受控，本书规定不允许将剩余碳积分转结到下一年使用。因此，对于汽车生产企业考核合格的标准为：实际碳积分加交易的碳积分大于或等于零，即：

$$\mathrm{CC}^{\mathrm{FC}}(m,t) + \Delta\mathrm{CC}^{\mathrm{FC}}(m,t) \geqslant 0 \quad (3\text{-}25)$$

式中，$\Delta\mathrm{CC}^{\mathrm{FC}}(m,t)$ 为汽车生产企业 m 在本年度内交易的能耗强度碳积分，当购买碳积分时，$\Delta\mathrm{CC}^{\mathrm{FC}}(m,t)>0$；当出售碳配额时，$\Delta\mathrm{CC}(m,t)<0$。

3）燃料供应企业

类似地，为了促进低碳燃料的发展，规定超过一定规模的燃料供应企业有义务使其生产销售的燃料排放因子小于行业基准排放因子。因此，本书建立的道路交通碳交易机制规定，燃料供应企业需要根据其履约期内销售的各燃料平均排放因子以及政府制定的相应燃料的行业基准排放因子，计算企业的实际碳积分，其计算过程如下：

$$CC^{EF}(p, t) = \sum_{k} [EF_k^b(t) - EF_k(p, t)] \times TFC_k(p, t) \quad (3-26)$$

式中，p 代表某家燃料供应企业；$EF_k(p, t)$ 为燃料供应企业 p 在本年度内生产燃料 k 的排放因子；$TFC_k(p, t)$ 为燃料供应企业 p 在本年度内销售燃料 k 的数量；$CC(p, t)$ 为燃料供应企业 p 在本年度的排放因子碳积分，如 $CC^{EF}(p, t) > 0$，则反映企业生产的燃料平均排放因子大于行业排放因子，按差额和销量产生正积分，反之则产生负积分。

燃料供应企业需要在履约期结束后的规定期限内，向政府提交履约年度碳积分的核算报告以及下一年度各类燃料的目标排放因子（作为政府制定行业基准排放因子的依据）。总碳积分为负的燃料供应企业需要通过碳交易购买其他燃料供应企业的正积分进行抵偿，否则将受到行政处罚或罚款。同样为了防止碳积分囤积导致市场价格不受控，本书规定不允许将剩余碳积分转结到下一年使用。因此，对于燃料供应企业考核合格的标准为：实际碳积分加交易的碳积分大于或等于零，即：

$$CC^{EF}(p, t) + \Delta CC^{EF}(p, t) \geq 0 \quad (3-27)$$

式中，$\Delta CC^{EF}(p, t)$ 为燃料供应企业 p 在本年度内交易的排放因子碳积分，当购买碳积分时，$\Delta CC^{EF}(p, t) > 0$；当出售碳配额时，$\Delta CC^{EF}(p, t) < 0$。

3.4.3 惩罚机制

如果上述责任主体未履约，即考核结果不合格，政府应根据相关法律法规实施严格的惩罚措施。惩罚措施通常可分为经济惩罚和行政处罚。其中，经济惩罚即对超出限定标准部分的碳配额或碳积分进行罚款，这在一定程度上可以决定碳交易市场的价格上限。行政处罚包括对违约的汽车使用者停止发放免费的初始碳配额，对违约的汽车生产企业和燃料供应企业暂停其高排放产品的生产销售资格。

本书建立的道路交通碳交易机制采用经济惩罚和行政惩罚相结合的措施，对超出限额部分的碳配额和碳积分，按当年市场平均价格的 2 倍处以罚款，如违约主体未能在规定时间内缴纳罚款，将受到暂停发放免费的初始碳配额或暂停生产资格的行政处罚。罚款所得将用于补贴汽车生产企业和燃料供应企业对于道路交通低碳技术的研发。

3.5 市场交易制度

3.5.1 交易主体与交易品种

道路交通碳交易涉及的交易主体主要分为三类：汽车使用者、汽车生产企业、燃料供应企业，交易品种分为碳配额、能耗强度碳积分和排放因子碳积分。由于不同类型主体之间减排成本差异较大，为了避免减排责任转移，例如汽车生产企业向汽车使用者低价购买碳配额，而不实质性履行减排义务，因此本书规定只允许同类主体对相同交易品种进行交易，即：汽车使用者只能与其他汽车使用者交易碳配额，汽车生产企业只能与其他汽车生产企业交易能耗强度碳积分，燃料供应企业只能与其他燃料供应企业交易排放因子碳积分。而不同交易品种的交易价格将对不同类型的主体产生交互影响（详见本书第4章），进而促进多类主体之间的协同。因此，道路交通碳交易机制所形成的价格信号是该机制的关键作用力。

3.5.2 交易方式与价格发现

交易主体可在交易期内通过碳排放交易系统进行自由交易，不同类别的交易主体和交易品种，其交易方式有所不同。对于汽车使用者交易碳配额，由于交易主体和交易需求较大，采用基于双边拍卖的竞价交易（包括集合竞价和连续竞价）的方式。对于汽车生产企业和燃料供应企业交易碳积分，由于交易主体较少，一般采用协议转让的方式。

在参考《上海环境能源交易所碳排放交易规则》和《上海证券交易所交易规则》的基础上，本书规定了道路交通碳交易的交易时间：每个交易日的9：15—9：25为汽车使用者的开盘集合竞价时间，9：30—11：30、13：00—15：00为汽车使用者的连续竞价时间，15：00—17：00为企业的协议转让时间。

1) 集合竞价规则

集合竞价是指将交易系统一定时段内的所有报买和报卖集中在一起，根据最大成交量原则进行撮合的竞价方式。在集合竞价时间，汽车使用者根据自身碳配额使用需求以及对于碳配额价格的预判，向碳交易系统提交碳配额买卖申报，其中包括交易方向、交易数量、可接受的交易单价。然后由交易系统对全部申报按照价格优先、时间优先的原则排序，并在此基础上，找出一个基准价格，使它同时能满足以下3个条件：

(1) 可实现最大成交量；

(2) 高于该价格的买入申报与低于该价格的卖出申报全部成交；

(3) 与该价格相同的买方或卖方至少有一方全部成交。

该基准价格即被确定为集合竞价阶段的成交价格。若产生多个基准价格，即多个价格同时满足集合竞价的3个条件时，则规定选取这几个基准价格的中间价格为成交价格。集合竞价的实现流程如下：

(1) 将所有报价按交易方向分开排序，买入报价按单价从高到低排列，卖出报价按单价从低到高排列，单价相等的，按照报价时间从前到后进行排序，形成买入、卖出两个报价序列。

(2) 从买入、卖出最优报价开始依次两两匹配，从最优买入报价开始向最优卖出报价匹配，交易量不相等的进行拆分，直到剩余报价中最高买入报价低于最低卖出报价为止。

(3) 按照最后一笔匹配成交的单价作为开盘价，最后一笔匹配成交中买入报价与卖出报价不等的，则将买入、卖出报价中单价在最后一笔匹配成交买入、卖出单价所组成的闭区间的价位取出，依次判断各价位是否满足"高于该价位的报价全部成交、等于该价位的报价单边全部成交"，若仅有一个价位满足，则取该价位为开盘价；若有两个或以上价位满足该条件的，则取相同价位未匹配报价量最小的为开盘价，若有多个价位相等的，则取离前加权价位最接近的作为开盘价；若仍相等，则取两者的算数平均值作为开盘价。

2) 连续竞价规则

连续竞价是指交易系统对报买和报卖实时连续撮合的竞价方式。汽车使用者在集合竞价时间内未能达成交易的碳配额买卖申报，自动进入当日连续竞价交易阶段。在连续竞价期间，每当有新的一笔买卖申报提交时，交易系统立即对该申报与系统已有申报进行撮合：能成交者予以成交，不能成交者则等待机会成交，部分成交者则继续等待交易剩余部分。连续竞价的实现流程如下[96]：

(1) 最高买入申报价格与最低卖出申报价格相同，以该价格为成交价格；

(2) 买入申报价格高于即时揭示的最低卖出申报价格，以即时揭示的最低卖出申报价格为成交价格；

(3) 卖出申报价格低于即时揭示的最高买入申报价格，以即时揭示的最高买入申报价格为成交价格。

3) 协议转让规则

协议转让是指交易双方通过碳交易系统进行报价、询价达成一致意见并确认成交的交易方式。在协议转让时间，汽车生产企业或燃料供应企业可根据自身碳积分的正负情况以及自行协商的碳积分价格、转让数量，在碳交易系统上达成交易。

3.5.3 价格稳定与市场调控

碳交易市场的价格反映了市场内碳配额的稀缺程度，并对不同的责任主体形成不同的利益激励和预期。为了充分发挥市场配置资源的作用，碳配额的价格形成一般都是由市场的供需平衡决定。碳排放总量目标的设定、行业基准的设定和碳配额分配方法的调整变化都将对碳排放的供需产生直接影响，进而导致碳交易市场价格的波动。大量研究表明，碳配额价格的过度波动和不确定性将削弱责任主体的减排动力，降低减排效率。而碳交易体系中的惩罚机制，间接为碳交易市场价格设定了上限。同时，为了避免碳交易市场价格过低，影响碳交易的减排效果，政府往往也会规定底线价格。

由于在道路交通碳排放建设初期采用免费分配的基准线法分配碳配额，对于汽车使用难以形成初始价格信号。通常由政府根据减排目标和行业平均减排成本设定碳配额指导价格，汽车使用者在交易报价时参考该指导价格，并实行涨跌幅限制制度，涨跌幅最大比例为50%。即汽车使用者在公开竞价时，其报价不能超过或低于指导价格的50%。因此，实际的碳交易价格将围绕指导价格上下波动。每当一个新的履约交易期开始，政府需要根据上一履约交易期的碳配额相对供需差，调整碳配额指导价格，其调整函数见式(3-28)。

$$PCE_0(t) = PCE_0(t-1) \times \exp\left[\lambda_{ce} \times \frac{TDCE(t-1) - TSCE(t-1)}{TDCE(t-1) + TSCE(t-1)}\right]$$

(3-28)

式中，$PCE_0(t)$为本年度新的碳配额指导价格；$TDCE(t-1)$为所有汽车使用者在上一履约期购买额外碳配额的总量，即碳配额市场需求量；$TSCE(t-1)$为汽车使用者在上一履约期出售剩余碳配额的总量，即碳配额市场供给量；$\frac{TDCE(t-1) - TSCE(t-1)}{TDCE(t-1) + TSCE(t-1)}$表示碳配额市场相对供需差；$\lambda_{ce}$为碳配额供需调整系数。

对于汽车生产企业和燃料供应企业，不同的企业边际减排成本差异较大，故对于碳积分交易价格不设置指导价格，而是设定碳积分价格底线。如果企业的边际减排成本小于碳积分价格底线，企业将选择主动减排，使得其能耗强度或者排放因子低于行业基准，并通过出售正积分获得额外收益。同理，每当一个新的履约交易期开始，政府需要根据上一履约交易期的市场供需关系，调整碳积分底线价格，其调整函数见式(3-29)、式(3-30)。

$$PCC_{min}^{FC}(t) = PCC_{min}^{FC}(t-1) \times \exp\left[\lambda_{cc}^{FC} \times \frac{TDCC^{FC}(t-1) - TSCC^{FC}(t-1)}{TDCC^{FC}(t-1) + TSCC^{FC}(t-1)}\right]$$

(3-29)

$$PCC_{min}^{EF}(t) = PCC_{min}^{EF}(t-1) \times \exp\left[\lambda_{cc}^{EF} \times \frac{TDCC^{EF}(t-1) - TSCC^{EF}(t-1)}{TDCC^{EF}(t-1) + TSCC^{EF}(t-1)}\right]$$

(3-30)

式中，$PCC_{min}^{FC}(t)$和$PCC_{min}^{EF}(t)$分别为本年度新的能耗强度碳积分和排放因子碳积分底线价格；$TDCC^{FC}(t-1)$和$TDCC^{EF}(t-1)$分别为汽车生产企业和燃料供应企业在上一履约期额外购买碳积分的总量，即碳积分市场需求量；$TSCC^{FC}(t-1)$和$TSCC^{EF}(t-1)$分别为汽车生产企业和燃料供应企业在上一履约期出售剩余碳积分的总量，即碳积分市场供给量；

$\dfrac{\text{TDCC}^{\text{FC}}(t-1)-\text{TSCC}^{\text{FC}}(t-1)}{\text{TDCC}^{\text{FC}}(t-1)+\text{TSCC}^{\text{FC}}(t-1)}$、$\dfrac{\text{TDCC}^{\text{EF}}(t-1)-\text{TSCC}^{\text{EF}}(t-1)}{\text{TDCC}^{\text{EF}}(t-1)+\text{TSCC}^{\text{EF}}(t-1)}$表示碳积分市场相对供需差；$\lambda_{cc}$为碳积分供需调整系数。

3.6 监测报告核查制度

碳交易的监测报告核查制度（Monitoring，Reporting，Verification，简称 MRV 制度）为碳排放总量与行业基准设定、初始碳配额分配、履约与考核提供数据度量基础，保证了公平性、准确性、可比性，是保障道路交通碳交易机制正常运行的前提条件和必然需求，具体可分为监测制度、报告制度和核查制度。

3.6.1 监测制度

由于移动排放具有分散性和异质性，通常难以直接测量其实际碳排放，因此目前对于道路交通碳排放主要通过对汽车使用者的交通活动和燃料消耗进行间接监测。而要实现准确和全覆盖的监测还需要依赖智能化信息技术的支持。

对于交通活动的监测，政府相关部门可通过每年的年检，强制要求并监督所有已注册汽车安装智能里程表，借助物联网技术实现对所有汽车的行驶里程的监测。在履约期末，车上安装的智能里程表将会自动向政府指定的监测中心发送当前里程表读数，目标年每辆汽车的行驶里程等于该履约期末的汽车里程表读数减上一履约期末的读数。

对于燃料消耗的监测，政府可强制要求所有燃料供应企业在加油站、加氢站等燃料补给站安装智能计费器，以此实现对不同类型汽车的燃料消耗进行监测。汽车补给燃料后，该智能计费器将会显示该车辆的燃料补给量，消费金额以及相应的碳配额，同时将相关数据上传到政府指定的监测中心。

基于上述监测制度，政府能够获取汽车使用者的实际碳排放和碳配额使用情况，以此作为汽车使用者履约与考核的依据。同时，也可以计算得到下一年度道路交通的碳配额总量，作为下一年度初始碳配额分配的依据。

3.6.2 报告制度

在履约期末，汽车生产企业需要按照政府制定的相关测试规范和试验方法，对其在目标年销售的汽车按车辆类型和车辆型号进行综合工况下的单位能耗强度测定，并按照规定的格式要求向政府监管部门报告相关数据，主要包括：汽车类型、汽车型号、燃料类型、能耗强度、销量以及其他汽车参数等，以此作为政府设定行业基准能耗强度以及考核汽车生产企业碳积分的依据。

在履约期末，燃料供应企业需要按照政府制定的相关测试规范和试验方法，对其在目标年销售的燃料按燃料类型进行碳排放因子测定，并按照规定的格式要求向政府监管部门报告相关数据，主要包括：燃料类型、可再生能源使用比例、碳排放因子、销量以及其他燃料参数等，以此作为政府设定行业基准排放因子以及考核燃料供应企业碳积分的依据。

3.6.3 核查制度

由政府授权的具有相关资质的第三方机构对汽车生产企业和燃料供应企业提交的能耗强度报告和排放因子报告进行核查，以保证报告数据的真实性和准确性。如发现企业报告中存在不实情况，应上报政府有关部门，由其根据相关法律法规对不诚信的企业进行惩罚。

3.7 实例分析

基于中国道路交通的真实统计数据，以2017年为基准年，2018年为目标年，对上述建立的政府-企业-居民协同共治的道路交通碳交易机制进行实例分析，旨在揭示道路碳交易的基本原理与作用机理。

3.7.1 数据来源

采用自下而上的方法对道路交通碳排放进行核算，需要的数据包括：

第3章 政府-企业-居民协同共治的道路交通碳交易机制设计

各类型汽车的数量、行驶里程、能耗强度以及燃料排放因子等数据,主要来源于相关文献、统计年鉴、国家规范、技术标准、政策指南等。

依据《中国统计年鉴》可得到历年全国民用汽车各车型(暂不考虑农用车等其他机动车)的拥有量以及新注册数量,分别见表3-2和表3-3。

2002—2017年全国民用汽车拥有量　　　　　　　　　表3-2

年份(年)	载客汽车(万辆)				载货汽车(万辆)			
	大型	中型	小型	微型	重型	中型	轻型	微型
2002	75.48	104.8	789.74	232.34	148.28	218.69	360.58	84.66
2003	75.76	115.96	1017.21	269.88	136.79	243.70	390.79	82.22
2004	78.06	124.54	1248.89	284.42	153.90	233.94	425.74	79.43
2005	82.13	131.65	1618.35	300.32	168.07	236.66	484.51	66.31
2006	87.34	137.00	2083.40	311.83	174.01	235.39	532.13	44.76
2007	93.82	140.52	2646.47	315.18	186.74	243.46	587.22	36.63
2008	100.39	143.19	3271.14	324.19	200.84	249.73	644.96	30.54
2009	107.95	145.80	4246.90	344.44	315.08	262.21	765.33	25.97
2010	116.44	146.07	5498.36	363.25	394.80	269.75	911.88	21.12
2011	126.54	147.41	6827.54	376.88	460.58	267.80	1042.07	17.54
2012	128.13	131.78	8302.63	380.47	472.51	229.20	1179.65	13.40
2013	131.38	117.06	9951.46	361.87	501.97	196.40	1300.02	12.23
2014	139.61	112.06	11748.19	326.84	533.67	188.09	1385.77	17.93
2015	140.07	89.66	13580.48	285.66	530.05	148.87	1375.79	10.90
2016	146.03	83.82	15813.84	234.55	569.48	138.69	1455.29	8.43
2017	152.94	78.95	18038.69	198.96	635.41	130.68	1566.30	6.46

2002—2017年全国新注册民用汽车数量　　　　　　　表3-3

年份(年)	载客汽车(辆)				载货汽车(辆)			
	大型	中型	小型	微型	重型	中型	轻型	微型
2002	97200	145062	1491479	560908	186498	220969	501985	84309
2003	100284	157523	2421951	481101	168363	259173	576073	72083
2004	96462	138357	2841668	255810	228523	194438	564061	42475
2005	99489	105314	3712056	240645	162859	175576	639557	46042

续上表

年份	载客汽车(辆)				载货汽车(辆)			
(年)	大型	中型	小型	微型	重型	中型	轻型	微型
2006	95428	82758	4382206	118275	139120	147689	616910	21575
2007	91087	72059	4772468	64428	155155	157867	591014	13567
2008	112811	64024	5928095	121884	236749	185338	733343	12796
2009	114984	69548	9794452	269570	500593	242679	1391249	13834
2010	148234	76519	12086273	235865	769644	238595	1614803	14563
2011	163258	76472	13244774	210036	726854	173140	1535590	7017
2012	163517	71013	14875884	138387	560063	139793	1681908	4409
2013	168946	81160	17173792	99067	739027	133402	1814385	3084
2014	151405	79646	19050695	85041	630588	104425	1805471	1803
2015	191034	67080	20862002	82699	454979	72274	1513773	2231
2016	194829	59767	24338735	54784	649352	77114	1779643	1173
2017	171474	46657	24507374	76911	980068	66974	2037906	2627

由于中国缺少分车型分燃料类型的能源消耗数据统计基础,因此基于已有文献数据[97-102],对各车型的平均能耗强度和平均行驶里程进行估算。为了简化计算,本书对不同类型的燃料消耗,统一按照等效热值转换为百公里的汽油消耗当量,估算结果见表3-4。

各车型平均能耗强度与平均行驶里程　　　　表3-4

相关指标	载客汽车(万辆)				载货汽车(万辆)			
	大型	中型	小型	微型	重型	中型	轻型	微型
平均能耗强度(L/100km)	28.5	18.05	9.2	7.8	31.8	27.6	24.2	16.8
平均行驶里程(100km)	200	170	150	120	350	250	210	200

为应对汽车燃料消耗快速增长及由此引起的能源和环境问题,中国从2001年开始正式启动汽车燃料消耗量标准及政策研究。在借鉴国际先进经

验的基础上，主要根据我国汽车产业发展实际情况，陆续制定并发布了一系列有关汽车燃料消耗量试验方法、限值和标识的重要标准，建立了较为完善的汽车燃料消耗量标准体系，见表3-5。

中国现行汽车燃料消耗量标准体系　　　　　　　　　　表3-5

标准类型	标准名称	标准性质
限值与目标值	乘用车燃料消耗量限值（GB 19578—2014）	强制性
	轻型商用车辆燃料消耗量限值（GB 20997—2015）	强制性
	重型商用车辆燃料消耗量限值（GB 30510—2014）	强制性
	电动汽车能量消耗率限值（GB/T 36980—2018）	推荐性
测试标准	轻型汽车燃料消耗量试验方法（GB/T 19233—2008）	推荐性
	重型商用车辆燃料消耗量测量方法（GB/T 27840—2011）	推荐性
	轻型混合动力电动汽车能量消耗量试验方法（GB/T 19753—2013）	推荐性
方法标准	电动汽车能耗折算方法（GB/T 37340—2019）	推荐性
	乘用车燃料消耗量评价方法及指标（GB 27999—2019）	强制性
	乘用车循环外技术/装置节能效果评价方法（GB/T 40711）	推荐性
标识标准	轻型汽车能源消耗量标识　第一部分：汽油与柴油汽车（GB 22757.1—2017）	强制性
	轻型汽车能源消耗量标识　第二部分：可外接充电式混合动力电动汽车和纯电动汽车（GB 22757.2—2017）	强制性

目前，中国燃料消耗量标准是根据质量段确定车型燃料限值与目标值，以 L/100km 为油耗单位。其中，限值是针对车型的，是车型进入市场的最低门槛；而目标值是为了驱动企业提升节能技术，达到国家油耗目标而设定的较低的改善要求。我国现行的乘用车和轻型商用车燃料消耗量限值与目标值标准如图3-5所示，重型商用车燃料消耗量限值如图3-6所示。

各种类型燃料的含碳量、氧化率、热值等数据原则上需要通过实际测试获得，以便正确反映当地排放源的技术水平和排放特点。但由于各地数据难以获得，建议采用《IPCC 国家温室气体清单指南 2006》以及《省级温室气体清单编制指南》推荐的缺省排放因子，见表3-6。

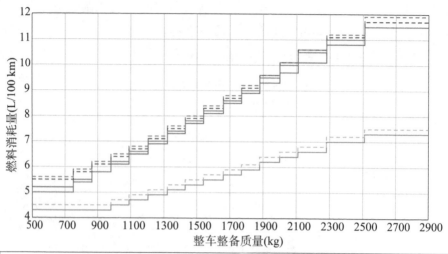

图 3-5　中国乘用车和轻型商用车燃料消耗量限值与目标值标准

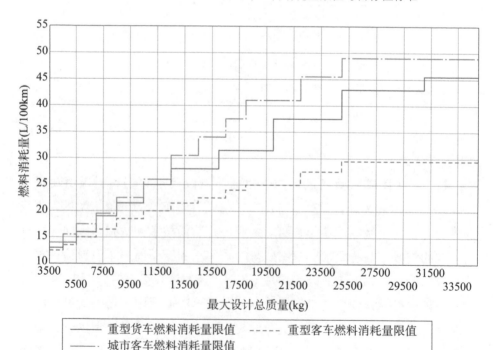

图 3-6　中国重型商用车燃料消耗量限值标准

各类型燃料推荐排放因子   表 3-6

燃料类型	含碳量（kgC/GJ）	碳氧化率（%）	碳排放系数（kgCO₂/TJ）	热值	碳排放因子
汽油	18.9	0.98	67914	7800 Kcal/L	2.22 kgCO$_2$/L
柴油	20.2	0.98	72585	8800 Kcal/L	2.67 kgCO$_2$/L
煤油	19.6	0.98	70429	8500 Kcal/L	2.51 kgCO$_2$/L
润滑油	20.0	0.98	71867	9600 Kcal/L	2.89 kgCO$_2$/L
液化石油气	17.2	0.98	61805	6635 Kcal/L	1.72 kgCO$_2$/L
液化天然气	17.2	0.98	61805	9900 Kcal/m³	2.56 kgCO$_2$/m³
天然气	15.3	0.99	55539	8900 Kcal/m³	2.07 kgCO$_2$/m³

3.7.2 碳配额总量试算

基于上述2017年全国民用汽车拥有量、汽车平均能耗强度、平均行驶里程和燃料排放因子数据，根据式(3-3)、式(3-4)，对2017年已有各车型民用汽车的碳配额总量进行计算，见表3-7第2列。结果显示，2017年已有汽车碳排放总量为9360亿 kgCO$_2$。综合考虑汽车平均报废率以及《交通运输节能环保"十三五"发展规划》的发展目标，确定2018年各车型的碳配额下降率见表3-7第3列，并根据式(3-5)计算得到各车型已有汽车基准碳排放强度，见表3-7第4列。因此根据式(3-6)可计算得到2018年碳配额总量为8560亿 kgCO$_2$。

已有汽车碳排放总量设定   表 3-7

车型		2017年已有汽车碳排放总量（kg CO$_2$）	2018年已有汽车碳配额下降率（%）	2018年已有汽车碳排放强度（kg CO$_2$/车）	2018年已有汽车碳配额总量（kg CO$_2$）
载客汽车	大型	1.94×10^{10}	3	12274	1.78×10^{10}
	中型	5.38×10^{9}	3	6608	4.96×10^{9}
	小型	5.53×10^{11}	3	2972	5.09×10^{11}
	微型	4.13×10^{9}	3	2016	3.81×10^{9}

续上表

车型		2017年已有汽车碳排放总量（kg CO₂）	2018年已有汽车碳配额下降率（%）	2018年已有汽车碳排放强度（kg CO₂/车）	2018年已有汽车碳配额总量（kg CO₂）
载货汽车	重型	1.57×10^{11}	5	23473	1.42×10^{11}
	中型	2×10^{10}	5	14552	1.81×10^{10}
	轻型	1.77×10^{11}	5	10718	1.59×10^{11}
	微型	4.82×10^{8}	5	7086	4.35×10^{8}
总计		9.36×10^{11}	—	—	8.56×10^{11}

基于新注册民用汽车数量历史数据，分别采用灰色模型和灰色马尔可夫模型对2018年各类型新增汽车数量进行预测，模型预测结果与实际值对比如图3-7所示。可见灰色马尔可夫模型的具有较好的拟合效果，预测精度优于传统的灰色模型，因此可以用于目标年度新增汽车数量的预测。模型预测的2018年各车型新增汽车数量见表3-8第2列，假设新增汽车碳配额下降率为已有汽车碳配额下降率的1.5倍(见表3-8第3列)，则根据式(3-7)可计算出2018年新增汽车的基准碳排放强度，见表3-8第4列，进而根据式(3-17)可计算得到2018年新增汽车碳配额总量为1.16亿tCO₂。

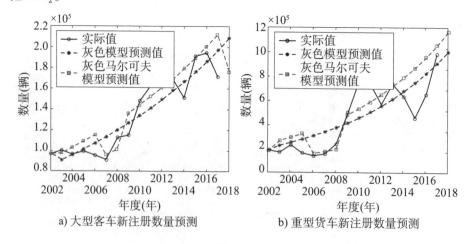

a) 大型客车新注册数量预测　　b) 重型货车新注册数量预测

图 3-7

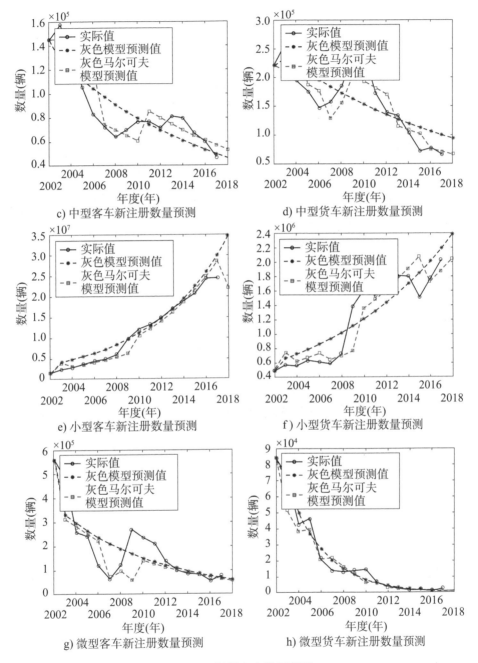

图 3-7 新增汽车数量预测

可见在上述目标设定下，2018 年中国道路交通碳配额总量为 9.72 亿 tCO_2，相比 2017 年道路交通碳排放总量 9.36 亿 tCO_2 增加 4%，但这是因为中国汽车保有量每年仍保持增长态势，而道路交通整体的碳排放强度可以通过对已有汽车和新增汽车碳设定合理的配额下降率，进行有效控制。

新增汽车碳排放总量设定　　　　　　表3-8

车型		新增汽车预测数量（辆）	2018年新增汽车碳配额下降率（%）	2018年新增汽车碳排放强度目标（kg CO_2/车）	2018年新增汽车碳配额总量（kg CO_2）
载客汽车	大型	176331	4.5	12085	2.13×10^9
	中型	53098	4.5	6506	3.45×10^8
	小型	22138063	4.5	2926	6.48×10^{10}
	微型	56943	4.5	1984	1.13×10^8
载货汽车	重型	1165595	7.5	22855	2.66×10^{10}
	中型	66812	7.5	14169	9.47×10^8
	轻型	2043995	7.5	10436	2.13×10^{10}
	微型	795	7.5	6900	5.49×10^6
总计		25701632	—	—	1.16×10^{11}

3.7.3 履约与碳交易情景分析

1）汽车使用者

本例假设5个不同的汽车使用者，包括居民和运输企业，其拥有的汽车类型、数量见表3-9的第2、3列。根据式(3-18)，初始碳配额由汽车使用者所拥有的各类型汽车数量决定，因此可以计算得到5个不同的汽车使用者初始碳配额，见表3-9第4列。例如：居民A拥有1辆小型载客汽车，根据已有汽车的基准碳排放强度，居民A将被分配到2972kg的初始碳配额。居民C在目标年新购买1辆小型载客汽车，根据新增汽车的基准碳排放强度，居民A将被分配到2926kg的初始碳配额。不同汽车使用者由于拥有的汽车类型、数量或购入时间不同，其初始碳配额也将不同。

假设上述5个汽车使用者的年平均车辆行驶里程、汽车能耗强度和燃料排放因子见表3-9的第5~7列，进而可核算各主体在履约年度的实际碳排放，见表3-9第8列。例如：居民A和居民B各拥有一辆相同的小型载客汽车,燃料类型为汽油,汽车能耗强度为 9.2L/100km。其中,居民 A 的年平均车辆行驶里程为 10000km,实际产生碳排放 2024kg,小于其初始碳配额 2972kg,因此居民 A 达到履约条件,还可通过碳交易市场出售剩余的 948kg 碳配额;而居民 B 的年平均车辆行驶里程为 20000km,实际产生碳排放 4048kg,大于其初始碳配额 2972kg,因此需要通过碳交易市场购买 1076kg 碳配额才能达到履约标准。而居民 C 在目标年购买了一辆新的小型载客汽车,燃料类型为油电混合,车辆综合能耗强度为 3L/100km,年平均车辆行驶里程为 20000km,实际产生碳排放为 1320kg,小于其初始碳配额为 2926kg,因此居民 C 达到履约条件,还可通过碳交易市场出售剩余的 1606kg 碳配额。

汽车使用者履约与碳交易情景　　　　表3-9

汽车使用者	汽车类型	数量	初始碳配额(kg)	年均车辆行驶里程(km)	汽车能耗强度(L/100km)	燃料排放因子(kg CO_2/L)	碳排放量(kg)	碳交易数量(kg)	碳交易金额(元)
居民 A	已有小型载客汽车	1	2972	100000	9.2	2.2	2024	948	2844
居民 B	已有小型载客汽车	1	2972	200000	9.2	2.2	4048	-1076	-3228
居民 C	新增小型载客汽车	1	2926	200000	3	2.2	1320	1606	4818
运输企业 D	已有大型载客汽车	10	122740	200000	28.5	2.2	125400	-2660	-7980
运输企业 E	新增大型载客汽车	10	120850	200000	25	2.2	110000	10850	32550

由于道路交通碳交易政策在中国尚未正式实施,缺乏真实交易数据,对于碳配额的交易价格可以参考已有相关研究[103-104]中得出的均衡价格(0.43~

0.46美元/kg CO_2)。本例假设当前碳配额的平均交易价格为3元/kg CO_2，进而可以计算各主体的碳交易金额，见表3-9第10列。可见，居民A通过减少车辆行驶里程节省了碳配额，并通过碳交易获得了2844元收益；相反居民B过多使用汽车导致碳配额不足，则需要付出3228元的成本用于购买碳配额；而居民C由于购买新能源汽车，具有更大的减排潜力，因此可以节省更多碳配额，可获得4818元收益，也可作为购买新能源汽车的补贴。表3-9中运输企业D和E的履约与碳交易情景同理，在此不再赘述。因此，道路交通碳交易机制可以有效驱动下游汽车使用者减少汽车使用或购买使用新能源汽车。

2) 汽车生产企业

本例假设传统燃油汽车生产企业A和新能源汽车生产企业B，目标年所生产汽车的车型、燃料类型、能耗强度以及销量分别见表3-10的第2、3、4、6列。根据国家现行汽车燃料消耗量标准体系，结合汽车节能技术的发展目标，设定不同车型的行业基准能耗强度，见表3-10第5列。根据式(3-19)，汽车生产企业销售的各车型汽车能耗强度如果低于相应的行业基准，则产生正积分，否则产生负积分，进一步可核算汽车生产企业A和B的能耗强度碳积分，见表3-10第7列。

在本例中，传统燃油汽车生产企业A，其销售的所有车型汽车能耗强度均大于行业基准，因此产生4250个负碳积分，需要通过碳积分交易进行抵偿才能实现履约达标；而新能源汽车生产企业B，通过生产纯电动汽车和插电式混合动力汽车，使其各车型能耗因子均低于行业基准，因此产生3250个正碳积分，满足履约条件，并且可以通过碳积分交易出售碳积分获得额外的收益。

根据2017年9月27日中华人民共和国工业和信息化部、财政部、商务部、海关总署、质检总局联合发布的《乘用车企业平均燃料消耗量与新能源汽车积分并行管理办法》（中华人民共和国工业和信息化部令第44号，简称"双积分"）的实施情况，燃料消耗量负积分的合规成本约为1300~2900元/分[105]。鉴于此，本例假设目标年能耗强度碳积分的平均交易价格为2000元/分，进而可计算出汽车生产企业A和B的碳交易金额，见表3-10第8列。可见，生产高能耗汽车的企业将面临高额的碳积分购买成本，而生产新能源汽车的企业则可通过出售碳积分获得节能技术研发的补贴。因此，道路交通碳交易机制可以有效促进行业汽车能耗强度的整体下降。

汽车生产企业履约与碳交易情景　　　　表3-10

汽车生产企业	车型	燃料类型	能耗强度(L/100km)	行业基准能耗强度(L/100km)	销量(辆)	碳积分	碳交易金额(万元)
传统燃油汽车企业A	微型载客汽车A1	汽油	7.5	7	30000	-42500	-8500
	小型载客汽车A2	汽油	8.5	8	50000		
	中型载客汽车A3	汽油	16.5	16	5000		
新能源汽车企业B	微型载客汽车B1	纯电动	1.5	7	1000	32500	6500
	小型载客汽车B2	混合动力	5	8	5000		
	中型载客汽车B3	纯电动	10	16	2000		

3）燃料供应企业

本例假设传统燃料供应企业A和可再生燃料供应企业B，目标年所生产的燃料类型、排放因子以及销量分别见表3-11的第2、3、5列。根据式(3-20)，设定不同类型燃料的行业基准排放因子，见表3-11第4列。根据式(3-20)，燃料供应企业销售的各类型燃料排放因子如果低于相应的行业基准，则产生正积分，否则产生负积分，进一步可核算燃料供应企业A和B的排放因子碳积分，见表3-11第6列。

在本例中，传统燃料供应企业A销售的汽油和柴油实际排放因子均大于行业基准，因此产生195000个负碳积分，需要通过碳交易进行抵偿才能实现履约达标；而可再生燃料供应企业B通过在汽油和柴油中混合一定比例的生物燃料，使其排放因子低于行业基准，因此产生204000个正碳积分，满足履约条件，并且可以通过碳交易出售碳积分获得额外的收益。

由于缺乏燃料排放因子碳积分交易的真实价格数据，本例主要参考相关文献中的燃料供应企业边际减排成本数据[106]。假设目标年排放因子碳积分的平均交易价格为 3 元/kg CO_2，进而可计算出燃料供应企业 A 和 B 的碳交易金额，见表 3-11 第 7 列。可见，生产高碳燃料的企业将面临高额的碳积分购买成本，而生产可再生燃料的企业则可通过出售碳积分获得低碳技术研发补贴。因此，道路交通碳交易机制可以有效促进行业燃料排放因子的整体下降。

燃料供应企业履约与碳交易情景　　　　表 3-11

燃料供应企业	燃料类型	燃料排放因子 (kg CO_2/L)	行业基准排放因子 (kg CO_2/L)	销量 (L)	排放因子碳积分	碳交易金额 (万元)
燃料供应企业 A	汽油	2.22	2.2	8000000	-195000	-58.5
	柴油	2.67	2.6	500000		
燃料供应企业 B	乙醇汽油	2.14	2.2	3000000	204000	61.2
	生物柴油	2.48	2.6	200000		

第4章

基于多智能体的道路交通碳交易建模与仿真

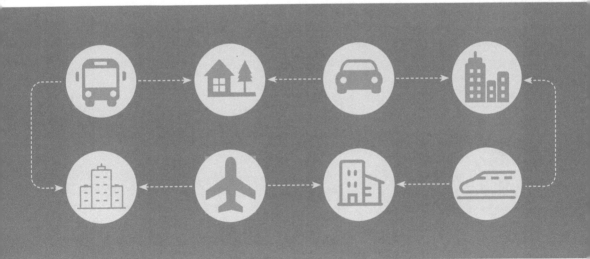

第 4 章
基于多智能体的道路交通碳交易建模与仿真

第 3 章所建立的道路交通碳交易机制由多类具有自主行为能力的主体构成，各主体之间通过相互影响与相互作用进而不断演化，属于典型的复杂适应系统。根据相关研究总结可知，复杂适应系统表现出的动态性、随机性、非线性、多样性等特性是传统的数学模型所无法体现的，因此本章将采用基于智能体的建模与仿真（ABMS）方法，分别对政府、汽车使用者、汽车生产企业、燃料供应企业在道路交通碳交易机制作用下的行为决策进行建模与仿真，进而分析道路交通碳交易的微观作用机理。

4.1 模型基本假设

为了构建政府、汽车使用者、汽车生产企业、燃料供应企业等多类异质主体的行为决策模型，进而作为基于多智能体仿真的响应函数，本章需要作如下基本假设与合理简化：

假设 1：在多主体协同的道路交通碳交易机制实施后，假设政府不再对消费者购买新能源汽车进行财政货币补贴，而过渡为通过市场机制促进新能源汽车发展。

假设 2：由于运输企业数据难以获得，且行为决策影响因素不确定，本章模型中的汽车使用者暂且只考虑居民，而不考虑运输企业。假设市场上只有一种汽车类型（即小型载客汽车），每个居民在履约期内最多可拥有一辆汽车，并基于自身属性和当前拥有的汽车参数做出行为决策。

假设 3：假设计划购买汽车的消费者已经事先根据自身需求选定了汽车品牌和车系，且对于相同品牌、相同车系、相同配置的传统燃油汽车和新能源汽车没有特殊偏好，购车行为是完全基于经济理性的，即消费者购车选择以综合成本最小化为出发点。

假设 4：假设每个汽车生产企业只生产同一种车系的汽车，但提供三款燃料类型的汽车供消费者选择，分别是传统燃油汽车、插电式混合动力电动汽车和纯电动汽车，后两者为新能源汽车，除了能耗强度低于传统燃油汽车，其他配置上与传统燃油汽车并无明显差异。由于燃料电池汽车目前技术尚不成熟，还不具备市场化的条件，故本书暂不考虑。

假设5：假设燃料供应企业只提供汽油这一种类型的燃料，但可以选择在汽油中混合不同比例的低碳燃料，以降低燃料的排放因子。

假设6：不同燃料类型的汽车能耗强度，均按等效热值法转换为当量汽油消耗量，以便于比较和计算。例如，1kW·h电能消耗量可以转换为0.113L汽油消耗量［参照国家标准《综合能耗计算通则》（GB/T 2589—2020）］。

上述假设和简化是在权衡仿真可操作性和真实性的情况下提出的，其他未考虑的假设将在下文建立相应模型时进行补充。

4.2 多主体行为建模

4.2.1 政府决策行为分析

政府作为道路交通碳交易市场的构建者和监管者，其行为决策主要包括碳配额总量设定与初始碳配额分配、行业基准设定、价格稳定与市场调控等，决策变量如表4-1所示，各决策变量的计算方法均已在第3章多主体协同的道路交通碳交易机制中介绍，因此本章不再赘述。

政府决策变量　　　　表4-1

决策变量	符号	计算公式
已有汽车碳配额总量	$CAP^e(t)$	式(3-1)～式(3-6)
新增汽车碳配额总量	$CAP^n(t)$	式(3-7)～式(3-17)
初始碳配额	$CE_0(u,t)$	式(3-18)
行业基准能耗强度	$FC_i^b(t)$	式(3-19)
行业基准排放因子	$EF_k^b(t)$	式(3-20)
碳配额指导价格	$PCE_0(t)$	式(3-28)
碳积分底线价格	$PCC_{\min}^{FC}(t), PCC_{\min}^{EF}(t)$	式(3-29)～式(3-30)
碳积分罚款价格	$PCC_{\max}^{FC}(t), PCC_{\max}^{EF}(t)$	2倍的市场平均成交价格

4.2.2 汽车使用者决策行为分析

汽车使用者在道路交通碳交易机制下的决策行为包括：碳配额市场价格预估、汽车选择决策、行驶里程决策、碳配额交易。汽车使用者通过购买汽车行为与汽车生产企业产生交互，通过购买燃料行为与燃料供应企业产生交互。

1) 碳配额估价决策

在道路交通碳交易机制作用下，碳配额的市场价格作为一个传递信号影响着汽车使用者的各种行为决策。因此，汽车使用者需要根据政府制定的碳配额指导价格，结合自身的判断，对碳配额的市场价格进行预估，最终提出碳交易报价。由于碳交易市场还处于初级阶段，汽车使用者可收集到的市场信息很少，因此本书假设所有汽车使用者采用"零信息"交易策略[107]，即交易者仅在一定区间内随机选取报价，而不考虑任何市场信息。由于政府对碳配额交易设置了指导价格和最高 50% 的涨跌幅，因此汽车使用者对市场价格的预估值可表示为：

$$PCE(u, t) = PCE_0(t) \times [1 + \theta(u, t)] \quad \theta(u, t) \sim U(-0.5, 0.5) \tag{4-1}$$

式中，$PCE(u, t)$ 为汽车使用者 u 在 t 年度的碳配额估价；$PCE_0(t)$ 为 t 年度碳配额指导价格；$\theta(u, t)$ 为估价系数，假设服从区间为 $(-0.5, 0.5)$ 的均匀分布。

虽然"零信息"交易策略较为简单，但是能反映经典的经济学原理，已经成为研究市场交易策略的基准模型[120]。

2) 汽车选择决策

由于道路交通碳交易的下游参与者主要是汽车使用者，因此本节阐述的建模对象是已经拥有汽车和计划购买汽车的居民，主要考虑其在换购或购买汽车时对传统燃油汽车和新能源汽车的选择决策。对于已有汽车的使用者，本书假设当其拥有的汽车达到期望使用年限时，将主动换购一辆新的汽车，旧的汽车将自动报废。对于还未购买汽车的居民，由于影响消费者购买汽车的因素众多，不同的消费者购买意愿差异较大，且购买动机具有随机性，因此本书对于居民是否购买汽车不做详细阐述，而是从尚未拥有汽车的居民中随机选择 $NV^n(t)$❶个居民作为计划购买汽车的消费者。

为了构建碳交易机制下的汽车选择模型，本书假设计划购买汽车的消费者已经事先根据自身需求选定了汽车品牌和车系，且对于相同品牌、车系、配置的传统燃油汽车和新能源汽车没有特殊偏好，而是完全经济理性的，即消费者购车选择主要以综合用车成本最小化为出发点[108]。因此，在 t 年度内，对于任意的汽车使用者 u，可以建立消费者选择决策模型，如下：

$$\min GC(u, t) = \sum_k D_k(u, t) \cdot GC_k(u, t) \quad (4\text{-}2)$$

$$s.t. \begin{cases} GC_k(u, t) = VC_k(u, t) + UC_k(u, t) + XC_k(u, t) \\ VC_k(u, t) = \dfrac{PV_k(u, t)}{\sum\limits_{t=1}^{VL(u,t)} \left(\dfrac{1}{1 + IR(t)}\right)} \\ UC_k(u, t) = UC_k^f(u, t) + UC_k^e(u, t) \\ UC_k^f(u, t) = VMT_k(u, t) \times FC_k(u, t) \times PF_k(u, t) \\ UC_k^e(u, t) = VMT_k(u, t) \times EC_k(u, t) \times PE_k(u, t)/RFE(t) \\ RFE(t) = 1 - DP(u, t) \times e^{-CI \times SNEV(t)} \\ XC_k(u, t) = \Delta CE(u, t) \times PCE(u, t) \\ CE_0(u, t) + \Delta CE(u, t) \geqslant VMT_k(u, t) \times FC_k(u, t) \times EF(u, t) \\ \sum_k D_k(u, t) = 1 \\ D_k(u, t) = 0 \text{ 或 } 1 \end{cases}$$

式中，$GC(u, t)$ 为该汽车使用者的年化综合用车成本；$D_k(u, t)$ 为 0-1 决策变量，k 代表汽车燃料类型，默认 $k=1$ 代表传统燃油汽车，$k=2$ 代表混合动力电动汽车，$k=3$ 代表纯电动汽车；$GC_k(u, t)$ 为选择汽车 k 的年均综合用车成本，分别包括汽车购置成本 $VC_k(u, t)$、汽车使用成本 $UC_k(u, t)$ 以及碳交易成本 $XC_k(u, t)$。

---

❶ $NV^n(t)$ 为上文计算的新增汽车数量。

汽车购置成本 $VC_k(u, t)$ 采用年均成本法对[109]汽车一次性购买价格 $PV_k(u, t)$ 进行按年分摊，IR 表示市场利率，默认 $IR(u, t) \equiv 0.03$，$VL(u, t)$ 表示该汽车使用者购买汽车时的期望使用年限，假设服从泊松分布。由于个人的期望使用年限不同，不同汽车使用者对相同价格汽车的购置成本也可能不同。

汽车使用成本 $UC_k(u, t)$ 主要为燃料成本，根据汽车燃料类型，可分为汽油成本 $UC_k^f(u, t)$ 和电力成本 $UC_k^e(u, t)$。其中汽油成本与燃油汽车年度行驶里程 $VMT_k(u, t)$、油耗强度 $FC_k(u, t)$ 以及汽油燃料价格 $PF_k(u, t)$ 成正比。电力成本与新能源汽车年度行驶里程 $VMT_k(u, t)$、电耗强度 $EC_k(u, t)$ 以及电力价格 $PE_k(u, t)$ 成正比。此外，新能源汽车燃料补充不如燃油汽车便捷，还需要考虑充电基础设施的普及程度和充电时间等电力成本的影响，因此参考 Schwoon 等[110]和 Shafiei 等[111]的研究，引入充电影响系数 $RFE(t)$，该系数与汽车使用者的驾驶模式 $DP(u, t)$、新能源汽车的市场份额 $SNEV(t)$ 和充电基础设施发展水平 CI 有关。

碳交易成本 $XC_k(u, t)$ 为碳配额交易的支出或收入，与碳配额交易量 $\Delta CE(u, t)$ 和碳配额估价 $PCE(u, t)$ 成正比，若 $\Delta CE(u, t) > 0$ 则碳成本为正，代表额外购买碳配额，若 $\Delta CE(u, t) < 0$ 则碳成本为负，代表出售剩余的碳配额；最后汽车使用的实际碳排放不得超过初始碳配额 $CE_0(u, t)$ 与交易碳配额 $\Delta CE(u, t)$ 之和。

对方程组(4-2)进行简化求解可得：

$$GC(u, t) = \min \{GC_1(u, t), GC_2(u, t), GC_3(u, t)\} \quad (4-3)$$

式(4-3)表示，消费者的购车选择决策 $D_k(u, t)$ 取决于三种燃料类型汽车的综合用车成本，例如：当传统燃油汽车综合用车成本 $GC_1(u, t)$ 最小时，消费者将选择购买传统燃油汽车，即 $D_1(u, t) = 1$，$D_2(u, t) = 0$，$D_3(u, t) = 0$；当混合动力电动汽车用车成本 $GC_2(u, t)$ 最小时，消费者将选择购买混合动力电动汽车，即 $D_1(u, t) = 0$，$D_2(u, t) = 1$，$D_3(u, t) = 0$；当纯电动汽车用车成本 $GC_3(u, t)$ 最小时，消费者将选择购买纯电动汽车，即 $D_1(u, t) = 0$，$D_2(u, t) = 0$，$D_3(u, t) = 1$。可见，不同燃料类型汽车 k 的综合用车成本主要取决于汽车购买价格 $PV_k(u, t)$、年行驶里程 $VMT_k(u, t)$、综合能耗强度 $FC_k(u, t)$ 和燃料价格 $PF_k(u, t)$ 等。

由于新能源汽车大多使用动力电池作为动力来源,而电池关键技术的开发成本和电池材料成本较为昂贵,因此在初期新能源汽车的价格往往大于传统燃油车。另一方面,通常电机的能源转换率相比发动机更高,因此新能源汽车能耗强度和燃料价格低于传统燃油汽车。即对于相同配置的传统燃油汽车、混合动力电动汽车和纯电动汽车,其参数通常存在以下相对大小关系:

$$\begin{cases} PV_1 < PV_2 < PV_3 \\ FC_1 > FC_2 > FC_3 \\ PF_1 > PF_2 > PF_3 \end{cases} \quad (4\text{-}4)$$

由上述参数的一般关系可得出,在目前阶段,传统燃油汽车的购置成本较低,使用成本较高,而新能源汽车购置成本较高,但使用成本较低。因此,传统燃油汽车和新能源汽车的综合用车成本的差异将主要由碳交易成本决定。传统燃油汽车使用者由于产生较高的排放可能需要支付较高的碳成本,而新能源汽车使用者的碳排放较低甚至可以实现零排放(仅考虑使用阶段),因此可以通过出售剩余的碳配额获得额外的收入。当碳配额价格足够高时,新能源汽车的综合用车成本将低于传统燃油汽车,此时消费者将倾向于购买新能源汽车。由于碳配额基准价格会随着市场供需的波动而变化调整,并且不同消费者对碳配额的估价 $PCE(u,t)$ 也存在差异,因此在不同时间、不同政策环境下,消费者对于汽车选择的决策是动态变化的。

3) 行驶里程决策

行驶里程反映了汽车使用者的交通需求决策。已有大量研究[112-116]证明影响汽车使用者年度行驶里程的主要因素包括四大类:价格因素(燃料价格、税费),车辆因素(汽车能耗强度、车龄、车型、车辆数),家庭因素(家庭收入、家庭成员数量、儿童数量、退休人员数量、度假次数)和建成环境因素(居住地人口密度、工作地人口密度)。因此,可以通过回归模型建立汽车行驶里程与上述影响因素的关系,其中最常用的是对数线性模型[76],可表示为:

$$\ln(VMT) = \alpha_0 + \alpha_1 \ln(PF) + \alpha_2 \ln(\widehat{FC}) + \alpha_3 \ln(VAge) + \alpha_4 \ln(HIncome) + \alpha_5 \ln(HSize) + \alpha_x \ln(X) + \varepsilon \tag{4-5}$$

式中，VMT 为年度车公里数；PF 为燃料价格；FC 为汽车综合能耗强度（含新能源汽车电能消耗转换的当量油耗）；$VAge$ 为汽车年龄；$HIcome$ 为家庭总收入；$HSize$ 为家庭成员数；x 代表所有其他未列出的影响因素；α 为回归系数，可通过最小二乘法（OLS）估计得到；ε 为扰动项，代表上述变量未能解释的误差。

在道路交通碳交易机制下，汽车使用者进行交通活动时除了需要承担燃料价格，还需要支付相应的碳配额，因此碳配额的价格也将成为影响交通需求的价格因素之一。根据式(4-1)，不同的用户对碳配额的市场估值存在差异，如果估值高于指导价格的，则对价格因素产生正影响，如果估值低于指导价格的，则对价格因素产生负影响。为了统一量纲，将碳配额价格乘以燃料碳排放因子，便可以与燃料价格进行叠加，因此上述回归模型可改写为下式：

$$\ln(VMT) = \alpha_0 + \alpha_1 \ln[PF + EF \times (PCE - PCE_0)] + \alpha_2 \ln(FC) + \alpha_3 \ln(VAge) + \alpha_4 \ln(HIncome) + \alpha_5 \ln(HSize) + \cdots + \alpha_x \ln(X) + \varepsilon \tag{4-6}$$

$$VMT = e^{\alpha_0} \times [PF + EF \times (PCE - PCE_0)]^{\alpha_1} \times FC^{\alpha_2} \times VAge^{\alpha_3} \times HIncome^{\alpha_4} \times HSize^{\alpha_5} \tag{4-7}$$

式(4-7)即可表示为汽车使用者行驶里程的决策响应函数 $F(X)$，其函数形式属于典型的柯布-道格拉斯（Cobb-Douglas）模型[117]。因此，行驶里程对于各变量的需求弹性等于其回归系数。例如，价格弹性是指价格每变动百分之一而引起需求量变化的百分率，计算结果刚好为 α_1。已有研究表明 α_1 一般为负数，反映了燃料价格或碳配额价格增加将导致行驶里程减少。同理，α_2 为能耗强度弹性，通常也为负数，反映了技术进步使车辆能耗强度下降，但将诱发更多的交通需求，即"反弹效应"[113]。Wang 和 Chen[114]研究发现人们的行驶里程对于价格的响应程度往往要大于车辆能耗强度，因为价格降低带来的经济效益较能耗降低更为直观。因此，$|\alpha_1| \geq |\alpha_2|$。

对于任意的汽车使用者 u，都存在一组随时间和个体变化的变量：碳配额估值 $PCE(u,t)$、汽车综合能耗强度 $FC(u,t)$、车龄 $VAge(u,t)$、

家庭收入 $HIncome(u, t)$、家庭成员数量 $HSize(u, t)$，因此其汽车年度行驶里程 $VMT(u, t)$ 可通过上述决策响应函数 $F(X)$ 计算，如：

$$VMT(u, t) = F\left[PF(t), PCE(u, t), FC(u, t), VAge(u, t),\right.$$
$$\left.HIncome(u, t), HSize(u, t)\right] \tag{4-8}$$

4) 碳配额交易决策

根据上述道路交通碳交易的制度设计，每个符合条件的汽车使用者都将获得相应的初始碳配额 $CE_0(u, t)$，基于履约考核要求，即式(3-21)~式(3-23)，实际碳排放高于初始碳配额的汽车使用者将做出购买碳配额的决策，而实际碳排放低于初始碳配额的汽车使用者将做出出售碳配额的决策，其碳配额交易量可由下式计算：

$$\Delta CE(u, t) = VMT(u, t) \times FC(u, t) \times EF(u, t) - CE_0(u, t) \tag{4-9}$$

式中，$\Delta CE(u, t)$ 为汽车使用者 u 在 t 年度的碳配额交易量，当 $\Delta CE(u, t) > 0$ 时，汽车使用者 u 为碳配额买家，当 $\Delta CE(u, t) < 0$ 时，汽车使用者 u 为碳配额卖家；汽车年度行驶里程 $VMT(u, t)$ 由公式(4-8)计算得出；汽车能耗强度 $FC(u, t)$ 由汽车使用者对不同燃料类型汽车的最优选择决策 D_k 决定；$EF(u, t)$ 为所使用燃料在履约期 t 的排放因子。

可见，汽车使用者行驶里程决策和汽车选择决策将直接影响其碳交易决策，而汽车使用者对 $VMT(u, t)$ 和 $FC(u, t)$ 的决策很大程度上取决于碳配额估价 $PCE(u, t)$ 和燃料价格 PF，因此汽车使用者的碳配额交易量是在多个变量交互影响下产生的。例如：当碳配额估价和传统燃料价格较高时，消费者将倾向于选择新能源汽车，虽然新能源汽车能耗强度低，会对行驶里程带来反弹效应，但是更高的价格弹性将带来更大程度的行驶里程减少，最终导致该汽车使用者总碳排放低于初始碳排，因此该汽车使用者的碳交易决策为出售剩余碳配额。

由上文可知，道路交通碳交易采用基于双边拍卖的竞价交易(包括集合竞价和连续竞价)方式，碳配额买家和卖家需要在规定交易期进行独立报价，可由道路交通碳交易系统进行自动撮合和执行。由式(4-1)可知，不同汽车使用者对碳配额的市场价值有不同的估价，因此本书假设汽车使用者的碳交易报价等于其碳配额估价 $PCE(u, t)$。根据双边拍卖的价格形成机制，可以认为 t 年度内的碳配额的市场成交价格为：

$$\overline{PCE}(t) = \frac{\sum_{u}^{NU} PCE(u, t) \times |\Delta CE(u, t)|}{\sum_{u}^{NU} |\Delta CE(u, t)|} \quad (4\text{-}10)$$

式中，$\overline{PCE}(t)$ 为汽车使用者在 t 年度碳配额交易的市场均衡价格；NU 为所有汽车生使用者的数量。

对于碳配额买家，即高排放的汽车使用者，其购买额外碳配额需要支付的碳成本为：

$$XC(u, t) = \overline{PCE}(t) \times [VMT(u, t) \times FC(u, t) \times EF(u, t) - CE_0(u, t)] \quad (4\text{-}11)$$

对于碳配额卖家，即低排放的汽车使用者，其出售剩余碳配额可以获得的碳收益为：

$$XC(u, t) = \overline{PCE}(t) \times [CE_0(u, t) - VMT(u, t) \times FC(u, t) \times EF(u, t)] \quad (4\text{-}12)$$

4.2.3 汽车生产企业决策行为分析

汽车生产企业在道路交通碳交易机制下的决策行为包括：能耗强度碳积分估价决策、汽车生产决策、汽车定价决策、能耗强度碳积分核算与交易。此外，汽车生产企业可通过销售汽车的行为与汽车使用者交互。

1）碳积分估价决策

与上文碳配额市场价格预估同理，碳积分的市场价格同样也作为一个传递信号，影响着汽车生产企业的各种行为决策。因此，首先汽车生产企业也需要对能耗强度碳积分的市场价格进行预估，以此作为其决策的依据。根据第 2 章的制度设计，政府对于碳积分交易价格不设置指导价格，而是设定碳积分价格底线和最高 2 倍的惩罚价格，即对碳积分的市场价格限定了下限和上限。因此汽车生产企业对能耗强度碳积分市场价格的预估值可表示为：

$$PCC^{FC}(m, t) = PCC^{FC}_{\min}(t) \times [1 + \delta(m, t)] \quad \delta(m, t) \sim U(0, 1)$$

(4-13)

式中，$PCC^{FC}(m, t)$ 为汽车生产企业 m 在 t 年度的能耗强度碳积分估价；$PCC^{FC}_{\min}(t)$ 为 t 年度能耗强度碳积分底线价格；$\delta(m, t)$ 为碳积分估价浮动系数，假设服从区间为 $(0, 1)$ 的均匀分布。

2) 汽车生产决策

在道路交通碳交易的履约考核机制下，汽车生产企业需要对其生产的汽车能耗强度进行调整决策，如果企业平均汽车能耗强度小于行业基准能耗强度，则产生正的碳积分，否则生产负的碳积分。碳积分为正的企业可以通过碳交易出售正积分获得收益，碳积分为负的企业则必须通过碳积分交易进行抵偿以完成履约。

根据假设4，汽车生产企业生产相同配置的传统燃油汽车、混合动力电动汽车和纯电动汽车三种车型，其中新能源汽车由于采用动力电池和电机作为动力来源，能源转化率较高，其能耗强度远远低于传统燃油汽车，并且通常低于行业基准能耗强度，下降空间有限[108]。因此，本章假设汽车生产企业生产决策时主要针对传统燃油汽车的能耗强度进行调整，对新能源汽车的能耗强度不做调整，而是通过提高产销量扩大规模效应，进而降低新能源汽车售价。

由于不同的汽车生产企业发展规模、产品结构、技术储备等差异，导致其降低能耗强度的边际成本也高低不齐，而从经济理性行为的角度，所有企业都将选择成本最低的方式。边际成本小于碳积分估价的企业将选择通过技术升级达到履约目标，边际成本大于碳积分估价的企业则通过碳交易购买正积分进行抵偿履约。

(1) 传统燃油汽车生产决策。

传统燃油汽车生产企业将基于上一年度企业平均汽车能耗强度，调整本年度传统燃油汽车生产决策，如果上一年度的企业平均汽车能耗强度大于行业基准能耗强度，则需要考虑是否对传统燃油汽车进行节能技术升级，即降低传统燃油汽车的能耗强度，其决策模型可表示为：

第 4 章 基于多智能体的道路交通碳交易建模与仿真

$$FC_1(m, t) = \begin{cases} FC_1(m, t-1) \times [1 - R^{FC}(m, t)], \\ \overline{FC}(m, t-1) > FC^b(t) \text{ 或 } MC^{FC}(m, t) < PCC^{FC}(m, t) \\ FC_1(m, t-1), \\ \overline{FC}(m, t-1) \leq FC^b(t) \text{ 且 } MC^{FC}(m, t) \geq PCC^{FC}(m, t) \end{cases}$$
(4-14)

式中，$FC_1(m, t)$ 为汽车生产企业 m 在 t 年度生产的传统燃油汽车的能耗强度；$\overline{FC}(m, t-1)$ 为上一年度的企业平均汽车能耗强度；$FC^b(t)$ 为该车型的行业基准能耗强度；$R^{FC}(m, t)$ 为汽车生产企业 m 在 t 年度的传统燃油汽车能耗强度下降比例；$MC^{FC}(m, t)$ 为汽车生产企业 m 在 t 年度降低能耗强度的边际成本，即企业每降低 1 个单位传统燃油汽车能耗强度（L/100km）所需要付出的成本。

为了满足道路交通碳交易的履约考核要求，假设汽车生产企业在 t 年度传统燃油汽车的能耗强度下降比例为 $R^{FC}(m, t)$，而插电式混合动力汽车和纯电动汽车的能耗强度保持不变，在各燃料类型汽车的销量比例与上一年度相同的前提下，应该使得 t 年度企业平均能耗强度小于行业基准能耗强度。进而可以计算出 t 年度企业传统燃油汽车能耗强度的目标下降比例，见式(4-15)、式(4-16)。

$$\overline{FC}(m, t-1) - \frac{FC_1(m, t-1) \times R^{FC}(m, t) \times N_1(m, t-1)}{\sum_k N_k(m, t-1)} \leq FC^b(t)$$
(4-15)

$$R^{FC}(m, t) \geq \frac{[\overline{FC}(m, t-1) - FC^b(t)] \times \sum_k N_k(m, t-1)}{FC_1(m, t-1) \times N_1(m, t-1)}$$
(4-16)

由于不同汽车生产企业的边际成本存在差异，本书假设所有企业降低能耗强度的增量成本服从上限为 $IC^{FC}_{\max}$，下限 $IC^{FC}_{\min}$ 为的均匀分布，即：

$$IC^{FC}(m, t) \sim U[IC^{FC}_{\min}(m, t), IC^{FC}_{\max}(m, t)]$$
(4-17)

式中，$IC^{FC}(m, t)$ 为汽车生产企业 m 在 t 年度通过节能技术使每辆传统燃油汽车能耗强度减少比例为 RP^{FC} 所需要的增量成本。进而可计算得到该企业降低能耗强度的边际成本，见式(4-18)。

$$MC^{FC}(m, t) = \frac{IC^{FC}(m, t)}{FC_1(m, t-1) \times R^{FC}(m, t)} \quad (4\text{-}18)$$

因此，当汽车生产企业上一年度的平均汽车能耗强度$\overline{FC}(m, t-1)$大于行业基准能耗强度$FC^b(t)$，且降低传统燃油汽车能耗强度的边际成本$MC^{FC}(m, t)$小于碳积分估价$PCC^{FC}(m, t)$时，企业将选择主动降低传统燃油汽车的能耗强度，因为此时降低单位传统燃油汽车能耗强度（L/100km）的成本比购买单位碳积分的成本更高。

（2）新能源汽车生产决策。

同理，新能源汽车生产企业也将基于上一年度企业平均汽车能耗强度，调整本度新能源汽车生产决策，如果上一年度的企业平均汽车能耗强度大于行业基准能耗强度，则需要考虑是否扩大新能源汽车生产规模，其决策模型可表示为：

$$N_k(m, t) = \begin{cases} N_k(m, t-1) \times [1 + S^{NEV}(m, t)], \\ \overline{FC}(m, t-1) > FC^b(t) \text{ 或 } MC^{NEV}(m, t) < PCC^{FC}(m, t) \\ N_k(m, t-1), \\ \overline{FC}(m, t-1) \leq FC^b(t) \text{ 且 } MC^{NEV}(m, t) \geq PCC^{FC}(m, t) \end{cases}$$
$$(4\text{-}19)$$

式中，$N_k(m, t)$为汽车生产企业m在t年度生产的新能源汽车数量（$k = 2, 3$）；$\overline{FC}(m, t-1)$为上一年度的企业平均汽车能耗强度；$FC^b(t)$为该车型的行业基准能耗强度；$S^{NEV}(m, t)$为汽车生产企业m在t年度的新能源汽车增产比例；$MC^{NEV}(m, t)$为汽车生产企业m在t年度增产新能源汽车的边际成本，即企业通过增产新能源汽车降低1个单位平均能耗强度（L/100km）所需要付出的成本。

为了满足道路交通碳交易的履约考核要求，假设汽车生产企业在t年度对于混合动力汽车和纯电动汽车按同比例$S^{NEV}(m, t)$增产，在传统燃油汽车能耗强度和销量不变的前提下，应该使得t年度企业平均能耗强度小于行业基准能耗强度。进而可以计算出t年度企业新能源汽车需要增产的比例，见式(4-20)、式(4-21)。

$$\overline{FC}(m, t-1) - \frac{\sum_{k=2,3}[FC^b(t) - FC_k(m, t-1)] \times N_k(m, t-1) \times S^{NEV}(m, t)}{\sum_k N_k(m, t-1)} \leq FC^b(t)$$

(4-20)

$$S^{NEV}(m, t) \geq \frac{[\overline{FC}(m, t-1) - FC^b(t)] \times \sum_k N_k(m, t-1)}{\sum_{k=2,3}[FC^b(t) - FC_k(m, t-1)] \times N_k(m, t-1)}$$

(4-21)

由于汽车生产企业扩大新能源汽车产量需要额外投入更多研发成本和人力、物力成本，假设增产新能源汽车的增量成本与新能源售价成一定的比例，见式(4-22)：

$$IC_k^{NEV}(m, t) = PV_k(m, t) \times \eta_k^{NEV}(m, t) \qquad (4\text{-}22)$$

式中，$IC_k^{NEV}(m, t)$ 为汽车生产企业 m 在 t 年度增产新能源汽车 k（$k=2, 3$）的增量成本；$PV_k(m, t)$ 能源汽车的售价；$\eta_k^{NEV}(m, t)$ 为增量成本占新能源汽车售价的比例。根据增产的新能源汽车数量和增量成本，可计算得到该企业增产新能源汽车的边际成本，见式(4-23)。

$$MC^{NEV}(m, t) = \frac{\sum_{k=2,3} IC_k^{NEV}(m, t) \times N_k(m, t-1) \times S^{NEV}(m, t)}{[\overline{FC}(m, t-1) - FC^b(t)] \times \sum_k N_k(m, t-1)}$$

(4-23)

因此，当汽车生产企业上一年度的平均汽车能耗强度 $\overline{FC}(m, t-1)$ 大于行业基准能耗强度 $FC^b(t)$，且新能源汽车增产边际成本 $MC^{NEV}(m, t)$ 小于碳积分估价 $PCC^{FC}(m, t)$ 时，企业将主动选择扩大新能源汽车生产规模，因为通过增加新能源汽车销量降低单位平均能耗强度（1L/100km）的成本比购买单位碳积分的成本更高。

3）汽车定价决策

汽车生产企业每生产一款汽车，将根据该汽车的生产成本、产品定位、品牌效应等因素确定厂商建议零售价，即消费者购买该汽车的价格 PV_k。但在每个履约期，汽车生产企业都将基于各自的减排成本调整生产决策，进而影响汽车的生产成本和销售定价。

如果汽车生产企业在新的履约期决定对传统燃油汽车进行节能技术改造升级从而降低能耗强度，则必然会在已有固定生产成本的基础上增加额外的研发和物资成本,即上文提到的增量成本 $IC(m, t)$。此时,追逐利益最大化的汽车生产企业也必然会提高传统燃油车售价将这一部分增量成本转嫁给下游消费者[108]。而对于消费者来说,由于新购买的汽车能耗强度更低,也可以接受一定程度的价格上涨。如果汽车生产企业在新的履约期决定不降低传统燃油汽车能耗强度,假设汽车市场供需关系保持稳定,企业将不对传统燃油汽车售价进行调整,即保持上一年度的价格。汽车生产企业对传统燃油汽车定价的决策函数可见式(4-24)。

$$PV_1(m, t) = \begin{cases} PV_1(m, t-1) + IC(m, t) \times \eta^{FC}, & FC_1(m, t) < FC_1(m, t-1) \\ PV_1(m, t-1), & FC_1(m, t) \geq FC_1(m, t-1) \end{cases}$$

(4-24)

式中,$PV_1(m, t)$ 为汽车生产企业 m 在 t 年度对其生产的传统燃油汽车的定价;η^{FC} 为燃油车技术升级成本转移系数,反映了汽车生产企业将增量成本转移到汽车售价的比例。

由于目前汽车市场份额上还是传统燃油汽车占主导地位,企业生产新能源汽车难以获得规模效益,且关键技术仍不成熟,导致新能源汽车的市场售价居高不下。而随着技术的不断进步,企业生产规模逐步扩大,并且在道路交通碳交易机制影响下,更多消费者将选择购买使用新能源汽车。企业生产技术和经验的积累使得新能源汽车单位生产成本降低,进而也将影响下游的汽车售价。Weiss 等学者[118]采用技术学习(经验)曲线对新能源汽车售价进行建模量化。学习曲线表示单位产品生产成本与累计产量的关系曲线。假设汽车生产企业根据企业的累计新能源汽车产量(销量)对新能源汽车定价进行调整,其决策函数见式(4-25)。

$$PV_k(m, t) = PV_k(m, 0) \times \left[\frac{CN_k(m, t)}{CN_k(m, 0)} \right]^{-\rho_k} \quad (4-25)$$

式中,$PV_k(m, t)$ 为汽车生产企业 m 在履约期 t 年度对其生产的新能源汽车 k 的定价($k = 2, 3$);$CN_k(m, t)$ 为汽车生产企业 m 截止到履约期 t 年度新能源汽车 k 的累计销量;ρ_k 为规模弹性系数。

同理,传统燃油汽车的节能技术也仍在不断发展中,也存在学习曲线,因此其增量成本也将随着产量增加而减少,见式(4-26)。

第 4 章 基于多智能体的道路交通碳交易建模与仿真

$$IC(m, t) = IC(m, 0) \times \left[\frac{CN_1(m, t)}{CN_1(m, 0)}\right]^{-\rho_1} \quad (4\text{-}26)$$

通常认为当产量翻倍时，技术成本下降的比例为经验学习率 $LR^{[118]}$，反映了企业节能和新能源汽车生产技术进步的速度，见式(4-27)。

$$LR_k(m, t) = 1 - \frac{PV_k(m, t)}{PV_k(m, 0)} = 1 - \left[\frac{CN_k(m, t)}{CN_k(m, 0)}\right]^{-\rho_k} = 1 - 2^{-\rho_k}$$
$$(4\text{-}27)$$

4) 碳积分交易决策

根据上述道路交通碳交易的制度设计，汽车生产企业在每个履约期结束后，将根据该年度的各类型汽车的能耗强度和销量，自行核算能耗强度碳积分：

$$\begin{aligned}\overline{FC}(m, t) &= \frac{\sum_k FC_k(m, t) \times N_k(m, t)}{\sum_k N_k(m, t)} \\ &= \frac{FC_1(m, t) \times N_1(m, t) + FC_2(m, t) \times N_2(m, t)}{N_1(m, t) + N_2(m, t) + N_3(m, t)} + \\ & \quad \frac{FC_3(m, t) \times N_3(m, t)}{N_1(m, t) + N_2(m, t) + N_3(m, t)} \end{aligned} \quad (4\text{-}28)$$

$$CC^{FC}(m, t) = \left[FC^b(t) - \overline{FC}(m, t)\right] \times \sum_k N_k(m, t) \quad (4\text{-}29)$$

根据汽车生产企业的履约考核要求，其中正积分可通过碳积分交易进行出售，负积分需要通过碳积分交易进行抵偿。假设汽车生产企业在进行碳积分交易决策时，为了追求利益最大，在交易期内把所有的碳积分用于交易，见式(4-30)。

$$\Delta CC^{FC}(m, t) = |CC^{FC}(m, t)| \quad (4\text{-}30)$$

假设经过道路交通碳交易系统自动撮合，履约期 t 内汽车能耗强度碳积分的市场成交价格见式(4-31)。

$$\overline{PCC}^{FC}(t) = \frac{\sum_m^{NM} PCC^{FC}(m, t) \times \Delta CC^{FC}(m, t)}{\sum_m^{NM} \Delta CC^{FC}(m, t)} \quad (4\text{-}31)$$

式中，$\overline{PCC}^{FC}(t)$ 为汽车生产企业在 t 年度能耗强度碳积分交易的平均市场成交价格；NM 为所有汽车生产企业的数量。

对于碳积分买家，即平均汽车能耗强度高于行业基准能耗强度，且未使用节能技术的汽车生产企业，其购买额外碳积分需要支付的碳成本见式(4-32)。

$$XC^{FC}(m, t) = \overline{PCC^{FC}}(t) \times [FC^b(t) - \overline{FC}(m, t)] \times \sum_k N_k(m, t)$$

(4-32)

对于碳积分卖家，即通过应用节能技术使其平均汽车能耗强度低于行业基准能耗强度的汽车生产企业，其出售剩余碳积分可以获得的碳收益见式(4-33)。

$$XC^{FC}(m, t) = \overline{PCC^{FC}}(t) \times [\overline{FC}(m, t) - FC^b(t)] \times \sum_k N_k(m, t)$$

(4-33)

4.2.4 燃料供应企业决策行为分析

1) 碳积分估价决策

根据上述道路交通碳交易机制的制度设计，燃料供应企业与汽车生产企业类似，都需要参与碳积分考核和交易，与式(4-13)同理，燃料供应企业对排放因子碳积分市场价格的预估值见式(4-34)。

$$PCC^{EF}(p, t) = PCC^{EF}_{\min}(t) \times [1 + \delta(p, t)] \quad \delta(p, t) \sim U(0, 1)$$

(4-34)

式中，$PCC^{EF}(p, t)$为燃料供应企业p预估的t年度的排放因子碳积分价格；$PCC^{EF}_{\min}(t)$为t年度排放因子碳积分底线价格；$\delta(p, t)$为碳积分估价浮动系数，假设服从区间为$(0, 1)$的均匀分布。

2) 燃料生产决策

在道路交通碳交易的履约考核机制下，燃料供应企业需要对其生产的燃料排放因子进行调整决策，如果企业平均燃料排放因子小于行业基准排放因子，则产生正的碳积分，否则生产负积分。碳积分为正的企业可以通过碳交易出售正积分获得收益，碳积分为负的企业则必须通过碳积分交易进行抵偿以完成履约。

根据假设5，所有燃料供应企业只生产汽油这一种类型的燃料，但可以选择添加不同比例的低碳燃料(如乙醇等生物燃料)。不同燃料供应企业生产的汽油含碳量不同，因此其燃料排放因子也不尽相同。燃料供应企将基于上一年度企业平均排放因子与行业基准排放因子的差额,调整本年度生产决策,如果上一年度的企业平均排放因子大于行业基准排放因子,则需要考虑是否生产低碳燃料,即降低燃料的碳含量。由于不同的燃料供应企业发展规模、产品结构、技术水平等存在差异,其节能减排边际成本也高低不齐,而从经济理性行为的角度,所有企业都将选择成本最低的方式,即:碳积分估价大于边际成本的燃料供应企业将选择通过技术升级达到履约目标,否则通过碳交易购买正积分进行抵偿。燃料供应企业对燃料排放因子的决策模型见式(4-35)。

$$EF(p, t) = \begin{cases} EF(p, t-1) \times [1 - R^{EF}(p, t)], \\ EF(p, t-1) > EF^b(t) \text{ 或 } MC^{EF}(p, t) < PCC^{EF}(p, t) \\ EF(p, t-1), \\ EF(p, t-1) \leq EF^b(t) \text{ 且 } MC^{EF}(p, t) \geq PCC^{EF}(p, t) \end{cases}$$

(4-35)

式中,$EF(p, t)$ 为燃料供应企业 p 在 t 年度生产的燃料排放因子;$EF^b(t)$ 为该车型的行业基准能耗强度;$R^{EF}(p, t)$ 为燃料供应企业 p 在 t 年度的燃料排放因子下降比例;$MC^{EF}(p, t)$ 为燃料供应企业 p 在 t 年度的边际减排成本,即企业降低单位燃料排放因子(1kg CO_2/L 汽油)所需要付出的成本。

为了满足道路交通碳交易的履约考核要求,假设燃料生产企业在 t 年度燃料排放因子下降比例为 $R^{EF}(p, t)$,在燃料销量与上一年度相同的前提下,应该使得 t 年度燃料供应企业不产生负积分。进而可以计算出 t 年度企业燃料排放因子的目标下降比例,见式(4-36)、式(4-37)。

$$[EF^b(t) - EF(p, t)] \times TFC(p, t-1) \geq 0 \quad (4-36)$$

$$R^{EF}(p, t) \geq \frac{EF^b(t) - EF(p, t-1)}{EF(p, t-1)} \quad (4-37)$$

由于不同的燃料供应企业生产低碳燃料的成本不同,因此不同企业完成履约考核的边际成本也不同。本章假设燃料供应企业的边际减排成本服从上限为 $MC^{EF}_{\max}$,下限为 $MC^{EF}_{\max}$ 的均匀分布,见式(4-38)。

$$MC^{EF}(p, t) \sim U(MC^{EF}_{\min}, MC^{EF}_{\max}) \quad (4-38)$$

式中,$MC^{EF}(p, t)$ 为燃料供应企业 p 在 t 年度通过使用低碳燃料降低燃料排放因子的边际成本。因此，当燃料供应企业上一年度的燃料排放因子 $EF(p, t-1)$ 大于行业基准能耗强度 $EF^b(t)$，且其边际减排成本 $MC^{EF}(p, t)$ 小于碳积分估价 $PCC^{EF}(p, t)$ 时，企业将选择主动降低燃料排放因子，因为降低单位排放因子（1kg CO_2/L 汽油）的成本比购买单位碳积分的成本更高。

3）燃料定价决策

由于汽油属于资源稀缺性商品，其价格受国家的宏观调控，假设汽油的政府指导价格为 PF_0，企业可以根据燃料生产成本在一定幅度范围内自行定价。如果燃料供应企业在新的履约期决定使用低碳燃料降低排放因子，必然会在已有固定生产成本的基础上增加额外的研发和物资成本，进而导致一定程度的燃料价格上涨。燃料供应企业对燃料定价的决策函数见式(4-39)。

$$PF(p, t) = PF(p, t-1) + MC^{EF}(p, t) \times EF(p, t-1) \times R^{EF}(p, t) \times \eta^{EF} \quad (4-39)$$

式中，$PF(p, t)$ 为燃料供应企业 p 在 t 年度对其生产的燃料的定价；η^{EF} 为燃料成本转移系数，反映了燃料供应企业将低碳燃料成本转移到燃料售价的比例。

4）碳积分交易决策

根据上述道路交通碳交易的制度设计，燃料供应企业在每个履约期结束后，将根据该年度的燃料的排放因子和销量，自行核算排放因子碳积分，见式(4-40)。

$$CC^{EF}(p, t) = [EF^b(t) - EF(p, t)] \times TFC(p, t) \quad (4-40)$$

根据燃料供应企业的履约考核要求，其中正积分可通过碳交易进行出售，负积分需要通过碳交易进行抵偿。假设燃料供应企业在碳积分交易决策时，为了追求利益最大，将在交易期内把所有的碳积分用于交易，见式(4-41)。

$$\Delta CC^{EF}(p, t) = |CC^{EF}(p, t)| \quad (4-41)$$

假设经过道路交通碳交易系统自动撮合，履约期 t 内燃料排放因子碳积分的市场成交价格见式(4-42)。

$$\overline{PCC^{EF}}(t) = \frac{\sum_{p}^{NP} PCC^{EF}(p, t) \times \Delta CC^{EF}(p, t)}{\sum_{p}^{NP} \Delta CC^{EF}(p, t)} \quad (4\text{-}42)$$

式中，$\overline{PCC^{EF}}(t)$ 为所有燃料供应企业在 t 年度能耗强度碳积分交易的平均市场成交价格；NP 为所有燃料供应企业的数量。

对于碳积分买家，即燃料排放因子高于行业排放因子，且未使用低碳燃料的燃料供应企业，其购买额外碳积分所需要支付的碳成本见式(4-43)。

$$XC^{EF}(p, t) = \overline{PCC^{EF}}(t) \times \left[EF^b(t) - EF(p, t) \right] \times TFC(p, t) \quad (4\text{-}43)$$

对于碳积分卖家，即通过使用低碳燃料使其燃料排放因子低于行业基准排放因子的燃料供应企业，其出售剩余碳积分可以获得的碳收益见式(4-44)。

$$XC^{EF}(p, t) = \overline{PCC^{EF}}(t) \times \left[EF(p, t) - EF^b(t) \right] \times TFC(p, t) \quad (4\text{-}44)$$

4.3 基于多智能体的仿真模型

4.3.1 仿真平台简介

基于智能体的建模与仿真（ABMS）被认为是研究复杂适应系统的有所突破的方法之一，广泛应用于社会学、经济学、管理学、生态学等各个领域。不同于传统自上而下的建模思路，基于智能体的建模理论采用自下而上的分析思路，认为系统是由多个异质性的微观个体构成的，即智能体，通过观察多智能体间的相互作用以及不断演化的过程来研究系统的涌现性和非线性特点。随着基于智能体的建模理论不断发展与应用，相继诞生了许多基于多智能体的建模与仿真平台，这些仿真平台可以帮助研究人员快速建立相关领域的研究模型。目前有较大影响力的几款主流仿真平台主要包括：Netlogo、Swarm、RePast 和 AnyLogic[119]，它们各自特点和优缺点见表4-2。

主流仿真平台对比[119]　　　　　　　表4-2

仿真平台	Netlogo	Swarm	RePast	AnyLogic
开发机构	美国西北大学	圣达非研究所	芝加哥大学	俄罗斯XJ技术公司
编程语言	Logo	Objective C，Java	Java，C#，Python	UML-RT，Java
基本功能	二维、三维离散模型	二维、三维离散模型	二维离散模型、GIS接口	二维、三维离散模型和连续模型
优点	模型设置运行简单，具有良好的可视化界面	具有较好的扩展性、灵活性	使用范围广，具有良好的支持性	提供模板式的结构和不同领域的专业库
缺点	对于特别复杂的模型应对能力有限	编程要求较高	编程要求较高	源码不公开，需要付费使用

通过研究对比可发现，Netlogo采用接近自然语言的Logo语言，用户不需要掌握复杂的编程语言就可以构建一个系统仿真模型，具有简单易用、软件维护快、学术界支持高等特点，非常适合于模拟随时间发展的复杂系统。因此，本章选用Netlogo作为仿真平台，对道路交通碳交易机制中的各主体行为演化过程进行仿真模拟。

Netlogo的仿真世界是由海龟(Turtles)、瓦片(Patches)、链(Links)和观察者(Observer)这四类智能体构成，这些智能体会根据用户所赋予的不同的属性变量和行动代码来执行各自特定的行为。海龟(Turtles)是指能够在仿真世界中自由移动的智能体，具有特定的类别、属性和行为。瓦片(Patches)是组成2维仿真世界的网格，每个瓦片代表一块正方形的"地面"，而海龟则在它上面移动。每个瓦片和海龟都有二维坐标，一个瓦片上可以有多个海龟。瓦片和海龟一样，可以有自己的属性和行为。海龟与海龟之间可以通过链(Links)建立联系。观察者(Observer)俯视着整个由海龟和瓦片组成的仿真世界，能对仿真世界的状态和进程进行控制。这四类智能体所构成的仿真世界关系结构如图4-1所示。

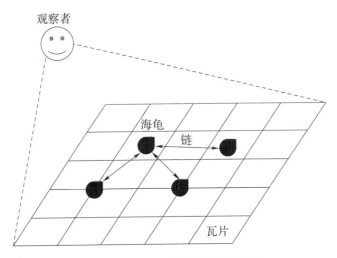

图 4-1 Netlogo 仿真世界关系结构

Netlogo 仿真世界是通过循环运行设定好的例程（Procedures）来实现模拟的，每一个例程又可分为初始化例程和仿真执行例程两个部分。初始化例程通过"Setup"函数构建虚拟世界，分别创建一定数量的瓦片和海龟智能体，定义其所拥有的属性变量并赋值等。仿真执行例程通过"Go"函数定义各类智能体的行动和交互规则，并设置输出参数。随着仿真的循环推进，各类智能体将在每个仿真周期执行各自的行动并更新属性变量。

此外，Netlogo 的界面（Interface）通过形象直观的可视化窗口和丰富的数据图表视图向研究者呈现设计的虚拟世界，并且允许研究者使用命令、控件等方式对仿真世界的主体进行外部控制和查看，便于研究者对实验结果进行记录和分析。

4.3.2 智能体例程设计

根据上文，Netlogo 通过海龟（Turtles）、海龟种类（Breeds）、瓦片（Patches）、链（Links）和观察者（Observer）等函数定义不同类别的主体，各类主体可以通过 Netlogo 例程拥有特定的属性和行为，因此本书将基于此设计参与道路交通碳交易的多类异质主体（Agent），即政府、汽车使用者、汽车生产企业、燃料供应企业。

1) 政府主体

政府作为道路交通碳交易政策的制定者和监管者,需要控制全局,因此本书使用 Netlogo 的观察者(Observer)函数来定义政府主体,通过设定全局变量,设定道路交通碳交易的政策参数,进而影响整个道路交通碳交易参与者的行为,并对目标变量进行监测和评价。政府主体对应的政策变量及其含义见表4-3。

政府主体政策变量列表　　　　表4-3

政策变量	变量含义	政策变量	变量含义
$CE_0^e(t)$	已有汽车初始碳配额	$CE_0^n(t)$	新增汽车初始碳配额
R^e	已有汽车碳配额下降率	R^n	新增汽车碳配额下降率
$CAP^e(t)$	已有汽车碳配额总量	$CAP^n(t)$	新增汽车碳配额总量
$CAP(t)$	道路交通碳配额总量	$PCE_0(t)$	碳配额指导价格
$FC^b(t)$	行业基准能耗强度	$EF^b(t)$	行业基准排放因子
R^{FC}	行业基准能耗强度下降率	R^{EF}	行业基准排放因子下降率
$PCC_{\min}^{FC}(t)$	能耗强度碳积分底线价格	$PCC_{\min}^{EF}(t)$	排放因子碳积分底线价格
$PCC_{\max}^{FC}(t)$	能耗强度碳积分罚款价格	$PCC_{\max}^{EF}(t)$	排放因子碳积分罚款价格

根据上文,政府在道路交通碳交易框架下的决策行为包括历史碳排放监测与核查、碳排放总量和行业基准的设定、初始碳配额分配以及市场价格调控,政府用户的行动例程设计如图4-2所示。

2)汽车使用者主体

汽车使用者作为独立行动的个体,主要根据自身属性和对碳配额价格的判断而进行决策,其行为只对自身产生影响,因此本研究使用 Netlogo 的海龟(Turtles)和种类(Breeds)函数来定义汽车使用者用户,包含已经拥有汽车的居民和未拥有汽车的居民(潜在汽车使用者),每个汽车使用者主体对应的内部变量及其含义见表4-4。

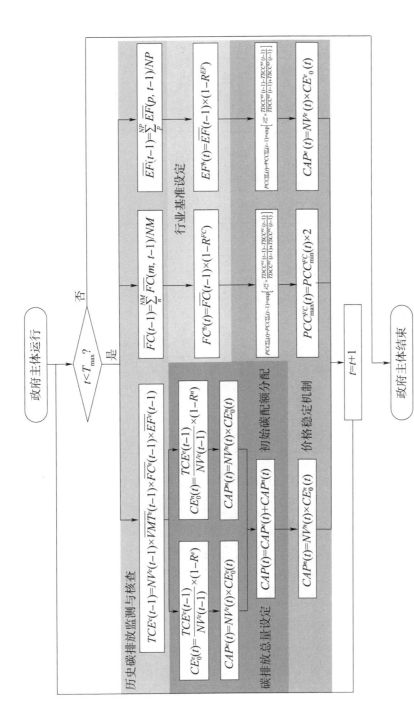

图 4-2 政府主体的行动流程设计图

汽车使用者主体内部变量列表　　　　　表 4-4

内部变量	变量含义	内部变量	变量含义
$PCE(u, t)$	碳配额市场估价	$\theta(u, t)$	碳配额估价系数
$HSize(u, t)$	家庭规模	$HIncome(u, t)$	家庭收入
$VH(u, t)$	拥有汽车类型 (0, 1, 2, 3)	$VAge(u, t)$	车龄
$VL(u, t)$	期望使用年限	$VMT(u, t)$	汽车年度行驶里程
$FC(u, t)$	汽车油耗强度	$FC(u, t)$	汽车综合能耗强度
$EF(u, t)$	燃料排放因子	$PF(u, t)$	燃料价格
$GC_1(u, t)$	传统燃油车综合成本	$GC_2(u, t)$	插电式混合动力汽车综合成本
$GC_3(u, t)$	纯电动汽车综合成本	$GC(u, t)$	所选汽车综合成本
$CE_0(u, t)$	初始碳配额	$\Delta CE(u, t)$	碳配额交易数量
$XC(u, t)$	碳配额交易金额	$\overline{PCE}(t)$	碳配额交易价格

根据上文，汽车使用者在道路交通碳交易机制下的决策行为包括碳配额市场价格预估、汽车选择决策、行驶里程决策、碳配额交易。汽车使用者通过购买汽车行为与汽车生产企业进行交互，通过购买燃料行为与燃料供应企业进行交互，汽车使用者用户的行动例程设计如图 4-3 所示。

3）汽车生产企业主体

汽车生产企业也是作为独立行动的个体，主要根据企业技术发展水平和对碳积分价格的判断而进行生产决策，进而影响汽车使用者对汽车的购买选择。本研究使用 Netlogo 的海龟(Turtles)和种类(Breeds)函数来定义汽车生产企业主体，每个汽车生产企业主体对应的内部变量及其含义见表 4-5。

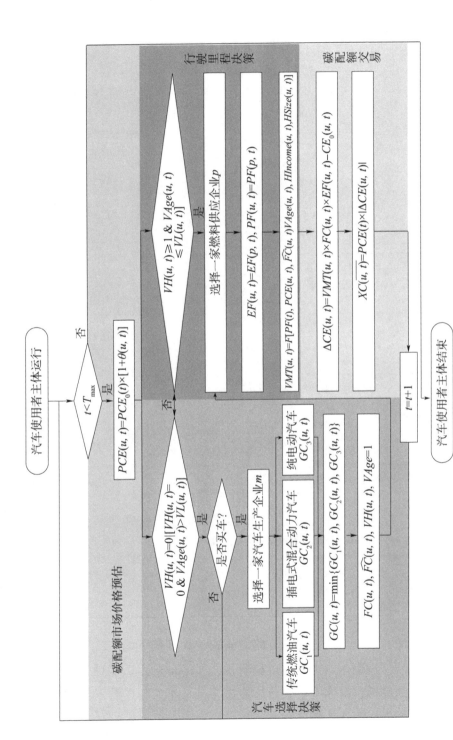

图 4-3 汽车使用者主体的行动例程图

汽车生产企业主体内部变量列表　　　　　表 4-5

内部变量	变量含义	内部变量	变量含义
$PCC^{FC}(m, t)$	能耗强度碳积分市场估价	$\delta(m, t)$	能耗强度碳积分估价系数
$\overline{FC}(m, t)$	企业平均能耗强度	$FC_1(m, t)$	传统燃油汽车综合能耗强度
$FC_2(m, t)$	插电式混合动力汽车综合能耗强度	$FC_3(m, t)$	纯电动汽车综合能耗强度
$PV_1(m, t)$	传统燃油汽车售价	$PV_2(m, t)$	插电式混合动力汽车售价
$PV_3(m, t)$	纯电动汽车售价	$N_k(m, t)$	各类型汽车当年销量
$R^{FC}(m, t)$	能耗强度下降比例	$S^{NEV}(m, t)$	新能源汽车增产比例
$IC^{FC}(m, t)$	降低传统燃油汽车能耗强度的增量成本	$IC^{NEV}(m, t)$	增产新能源汽车的增量成本
$MC^{FC}(m, t)$	降低传统燃油汽车能耗强度的边际成本	$MC^{NEV}(m, t)$	增产新能源汽车的边际成本
$CN_k(m, t)$	各类型汽车累计销量	$CC^{FC}(m, t)$	能耗强度积分数量
$XC^{FC}(m, t)$	能耗强度积分交易金额	$\overline{PCC^{FC}}(t)$	能耗强度积分平均交易价格

根据上文，汽车生产企业在道路交通碳交易框架下的决策行为包括能耗强度碳积分估价决策、汽车生产决策、汽车定价决策、能耗强度碳积分核算与交易。此外，汽车生产企业可通过销售汽车的行为与汽车使用者进行交互。汽车生产企业主体的行动例程设计如图 4-4 所示。

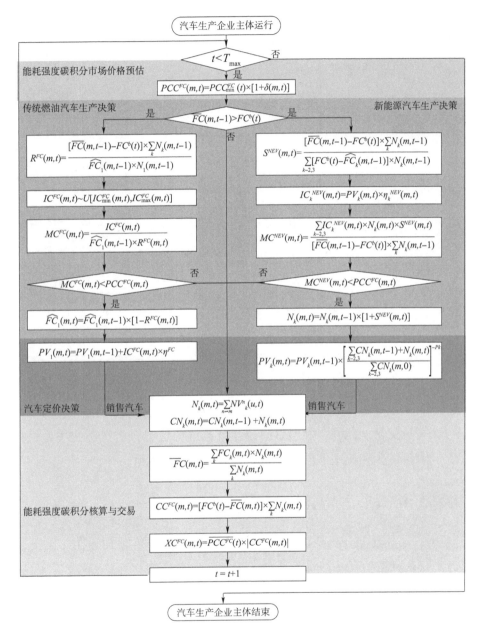

图 4-4 汽车生产企业行动例程设计图

4) 燃料供应企业主体

与汽车生产企业类似，燃料供应企业主要根据企业技术发展水平和对碳积分价格的判断而进行生产决策，进而影响汽车使用者对燃料的使用，通常以燃料补给站(加油站)的形式均匀分布在现实世界里,因此本书使用 Netlogo 的瓦片(Patches)函数来定义燃料供应企业主体,每个燃料供应企业主体对应的内部变量及其含义见表4-6。

燃料供应企业主体内部变量列表　　　　　表4-6

内部变量	变量含义	内部变量	变量含义
$PCC^{EF}(p, t)$	排放因子碳积分市场估价	$\delta(p, t)$	排放因子碳积分估价系数
$EF(p, t)$	燃料排放因子	$R^{EF}(p, t)$	排放因子下降比例
$MC^{EF}(p, t)$	边际减排成本	$PF(p, t)$	燃料售价
$TFC(p, t)$	燃料销量	$CC^{EF}(p, t)$	排放因子碳积分数量
$XC^{EF}(p, t)$	排放因子碳积分交易金额	$\overline{PCC^{EF}}(t)$	排放因子碳积分交易价格

根据上文,燃料供应企业在道路交通碳交易框架下的决策行为包括排放因子碳积分市场价格预估、燃料生产决策、燃料定价决策、排放因子碳积分核算与交易。此外,燃料供应企业可通过销售燃料与汽车使用者进行交互。燃料供应企业主体的行动例程设计如图 4-5 所示。

4.3.3 仿真模型构建

基于 Netlogo 仿真平台和上述用户行动例程,本书将构建由 1 个政府主体、NU 个初始汽车使用者(居民)主体,NM 个汽车生产企业主体,NP 个燃料供应企业主体组成的道路交通碳交易仿真模型。图 4-6 所示为一个小规模仿真模型($NU=10000$,$NM=10$,$NP=121$)的主视图。不同颜色的人形海龟(Turtles)代表不同的汽车使用者主体,不同颜色的汽车形海龟(Turtles)代表不同的汽车生产企业主体;不同颜色的瓦片(Patches)代表不同的燃料供应企业主体;而政府主体作为观察者(Observer)不在主视图里显示。

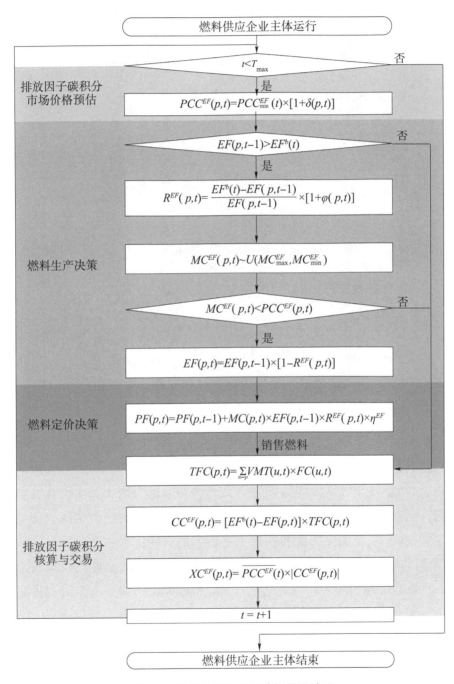

图 4-5 燃料供应企业行动例程设计图

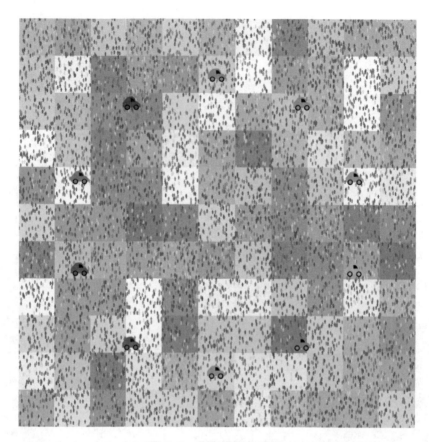

图 4-6　仿真模型主视图

仿真模型首先需要通过 Setup 函数对全局外部变量、各类主体内部变量以及位置坐标进行初始化，其中各变量的初始值来源于真实世界的实证数据。通过 Go 函数启动仿真模型，仿真的时间步长设定为 1 年，在每个仿真周期 t 内，所有主体都将按照上述设定的行动例程各自运行，并实时更新主体内部变量。本书设定汽车生产企业和燃料供应企业的位置固定不变，而汽车使用者主体随着时间推移而随机移动，在购买汽车时选择距离最近的汽车生产企业，在购买燃料时选择所在瓦片上的燃料供应企业，进而模拟不同类用户之间的交互。同类主体之间的交互行为主要是通过相应的碳交易清算例程完成供需匹配。在下一仿真周期开始前，程序将自动更新仿真模型的所有变量并计算输出目标参数的值。基于此，仿真模型的总体运行流程如图 4-7 所示。

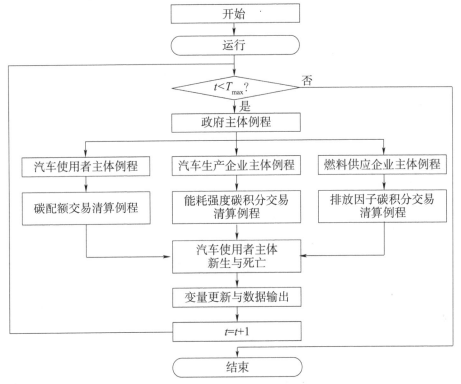

图 4-7 仿真模型总体运行流程

4.4 仿真实例分析

为了验证基于智能体的道路交通碳交易建模方法与仿真模型的有效性，本节将基于中国道路交通的实证数据对各类主体的变量和行动例程进行初始化与标定，并通过仿真实例解析道路交通碳交易框架下各主体的行为演化及道路交通碳排放的变化趋势。

4.4.1 仿真模型初始化

1）政府主体初始化

本例设置 1 个政府主体，负责设定和监测中国道路交通碳交易的关键参数。根据政府主体的例程，需要初始化的变量及其初始值如表 4-7 所示，设定依据见下文。

政府主体政策变量初始化 表4-7

政策变量	变量含义	初始值	单位
R^{CEe}	已有汽车碳配额下降率	3	%
R^{CEn}	新增汽车碳配额下降率	4.5	%
R^{FC}	行业基准能耗强度下降率	2	%
R^{EF}	行业基准排放因子下降率	1	%
$PCE_0(0)$	碳配额指导价格	3	元/kg CO_2
$PCC_{\min}^{FC}(0)$	能耗强度碳积分底线价格	3000	元/积分
$PCC_{\max}^{FC}(0)$	能耗强度碳积分罚款价格	6000	元/积分
$PCC_{\min}^{EF}(0)$	排放因子碳积分底线价格	3	元/积分
$PCC_{\max}^{EF}(0)$	排放因子碳积分罚款价格	6	元/积分

已有汽车碳配额下降率 R^{CEe}、新增汽车碳配额下降率 R^{CEn}、行业基准能耗强度下降率 R^{FC}、行业基准排放因子下降率 R^{EF} 是控制道路交通碳配额总量和行业基准的关键参数,由政府根据国家发展目标制定,本书取值分别参考《交通运输节能环保"十三五"发展规划》(交规划发〔2016〕94号)《节能与新能源汽车产业发展规划(2012—2020年)》(国发〔2012〕22号)《能源发展"十三五"规划》(发改能源〔2016〕2744号)中的目标值,并做了适当转换与修正。由于道路交通上游、中游、下游不同类型责任主体的减排手段不同,本书假设各类责任主体的减排潜力大小排序为:新增汽车使用者 > 已有汽车使用者 > 汽车生产企业 > 燃料供应企业,因此可得上述变量存在如下关系:$R^{CEn} = 1.5 \times R^{CEe} > R^{FC} > R^{FC}$。

由于道路交通碳交易政策在中国尚未正式实施,缺乏真实交易数据,因此对于配额指导价格、能耗强度碳积分底线价格、能耗强度碳积分罚款

第4章 基于多智能体的道路交通碳交易建模与仿真

价格、排放因子碳积分底线价格、排放因子碳积分罚款价格的设定参考相关研究[73,78,105]中的取值,并做了适当转换与修正。

2)汽车使用者主体初始化

本例设定 20 万个汽车使用者主体,包括已经拥有汽车的居民和未拥有汽车的居民,随机分布在仿真世界中,每个居民将基于自身属性独立进行汽车选择、行驶里程、碳配额交易等决策。根据汽车使用者用户的例程,需要初始化的变量及其初始值如表 4-8 所示,设定依据见下文。

汽车使用者主体内部变量初始化　　　　表 4-8

内部变量	变量含义	初始值	单位
$VH(u, 0)$	是否拥有汽车	0, 1, 2, 3	—
$HSize(u, 0)$	家庭规模	对数正态分布 $LN(0.9428, 0.5001)$	人
$HIncome(u, 0)$	家庭总收入	指数分布 $E(1.7382E-5)$	元
$FC(u, 0)$	汽车能耗强度	对数 Logistic 分布 $LL(5.9728, 7.6228)$	L/100km
$VAge(u, 0)$	车龄	伽马分布 Gamma $(1.801, 2.2601)$	年
$VLife(u, 0)$	期望使用年限	正态分布 $N(8.0739, 2.3562)$	年
$VMT(u, 0)$	年度行驶里程	$F(PF, PCE, FC, VAge, HIncome, HSize)$	km

根据国家统计局 2018 年 2 月 28 日发布的《中华人民共和国 2017 年国民经济和社会发展统计公报》显示,2017 年年末全国内地总人口为 139008 万人,私人汽车保有量为 18515.1 万辆,千人保有量为 133 辆,因此本例初始设定 13.3% 的居民主体已经拥有小汽车,而其他主体暂时未拥有小汽车,即 $VH(u, 0) = 0$。据公安部统计,截至 2017 年,全国新能源汽车保有量达 153 万辆,占汽车总量的 0.7%,其中混动力电动汽车和纯电动汽车的比例为 4:1。因此,本书设定在初始数量为 26600 的已经拥有汽车的主体中,有 99.3% 的居民正在使用传统燃油汽车,即 $VH(u, 0) = 1$;0.14% 的居民正在使用混合动力电动汽车,即 $VH(u, 0) = 2$,0.56%

的居民正在使用纯电动汽车,即 $VH(u, 0) = 3$。

中国综合社会调查(Chinese General Social Survey,CGSS)始于 2003 年,每年一次,对中国大陆各省(自治区、直辖市)10000 多户家庭进行连续性横截面调查,是中国第一个全国性、综合性、连续性学术调查项目[120]。中国综合社会调查系统、全面地收集社会、社区、家庭、个人多个层次的数据,总结社会变迁的趋势,本书基于最新开放的中国综合社会调查(CGSS)2015 年度调查数据,对汽车使用者的个人属性参数进行初始化标定。2015 年 CGSS 项目调查覆盖全国 28 个省(自治区、直辖市)的 478 村居,经统计,共完成有效问卷 10968 份,收集了 1471 项数据[120]。本书仅对表 4-8 中涉及的家庭规模、家庭总收入、汽车能耗强度和车辆等数据进行统计分析,并对其分布函数进行拟合,结果如图 4-8 所示。

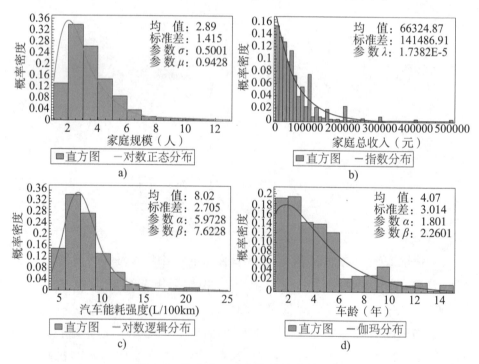

图 4-8 汽车使用者主体属性参数分布

通过假设检验可得:中国居民的家庭规模服从参数为 σ 和 μ 的对数正态分布,即 $HSize \sim LN(0.9428, 0.5001)$;家庭总收入服从参数为 λ 的指数分布,即 $HIncome \sim E(1.7382E-5)$;汽车能耗强度服从参数为 α 和 β 的对数逻辑分布，即 $FC \sim LL(5.9728, 7.6228)$；车龄服从参数为 α 和 β 的伽马分布，即 $VAge \sim Gamma(1.801, 2.2601)$。因此，本例假设所有汽车使用者主体的参数分别服从上述对应的分布函数，并采用 Netlogo 随机数生成器对汽车使用者主体的属性变量进行初始化赋值，当样本量足够大时，该属性变量的总体分布将接近于对应的分布函数。

自 2013 年 5 月 1 日起实施的《机动车强制报废标准规定》（中华人民共和国商务部令第 12 号），取消了对私家车行驶年限的规定，因此汽车的报废主要由汽车使用者的期望使用年限决定。由于 CGSS 调查数据中并未包含汽车的期望使用年限这一项，本书将基于汽车存活曲线对汽车的报废率进行计算，进而得到汽车使用年限的分布。已有大量研究[121-124]提出不同车龄的汽车存活率服从威布尔分布，可表示为：

$$SR(VAge) = \exp\left[-\left(\frac{VAge + b}{T}\right)^b\right] \quad (4-45)$$

式中，$SR(VAge)$ 为车龄 $VAge$ 的汽车的存活率，即汽车不报废的概率；T 是与汽车最大服务寿命相关的参数；b 为曲线的形状参数。

根据 Hao 等学者[124]的研究，对于中国 2020—2050 年的汽车存活模式，曲线参数的取值为 $T=26$，$b=11$。由此，可以计算出各车龄对应的存活率和报废率，根据已有汽车的车龄分布，可以计算得出报废车龄的有效比例（即一定车龄的报废汽车数量占总报废汽车数量的比例），如表 4-9 所示。

表 4-9 汽车报废比例计算结果

车龄	存活率	报废率	车龄分布	报废比例	报废有效比例
1	99.98%	0.02%	6.95%	0.00%	0.03%
2	99.95%	0.05%	14.14%	0.01%	0.29%
3	99.89%	0.11%	19.19%	0.06%	1.33%
4	99.76%	0.24%	19.52%	0.18%	3.86%
5	99.52%	0.48%	15.89%	0.38%	7.97%
6	99.07%	0.93%	10.78%	0.60%	12.61%
7	98.26%	1.74%	6.27%	0.76%	15.98%
8	96.88%	3.12%	3.19%	0.80%	16.72%
9	94.57%	5.43%	1.44%	0.70%	14.78%
10	90.90%	9.10%	0.59%	0.53%	11.21%

续上表

车龄	存活率	报废率	车龄分布	报废比例	报废有效比例
11	85.28%	14.72%	0.22%	0.35%	7.38%
12	77.14%	22.86%	0.07%	0.20%	4.24%
13	66.06%	33.94%	0.02%	0.10%	2.13%
14	52.23%	47.77%	0.01%	0.04%	0.94%
15	36.79%	63.21%	0.00%	0.02%	0.36%
16	21.99%	78.01%	0.00%	0.01%	0.12%
17	10.44%	89.56%	0.00%	0.00%	0.04%
18	3.60%	96.40%	0.00%	0.00%	0.01%
19	0.80%	99.20%	0.00%	0.00%	0.00%
20	0.10%	99.90%	0.00%	0.00%	0.00%
21	0.01%	99.99%	0.00%	0.00%	0.00%
22	0.00%	100.00%	0.00%	0.00%	0.00%
23	0.00%	100.00%	0.00%	0.00%	0.00%
24	0.00%	100.00%	0.00%	0.00%	0.00%
25	0.00%	100.00%	0.00%	0.00%	0.00%
26	0.00%	100.00%	0.00%	0.00%	0.00%

可见，随着车龄增加，汽车的报废率逐渐增加。根据不同车龄的报废比例，可以计算得到报废年限，即汽车期望使用年限的概率密度分布，如图4-9所示。经分布拟合与假设检验可得，汽车期望使用年限服从参数为σ和μ的正态分布，即$VLife \sim N(8.0739, 2.3562)$。

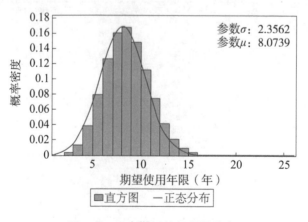

图4-9 汽车期望使用年限分布

第4章 基于多智能体的道路交通碳交易建模与仿真

对于汽车使用者的行驶里程决策函数 $F(X)$,本例仍然基于 CGSS 的调查数据,对式(3-5)进行参数估计,得到标定结果见表 4-10。因此可以根据该决策函数计算生成不同属性汽车使用者用户的初始年度行驶里程。

行驶里程决策函数标定结果　　　　表 4-10

模型		未标准化系数		标准化系数	t	显著性
		B	标准误差	Beta		
Ln(VMT)	(常量)	9.544	0.308	—	31.027	0.000
	Ln(VAge)	-0.125	0.023	-0.280	-5.461	0.000
	Ln(HSize)	0.175	0.040	0.227	4.428	0.000
	Ln(Income)	0.084	0.018	0.244	4.633	0.000
	Ln(PF)	-0.370	0.132	-0.145	-2.799	0.005
	Ln(FC)	-0.112	0.058	-0.102	-1.931	0.054
$R = 0.474$, $R^2 = 0.224$						

3)汽车生产企业主体初始化

本例设定 50 个汽车生产企业主体,均匀分布在仿真世界中,各自生产不同品牌的汽车,且拥有相对稳定的用户市场份额。根据汽车生产企业主体的例程,需要初始化的变量及其初始值如表 4-11 所示,设定依据见下文。

汽车生产企业主体内部变量初始化　　　　表 4-11

内部变量	变量含义	初始值	单位
$FC_1(m, 0)$	传统燃油汽车综合能耗强度	6.58	L/100km
$FC_2(m, 0)$	插电式混合动力汽车综合能耗强度	2.66	L/100km
$FC_3(m, 0)$	纯电动汽车综合能耗强度	1.67	L/100km
$PV_1(m, 0)$	传统燃油汽车售价	114600	元/辆
$PV_2(m, 0)$	插电式混合动力汽车售价	210900	元/辆
$PV_3(m, 0)$	纯电动汽车售价	247100	元/辆
$LR_1(m)$	传统燃油汽车节能技术学习率	均匀分布 U(2, 6)	%
$LR_2(m)$	插电式混合动力汽车技术学习率	均匀分布 U(5, 9)	%

续上表

内部变量	变量含义	初始值	单位
$LR_3(m)$	纯电动汽车技术学习率	均匀分布 U(6, 10)	%
$IC_{\min}(m, t)$	增量减排成本上限值	下限函数	—
$IC_{\max}(m, t)$	增量减排成本下限值	上限函数	—

本书假设每个车企均提供相同配置的传统燃油汽车、混合动力电动汽车和纯电动汽车供主体选择,为了获得具有可比性的产品属性参数,本例通过工信部和汽车之家网站提供的公开数据,收集了2017年和2018年中国汽车市场中销量排名靠前的五款品牌,同时提供三种动力类型的典型车系及其主要参数,见表4-12。可以认为,相同车企生产的同种车系中不同动力类型的汽车,在基本性能和外观上保持相同水平的情况下,其价格的差异主要体现在动力系统的成本上。

典型车系参数　　　　　　　　　　表4-12

汽车生产企业	车系	级别	动力类型	油耗强度 (L/100km)	电耗强度 (kWh/100km)	能耗强度[a] (L/100km)	售价[b] (万元)
比亚迪	秦Pro	紧凑型轿车	传统燃油	6.5	0.00	6.50	11.58
			插电式混合动力	1	10.58	2.20	21.09
			纯电动	0	13.80	1.56	26.39
吉利	帝豪	紧凑型轿车	传统燃油	5.9	0.00	5.90	9.08
			插电式混合动力	1.5	10.41	2.68	17.58
			纯电动	0	14.67	1.66	20.58
长安	逸动	紧凑型轿车	传统燃油	6.3	0.00	6.30	8.79
			插电式混合动力	1.6	9.56	2.68	16.99
			纯电动	0	13.54	1.53	20.73
比亚迪	宋	紧凑型SUV	传统燃油	7.4	0.00	7.40	11.99
			插电式混合动力	1.5	12.42	2.90	23.19
			纯电动	0	16.30	1.84	27.59

续上表

汽车生产企业	车系	级别	动力类型	油耗强度(L/100km)	电耗强度(kWh/100km)	能耗强度[a](L/100km)	售价[b](万元)
荣威	RX5	紧凑型SUV	传统燃油	6.8	0.00	6.80	15.88
			插电式混合动力	1.6	10.93	2.84	26.59
			纯电动	0	15.49	1.75	28.28

注：a 为将电耗强度按等效热值法转化油耗强度的综合能耗，$1kW \cdot h$ 电能 $= 0.113L$ 汽油消耗量。

b 为厂商指导价，不包含政府补贴的价格。

为了便于评估道路交通碳交易政策的实施效果，本例假设所有汽车生产企业在政策实施前均处于同一起跑线，所有汽车生产企业主体的产品属性初始值均设定为市场平均值，此后将随着不同汽车生产企业主体的生产决策不同而各自变化，因而会呈现出产品的差异。

此外，由于不同汽车生产企业的技术储备存在差异，不同企业主体对于节能和新能源技术的学习率是不同的。根据 Weiss 等学者的研究结果[118]，混合动力电动汽车的平均技术学习率为 $7 \pm 2\%$。目前人们普遍认为 3 种类型汽车的技术进步空间大小为：纯电动汽车 > 插电式混合动力汽车 > 传统燃油汽车，本例设定传统燃油汽车节能技术学习率为 2%~6%，混合动力电动汽车技术学习率为 5%~9%，纯电动汽车技术学习率为 6%~10%。

汽车生产企业可选择的节能技术包括发动机节能技术、变速器节能技术、整车节能技术、附件节能技术、混动节能技术 5 类，部分常用节能技术及其节能潜力和单车增量成本见表 4-13。

表 4-13 节能技术节能潜力及增量成本[105]

技术分类	技术名称	节能潜力(%)	单车增量成本(元)
发动机节能技术	减少摩擦	3.54	888
	缸内直喷	4.5	1700
	涡轮增压	7.20	3185
	弥勒循环	6.50	1000

续上表

技术分类	技术名称	节能潜力(%)	单车增量成本(元)
发动机节能技术	停缸	0.44	210
	能量管理	3.5	800
变速器节能技术	8档自动变速(8AT)及以上	5.74	5500
	6档双离合(6DT)及以上	4.00	1700
	无级变速(CVT)	3.75	1200
电气系统节能技术	高效电附件	1.22	600
	怠速启停	1.68	1500
	制动能量回收	3.5	1000
	48V系统	5	2500
整车节能技术	减少风阻	2.5	1000
	低滚阻轮胎	2	1000

Shiau等学者[125]使用美国国家公路交通安全管理局(NHTSA)对50多项节能技术的成本效益估算数据[126]，构建了基于多项节能技术组合的综合成本曲线(图4-10)，这是关于节能比例和单车增量成本的二次函数，分为上限函数和下限函数，见式(4-46)和式(4-47)。

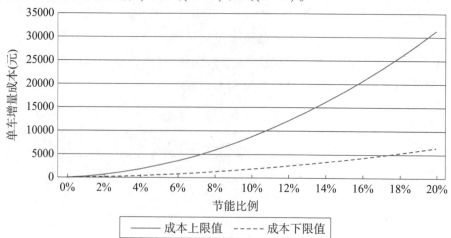

图4-10 节能技术综合成本曲线

$$IC_{\max}^{FC}(m, t) = a_{\max} \times [R^{FC}(m, t)]^2 + b_{\max} \times R^{FC}(m, t) \quad (4\text{-}46)$$

$$IC_{\min}^{FC}(m, t) = a_{\min} \times [R^{FC}(m, t)]^2 + b_{\min} \times R^{FC}(m, t) \quad (4\text{-}47)$$

式中，$IC_{\max}^{FC}$ 为增量成本上限值；$IC_{\min}^{FC}$ 为增量成本下限值；R^{FC} 为节能比例（即减排比例）；$a_{\max}$、$b_{\max}$、$a_{\min}$、$b_{\min}$ 分别为增量成本上限和下限函数的回归系数。

Shiau 等学者[125]以 2007 年美元价格计数算得到的原始系数分别为 $a_{\max}$ = 85936，$b_{\max}$ = 2177，$a_{\min}$ = 16699，$b_{\min}$ = 639，本书按 2007 年美元兑人民币平均汇率（1∶7.604）以及生产者价格指数变化率（PPI_{2017}/PPI_{2007} = 1.063），将上述原始系数转换为 2017 年人民币等价系数分别为：$a_{\max}$ = 694625.2，$b_{\max}$ = 17596.8，$a_{\min}$ = 134978.9，$b_{\min}$ = 5165.1。

4）燃料供应企业主体初始化

本例设定 121 个燃料供应企业主体，构成仿真世界中 11×11 的瓦片（Patches），可为移动到该瓦片的汽车使用者主体提供汽车燃料（本例仅考虑汽油），并可独立对燃料排放因子和燃料售价进行调整决策。根据燃料供应企业主体的例程，需要初始化的变量及其初始值如表 4-14 所示，设定依据见下文。

燃料供应企业主体内部变量初始化　　　　表 4-14

内部变量	变量含义	初始值	单位
$PF(p, t)$	燃料售价	6.3	元/L
$EF(p, 0)$	燃料排放因子	2.22	kg CO_2/L
$MC^{EF}(p, 0)$	边际减排成本	均匀分布 U (0.43, 6.23)	元/积分

据不完全统计，2017 年全中国各地区的 92/93 号汽油售价平均值为 6.3 元/L，因此本例设定所有燃料供应主体的燃料售价初始值均为 6.3 元/L，燃料排放因子采用表 4-14 中的汽油排放因子推荐值，为 2.22kg CO_2/L。

由于燃料供应企业边际减排成本数据难以获得，本例主要参考相关文献中的取值。Holland 等学者[106]基于一系列的汽油和乙醇的供需变化参数，估算了在美国加利福尼亚州低碳燃料标准（LCFS）政策[127]下，到 2020 年交通燃料平均碳排放强度下降 10%，燃料供应企业的边际减排成本为 307～2272 美元/t CO_2。同时，本书还验证了在碳交易市场机制与低碳燃料标准同时作用下，实现相同的减排目标，燃料供应企业的边际减排成本可下降为 60~868 美元/t CO_2。上述情景与本书的排放因子碳积分交易机制类似，因此本例根据 Holland 等学者[106]的成本估算，按 2009 年美元兑人民币的平均汇率(1:6.831)和生产者价格指数变化率($PPI_{2017}/PPI_{2009}=1.051$)[128]将上述边际成本范围转换为 2017 年人民币的等价边际减排成本上限、下限值，分别为：$MC_{max}^{EF}=6.23$ 元/kg CO_2，$MC_{max}^{EF}=0.43$ 元/kg CO_2。

4.4.2 仿真模型构建与运行

根据上述初始条件，本例构建由 1 个政府主体，20 万个汽车使用者主体，50 个汽车生产企业主体和 121 个燃料供应企业主体构成的道路交通碳交易仿真模型。仿真实例以 2017 年作为初始基准年($t=0$)，从 2018 年开始运行仿真模型，每一年为一个仿真周期(履约周期)，直到 2050 年终止。

为了尽可能还原真实世界人口的自然增长规律，本例设定在每个仿真周期末，以死亡率 $DR(t)$ 随机去除部分汽车使用者主体，同时以出生率 $BR(t)$ 产生新的汽车使用者主体，而汽车生产企业和燃料供应企业主体的数量默认不变。根据国家统计年鉴，中国 2017 年总人口为 13.9 亿，出生率为 12.43‰，死亡率为 7.11‰。中国社会科学院人口与劳动经济研究所 2019 年发布的《人口与劳动绿皮书》[129]预测，中国人口将在 2029 年达到峰值 14.42 亿，从 2030 年开始进入持续的负增长期，2050 年减少到 13.64 亿，到 2065 年减少到 12.48 亿，即缩减到 1996 年的规模。基于上述人口增长趋势，本例设定仿真世界中汽车使用者主体的初始死亡率 $DR(0)=7.11‰$，并按 0.2‰ 的量值逐年递增，初始出生率 $BR(0)=12.43‰$，并按 0.2‰ 的量值逐年递减。本例中汽车使用者主体的数量演化如图 4-11 所示，在 2030 年左右达到峰值后开始下降，与《人口与劳动绿皮书》[129]的预测结果相近。

在仿真模型运行时，所有主体将按照各自的智能体行动例程进行决策，并将根据行动结果实时更新各自主体内部变量的数值。每一个仿真周期运行结束后，仿真模型将根据所有主体内部变量的总体变化情况，计算并更新全局外部变量的数值，包括：不同类型汽车保有量、不同类型汽车销量、汽车平均年度行驶里程、汽车平均能耗强度、燃料平均排放因子、碳排放总量、碳配额供给总量、碳配额需求总量、碳配额平均交易价格、

第 4 章
基于多智能体的道路交通碳交易建模与仿真

能耗强度碳积分供给总量、能耗强度碳积分需求总量、能耗强度碳积分平均交易价格、排放因子碳积分供给总量、排放因子碳积分需求总量、排放因子碳积分平均交易价格等参数,同时在绘图区自动输出全局外部变量的演化图,如图 4-12 所示。

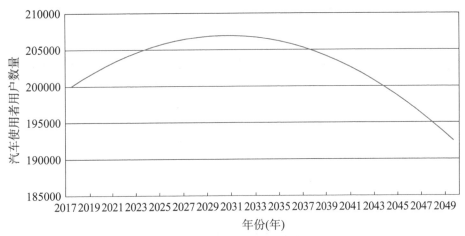

图 4-11　汽车使用主体数量演变图

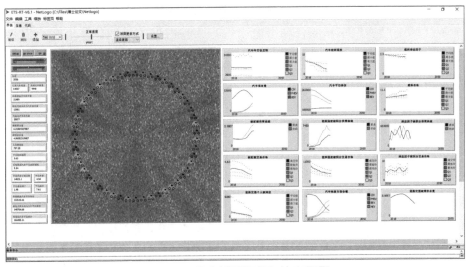

图 4-12　仿真模型运行与输出界面

4.4.3　仿真结果分析

由于复杂系统的演化涉及众多不确定性和随机性,因此本例在相同初始条件下,采用不同的随机数种子运行 10 次仿真程序,最后取所有仿真结果的平均值。通过各个智能体在微观层面的决策行为不断演化，最终将在宏观层面反映出道路交通碳排放的变化趋势。

1）汽车使用者行为演化

根据上文，在道路交通碳交易机制下，汽车使用者的决策行为主要包括汽车选择决策、汽车年行驶里程决策和碳配额交易决策。

如图 4-13 所示为 2018—2050 年三种动力类型汽车保有量的变化趋势，反映了汽车使用者主体汽车选择行为的演化过程。当前仿真结果表明：中国的汽车保有量在未来 20 年内还将持续增长，但增速逐渐放缓，在 2050 年左右将接近饱和，符合设定的 Logistic 自然增长规律。在道路交通碳交易对汽车使用者碳排放的约束下，传统燃油汽车保有量逐年递减，以混合动力电动汽车和纯电动汽车为代表的新能源汽车保有量逐年递增，预计在 2033 年新能源汽车保有量将超过传统燃油汽车，到 2050 年新能源汽车保有量占比达 93%。可以预见在新能源汽车财政补贴取消后的十年内，经济性和技术成熟度相对更高的混合动力电动汽车将成为新能源汽车市场的主流。而随着充电基础设施的普及和动力电池成本的下降，纯电动汽车将逐渐替代传统燃油汽车和混合动力电动汽车，并占据主导地位，反映出混合动力电动汽车可能只是发展纯电动汽车的过渡性产品，符合中国新能源汽车发展的宏观规划。

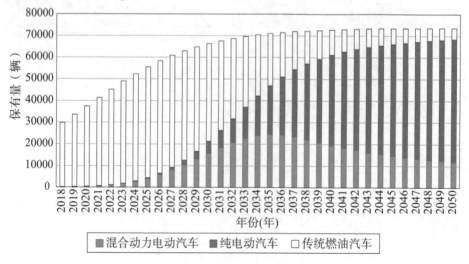

图 4-13　汽车保有量演化过程

如图 4-14 所示为 2018—2050 年汽车年行驶里程的箱线图(Box-plot)，显示了行驶里程的最小值、最大值、中位数、上下四分位数 Q1/Q3 和平均值，反映了汽车使用者主体的交通活动需求分布特征的演化过程。当前仿真结果表明：虽然历年汽车行驶里程整体变化幅度不大，但平均值、中位数、上下四分位数、最大值和最小值都呈现波动递减的趋势。这是因为在道路交通碳交易机制下，初始碳配额逐年递减，倒逼汽车使用者主体减少交通需求和选择新能源汽车。而随着新能源汽车普及，汽车能耗强度下降将导致一定程度的行驶里程上升，即所谓的"反弹效应"，但由于碳配额的价格弹性大于能耗强度弹性，因此汽车使用者年行驶里程在小幅回弹后还将继续下降。

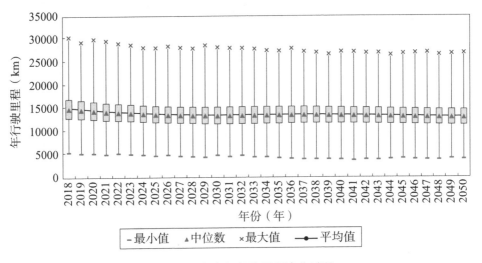

图 4-14 汽车年行驶里程演化过程

如图 4-15 所示为 2018—2050 年碳配额供给总量和需求总量的变化曲线，反映了汽车使用者主体碳配额交易行为的演化过程。当前仿真结果表明：碳配额市场供给和需求总量均呈现先增后减的趋势，但市场总供给量一直略大于总需求量，这说明在道路交通碳交易机制作用下，大部分汽车使用者主体将积极采取减排行动，主动减少行驶里程或选择新能源汽车，使得实际道路交通碳排放总量小于设定的碳排放总量目标，超额完成减排目标。此外，碳配额市场供需差先逐渐扩大，直到 2033 年供需差达到最大，然后逐渐减少直至 2050 年左右接近供需平衡。这是由于最初市场上传统燃油汽车占据主导地位，随着新能源汽车的加速推广，其相对减排效果越来越显著，而当新能源汽车市场占比超过传统燃油汽车时，其相对减排效果则逐渐减弱。

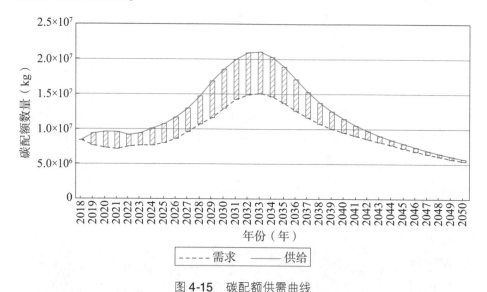

图 4-15　碳配额供需曲线

如图 4-16 所示为 2018—2050 年碳配额交易价格的箱线图（Box-plot），显示了碳配额交易报价的最小值、最大值、中位数、上下四分位数 Q1/Q3 和平均成交价，反映了汽车使用者用户对碳配额市场价格预估的演化过程。当前仿真结果表明：汽车使用者对碳配额的估价整体呈下降趋势，平均成交价从 2019 年最高的 3 元/kg 下降到 2050 年最低的 2 元/kg。这是由碳配额供需差异决定的，碳配额市场供给大于需求，说明当前碳配额价格过高，因为早期新能源汽车成本远高于传统燃油汽车，为了通过市场机制促进新能源汽车推广，初始阶段的碳配额指导价应该高于市场均衡价格，而随着新能源汽车逐渐普及，碳配额价格则逐渐下降。

2）汽车生产企业行为演化

根据上文，在道路交通碳交易机制下，汽车生产企业的行为决策主要包括汽车生产销售决策、汽车定价决策和能耗强度碳积分交易决策。

如图 4-17 所示为 2018—2050 年三种动力类型汽车的销量市场份额变化趋势，反映了汽车生产企业主体汽车销售市场的演化过程。当前仿真结果表明：新能源汽车每年销售市场份额将呈指数增长，至 2030 年达 50%，至 2050 年达 90%，逐渐替代传统燃油汽车的主导地位。在新能源汽车发展早期，混合动力电动汽车市场份额领先纯电动汽车，到 2033 年后，纯电动汽车销量超过混合动力电动汽车。中国汽车工程学会编制的《节能与新能源汽车技术路线图》[130]中提出新能源汽车发展目标："到 2030 年纯电动汽车和混合动力电动汽车年销售量占汽车总销量的 40%～50%，保有量超过 8000 万辆"。可见，在道路交通碳交易机制的作用，当前案例仿真中的新能源汽车发展能够实现规划的目标。

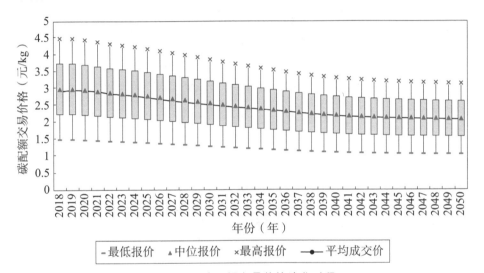

图 4-16 碳配额交易价格演化过程

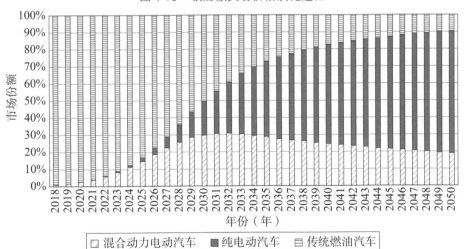

图 4-17 汽车销售市场份额演化过程

如图 4-18 所示为 2018—2050 年汽车能耗强度的箱线图（Box-plot），显示了所有企业新售汽车平均能耗强度的最小值、最大值、中位数、上下四分位数 Q1/Q3 和已有汽车的能耗强度平均值，反映汽车生产企业主体汽车生产决策行为的演化过程。当前仿真结果表明：不论是新售汽车还是已有汽车，其平均能耗强度整体均呈现逐年下降的趋势，其中新售汽车平均能耗强度下降速度略快于已有汽车。这是由于在行业基准能耗强度的约束下，大部分汽车生产企业主体为了不产生负积分，将主动选择降低燃油汽车能耗强度或提高新能源汽车销量。随着企业纯电动汽车销量逐渐占据主导地位，企业平均能耗强度也将逐渐趋近于纯电动汽车的能耗强度。同时，也存在小部分汽车生产企业主体由于生产节能和新能源汽车成本过高，因此选择通过碳交易购买碳积分进行履约。

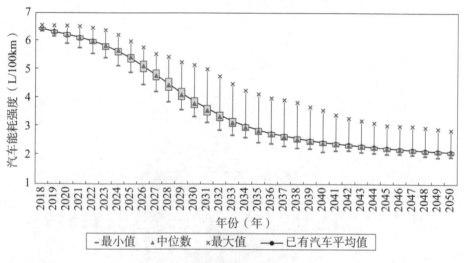

图 4-18　汽车能耗强度演化过程

如图 4-19 所示为历年三种动力类型的汽车的平均市场售价变化趋势，反映汽车生产企业主体汽车定价决策的演化过程。当前仿真结果表明：在不考虑通货膨胀的情况下（即历年价格均以现值计算），新能源汽车平均市场售价逐年迅速下降，其中纯电动汽车下降速度略高于混动力电动汽车，传统燃油汽车市场平均售价逐年缓慢上升，新能源汽车与传统燃油汽车之间的价格差逐渐减少。这是由于道路交通碳交易机制加速了新能源汽车的推广，其规模效应大大降低了企业生产新能源汽车的成本。另外一方面，企业为了降低能耗强度，对传统燃油汽车节能技术的投入研发将导致传统燃油汽车生产成本持续增加。基于本例仿真设置的新能汽车和节能技术进步率初始值计算可得，至2040年，混合动力电动汽车平均售价降低至与传统燃油汽车相当的水平，至2050年，纯电动汽车平均售价下降50%，略高于传统燃油汽车。

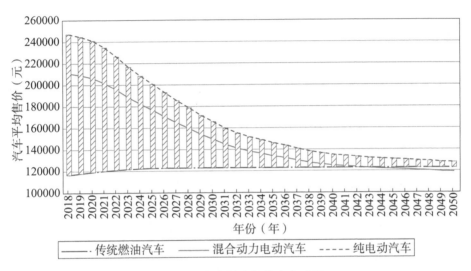

图 4-19　汽车平均售价演化过程

如图4-20所示为2018—2050年能耗强度碳积分供给总量和需求总量的变化曲线，反映了汽车生产企业主体能耗强度碳积分交易行为的演化过程。当前仿真结果表明：能耗强度碳积分市场需求总量保持稳定，而供给总量呈现先增后减的趋势。在2022—2040年之间，能耗强度碳积分供给大于需求，这说明在这段时间内，大部分汽车生产企业主体在碳交易机制作用下积极采取减排行动，主动降低传统燃油汽车能耗强度或提高新能源汽车销量，因此汽车生产企业能耗强度正积分总数大于负积分总数。而随着行业基准能耗强度的要求越来越严格，以及新能源汽车销量市场份额逐渐提高，汽车生产企业降低平均能耗强度的成本也逐渐提高，因此更多企业将逐渐转向购买碳积分以完成履约。

如图4-21所示为2018—2050年汽车生产企业能耗强度碳积分交易价格的箱线图(Box-plot)，显示了能耗强度碳积分交易报价的最小值、最大值、中位数、上下四分位数Q1/Q3和平均成交价，反映了汽车生产企业用户对能耗强度碳积分市场价格预估的演化过程。当前仿真结果表明：汽车生产企业对能耗强度碳积分的估价整体呈先上升后下降再上升的趋势，是由能耗强度碳积分供需差的变化所决定的。在道路交通碳交易机制作用下，能耗强度碳积分市场价格的变化也从侧面反映出汽车生产企业主体平均边际减排成本的变化，若企业边际减排成本低于平均成交价，则企业将很可能主动降低汽车能耗强度，否则将选择购买碳积分以完成履约。

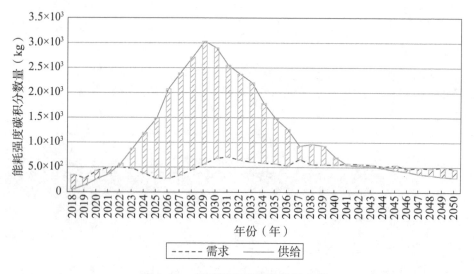

图 4-20　能耗强度碳积分供需曲线

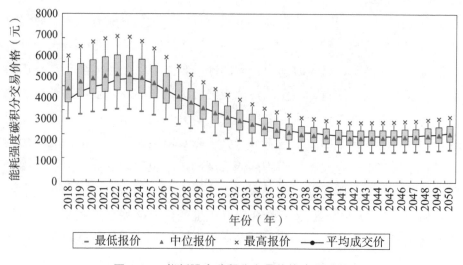

图 4-21　能耗强度碳积分交易价格演化过程

3) 燃料供应企业行为演化

根据上文,在道路交通碳交易机制下,燃料供应企业的行为决策主要包括燃料生产决策、燃料定价决策和排放因子碳积分交易决策。

如图 4-22 所示为 2018—2050 年燃料排放因子的箱线图(Box-plot),显示了所有燃料供应企业排放因子的最小值、最大值、中位数、上下四分位数 Q1/Q3 和平均值,反映燃料供应企业主体燃料生产决策行为的演化过程。当前仿真结果表明:燃料排放因子整体呈现逐年下降的趋势,平均值从 2018 年的 $2.2 kg CO_2/L$ 下降至 2050 年的 $1.6 kg CO_2/L$。这是由于在行业基准排放因子的约束下,一部分燃料供应企业主体为了不产生负积分,将主动选择降低燃料排放因子。同时,也存在小部分燃料供应企业主体由于生产低碳燃料的成本过高,因此选择通过碳交易购买碳积分进行履约。随着部分企业低碳燃料技术的不断发展,不同企业燃料排放因子最大最小值之间的差距也逐渐扩大。

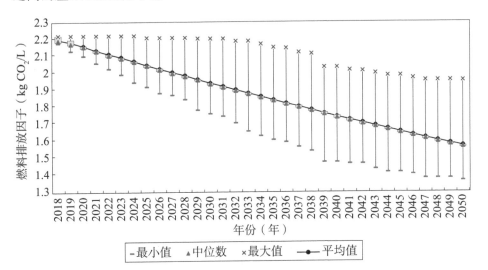

图 4-22 燃料排放因子演化过程

如图 4-23 所示为 2018—2050 年燃料价格的变化趋势,显示了所有燃料供应企业燃料价格的最小值、最大值、中位数、上下四分位数 Q1/Q3 和平均值,反映燃料供应企业主体燃料定价决策的演化过程。当前仿真结果表明:在不考虑通货膨胀(即历年价格均以现值计算)和国际燃料价格波动的情况下,燃料价格整体呈现逐年上升的趋势,平均值从 2018 年的 6.5 元/L

上升至 2050 年的 12.8 元/L。这是由于燃料供应企业研发低碳燃料技术，不断降低燃料排放因子，使得燃料生产成本逐渐提高。即燃料价格与燃料排放因子成反比。

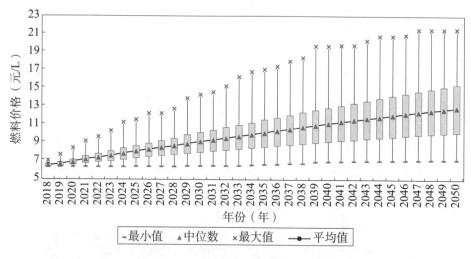

图 4-23 燃料价格演化过程

如图 4-24 所示为 2018—2050 年排放因子碳积分供给总量和需求总量的变化曲线，反映了燃料供应企业主体排放因子碳积分交易行为的演化过程。当前仿真结果表明：排放因子碳积分市场供给和需求总量整体呈现先增后减的趋势，这因为是在道路交通碳交易机制作用下，传燃油汽车保有量先增后减，随着新能源汽车的大规模应用，对化石燃料的需求也大幅下降。此外，排放因子碳积分供需差距不大，呈正负交替减小，这说明采取减排行动的燃料供应企业与未采取减排行动的企业数量相当，因此排放因子正积分总数与负积分总数几乎持平，且差距越来越小。

如图 4-25 所示为 2018—2050 年燃料供应企业排放因子碳积分交易价格的箱线图（Box-plot），显示了排放因子碳积分交易报价的最小值、最大值、中位数、上下四分位数 Q1/Q3 和平均成交价，反映了燃料供应企业主体对排放因子碳积分市场价格预估的演化过程。当前仿真结果表明：燃料供应企业对排放因子碳积分的估价整体保持稳定，平均成交价一直保持在 4~5 元之间的波动，这是由排放因子碳积分供需差的变化所决定的。说明燃料供应企业的排放因子碳积分交易市场是一个充分竞争且供需平衡的市场。

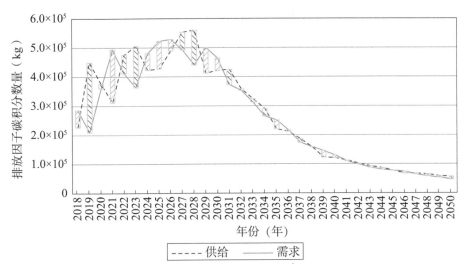

图 4-24　排放因子碳积分供需曲线

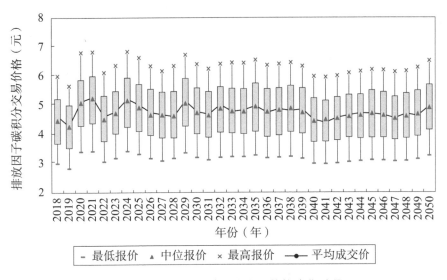

图 4-25　排放因子碳积分交易价格演化过程

第5章

引入碳交易机制的新能源汽车发展路径研究

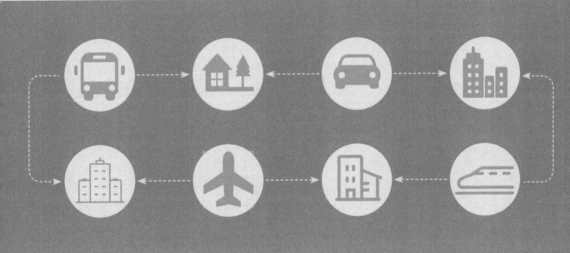

第5章 引入碳交易机制的新能源汽车发展路径研究

根据前文可知,道路交通碳交易通过市场机制,分别作用于上游、中游、下游多类责任主体,可以同时从供给侧和需求侧驱动新能源汽车市场的发展。本章将基于第4章建立的道路交通碳交易多智能体仿真模型,融合系统动力学的思想,分析不同的政策参数对新能源汽车市场的影响效应,并通过情景仿真对中国新能源汽车市场发展进行预测,为政府规划后补贴时代新能源汽车发展路径提供决策依据。

5.1 基于系统动力学的道路交通碳交易因果关系分析

系统动力学的核心思想在于反馈结构,即系统变量之间的因果关系,包括系统整体与局部的关系。因果回路图(Causal Loop Diagram,CLD)是描述复杂系统反馈结构的有效工具,由若干条因果链构成,可形成闭合回路[131]。每条因果链都具有正(+)、负(−)极性,表明了当原因变量变化时,结果变量会如何随之变化。如图 5-1 所示,变量 A、B、C 之间分别构成一条正因果链($A \rightarrow B$)和负因果链($B \rightarrow C$)。正因果链意味着如果 A 增加,B 要高于它原来所能达到的程度,如果 A 减小,B 要低于它原来所能达到的程度。负因果链意味着如果 B 增加,B 要低于它原来所能达到的程度,如果 B 减小,B 要高于它原来所能达到的程度。

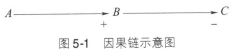

图 5-1 因果链示意图

因果回路图是定性描述各变量之间的关系,不是为了证明各变量之间的定量关系,而是一种分析系统内部交互与作用机理的工具。因此,本节将借用系统动力学的思想解析道路交通碳交易各变量的因果关系,分别通过分析下游汽车使用者、中游汽车生产企业、上游燃料供应企业的因果回路,以找出道路交通碳交易机制驱动新能源汽车市场发展的关键因素。

5.1.1 道路交通下游因果回路分析

通过上文对道路交通碳交易机制下汽车使用者行为决策及其影响机理的分析,借助系统动力学建模软件 Vensim 绘制道路交通下游因果回路,如图 5-2 所示。图中斜体加粗字体的变量为汽车使用者内部变量,即由汽车使用者直接控制的变量;而常规字体的变量为环境外部变量,即汽车使用者不可直接控制的变量。分析图 5-2 可知,图中至少存在 3 条因果链反馈回路:

(1)回路 1(正反馈):道路交通碳配额总量减小(增加)→汽车使用者初始碳配额减小(增加)→传统燃油汽车碳交易成本增加(减小)→传统燃油汽车综合成本增加(减小)→传统燃油汽车购买意愿减小(增加)、新能源汽车购买意愿增加(减小)→传统燃油汽车年销量减小(增加)、新能源汽车年销量增加(减小)→传统燃油汽车保有量减小(增加)、新能源汽车保有量增加(减小)→道路交通碳排放总量减小(增加)→下一年度道路交通碳配额总量减小(增加)。

(2)回路 2(负反馈):碳配额指导价格增加(减小)→汽车使用者碳配额估价增加(减小)→汽车年行驶里程减小(增加)→个人碳排放减小(增加)→道路交通碳排放总量减小(增加)→碳配额供需差增加(减小)→下一年度碳配额指导价格减小(增加)。

(3)回路 3(负反馈):碳配额指导价格增加(减小)→汽车使用者碳配额估价增加(减小)→传统燃油汽车碳交易成本增加(减小)、新能源汽车碳交易成本减小(增加)→传统燃油汽车购买意愿减小(增加)、新能源汽车购买意愿增加(减小)→传统燃油汽车年销量减小(增加)、新能源汽车年销量增加(减小)→传统燃油汽车保有量减小(增加)、新能源汽车保有量增加(减小)→道路交通碳排放总量减小(增加)→碳配额供需差增加(减小)→下一年度碳配额指导价格减小(增加)。

汽车使用者作为下游责任主体,其个人对汽车的消费选择将直接影响新能源汽车的发展。因此,基于汽车使用者因果回路图,可以对新能源汽车购买意愿进行影响因素分析。如图 5-3 所示为新能源汽车购买意愿原因树状图,从右往左列举了影响个人新能源汽车购买意愿的所有变量,包括内部变量和外部变量。每一级的分支变量都是上一级变量的直接原因,通过逐级溯源分析可得到最末一级变量,即决定新能源汽车购买意愿的最根本原因,分别是内部变量:家庭收入、家庭规模、车龄和汽车期望使用年限;外部变量:燃料价格、燃料排放因子、汽车能耗强度、碳配额下降率、道路交通碳配额总量、碳配额指导价格、充电基础设施发展水平。

第 5 章
引入碳交易机制的新能源汽车发展路径研究

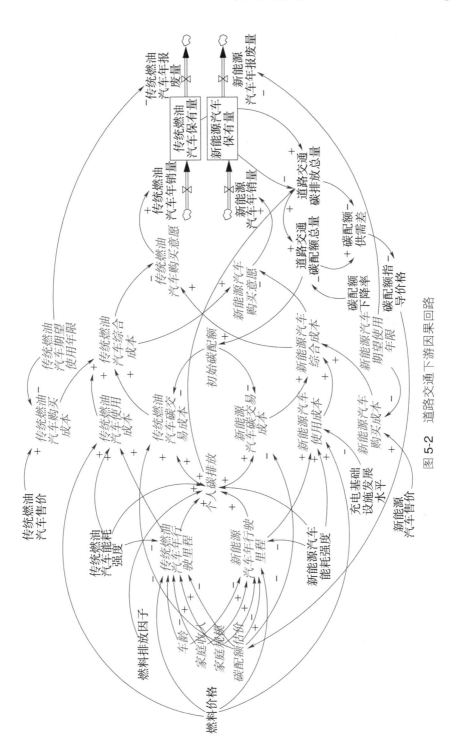

图 5-2 道路交通下游因果回路

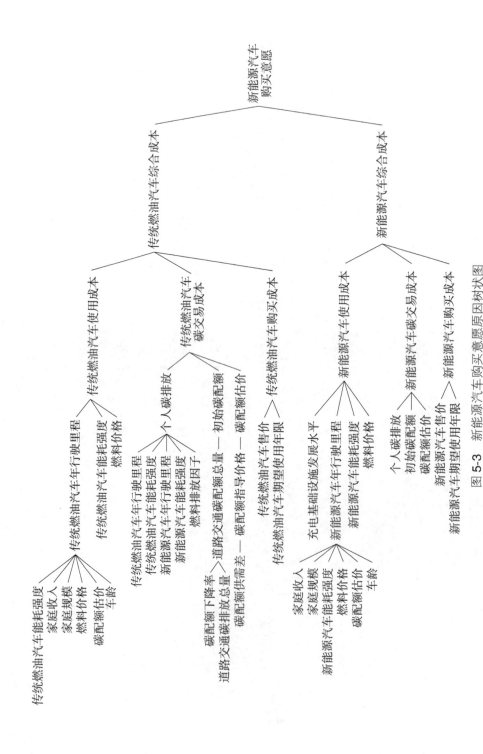

图 5-3 新能源汽车购买意愿原因树状图

5.1.2 道路交通中游因果回路分析

通过上文对道路交通碳交易机制下汽车生产企业行为决策及其影响机理的分析,借助系统动力学建模软件 Vensim 绘制道路交通中游因果回路,如图 5-4 所示。图中斜体加粗字体的变量为汽车生产企业内部变量,即由汽车生产企业直接控制的变量;而常规字体的变量为环境外部变量,即汽车生产企业不可直接控制的变量。分析图 5-4 可知,图中至少存在 2 条因果链反馈回路:

(1) 回路 1(正反馈):行业基准能耗强度减小(增加)→传统燃油汽车能耗强度减小(增加)、新能源汽车新增产量增加(减小)→传统燃油汽车售价增加(减小)、新能源汽车销量增加(减小)→传统燃油汽车购买意愿减小(增加)、新能源汽车购买意愿增加(减小)→传统燃油汽车销量减小(增加)、新能源汽车销量增加(减小)→企业平均能耗强度减小(增加)→下一年度行业基准能耗强度减小(增加)。

(2) 回路 2(负反馈):能耗强度碳积分底价增加(减小)→能耗强度碳积分估价增加(减小)→传统燃油汽车能耗强度减小(增加)、新能源汽车新增产量增加(减小)→传统燃油汽车售价增加(减小)、新能源汽车售价减小(增加)→传统燃油汽车购买意愿减小(增加)、新能源汽车购买意愿增加(减小)→传统燃油汽车购买意愿减小(增加)、新能源汽车销量增加(减小)→企业平均能耗强度减小(增加)→企业能耗强度碳积分增加(减小)→能耗强度碳积分供需差增加(减小)→下一年度能耗强度碳积分底价减小(增加)。

汽车生产企业作为中游责任主体,其对于新能源汽车的生产和定价将直接影响汽车使用者对新能源汽车的购买意愿,进而影响新能源汽车的销量。因此,基于汽车生产企业因果回路图,可以对新能源汽车年销量进行影响因素分析。如图 5-5 所示为新能源汽车年销量的原因树状图,从右往左列举了影响新能源汽车年销量的所有变量,包括内部变量和外部变量。每一级的分支变量都是上一级变量的直接原因,通过逐级溯源分析可得到最末一级变量,即决定新能源汽车年销量的最根本原因,分别是内部变量:汽车生产企业边际减排成本、汽车生产企业平均能耗强度、传统燃油汽车经验学习率、新能源汽车经验学习率;外部变量:能耗强度下降率、能耗强度碳积分底价。

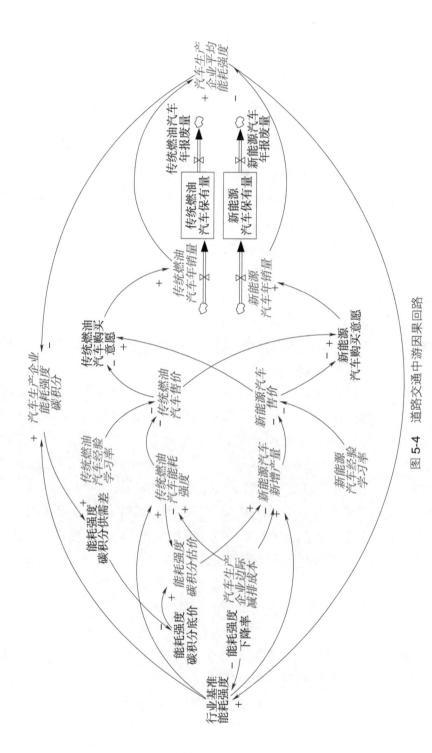

图 5-4 道路交通中游因果回路

第 5 章 引入碳交易机制的新能源汽车发展路径研究

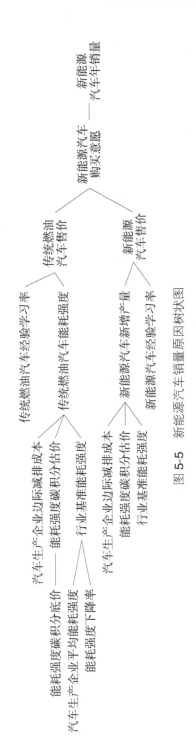

图 5-5 新能源汽车销量原因树状图

5.1.3 道路交通上游因果回路分析

通过上文对道路交通碳交易机制下燃料供应企业行为决策及其影响机理的分析，借助系统动力学建模软件 Vensim 绘制道路交通下游因果回路，如图 5-6 所示。图中斜体加粗字体的变量为汽车生产企业内部变量，即由汽车生产企业直接控制的变量；而常规字体的变量为环境外部变量，即燃料供应企业不可直接控制的变量。分析图 5-6 可知，图中至少存在 2 条因果链反馈回路：

（1）回路 1（正反馈）：行业基准排放因子减小（增加）→企业燃料排放因子减小（增加）→下一年度行业基准能耗强度减小（增加）。

（2）回路 2（负反馈）：排放因子碳积分底价增加（减小）→企业燃料排放因子减小（增加）→企业燃料价格增加（减小）→汽车年行驶里程减小（增加）、传统燃油汽车销量减小（增加）→企业燃料销量减小（增加）→企业排放因子碳积分减小（增加）→排放因子碳积分供需差减小（增加）→下一年度排放因子碳积分底价减小（增加）。

燃料供应企业作为上游责任主体，其对于新能源汽车发展的影响主要体现在，企业通过燃料生产决策改变燃料排放因子和燃料价格，进而影响汽车使用者对于新能源汽车的消费决策。因此，基于燃料供应企业因果回路图，可以对新能源汽车购买意愿进行影响因素分析，如图 5-7 所示为新能源汽车购买意愿的原因树状图，从右往左列举了影响个人新能源汽车购买意愿的所有变量，包括内部变量和外部变量。每一级的分支变量都是上一级变量的直接原因，通过逐级溯源分析可得到最末一级变量，即燃料供应企业影响新能源汽车购买意愿的最根本原因，分别是内部变量：燃料供应企业边际减排成本、燃料排放因子；外部变量：排放因子下降率、排放因子碳积分底价。

第5章
引入碳交易机制的新能源汽车发展路径研究

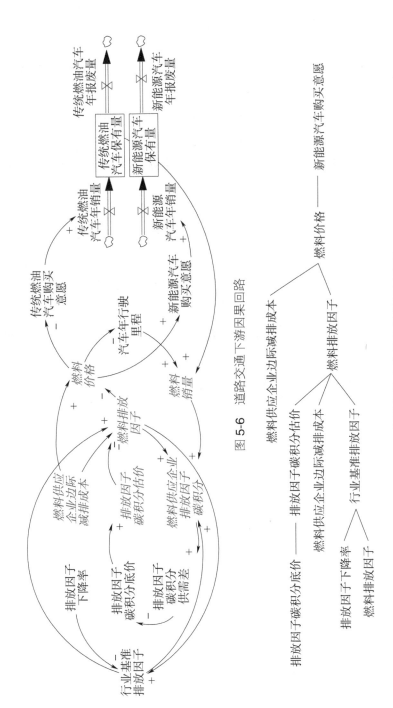

图 5-6 道路交通下游因果回路

图 5-7 新能源汽车购买意愿原因树状图

5.1.4 道路交通碳交易关键参数分析

将下游、中游、上游因果回路进行融合，构成了完整的道路交通碳交易因果回路，如图 5-8 所示。图中加框、加粗字体的变量为汽车使用者内部变量，即可由政府直接控制的道路交通碳交易政策参数，其余外部变量为非政策变量。外部变量直接影响内部变量，内部变量又可通过反馈调节间接影响外部变量，共同演化形成了一个典型的复杂适应系统。

根据图 5-8 中的因果关系分析可总结得出道路交通碳交易影响新能源汽车发展的关键政策参数包括：道路交通碳配总量、碳配额下降率、碳配额指导价格、行业基准能耗强度、能耗强度下降率、能耗强度碳积分底价、行业基准排放因子、排放因子下降率、排放因子碳积分底价、充电基础设施发展水平。其中，下游(D)政策参数包括：道路交通碳配总量、碳配额下降率、碳配额指导价格，主要影响汽车使用者对新能源汽车的购买与使用；中游(M)政策参数包括：行业基准能耗强度、能耗强度下降率、能耗强度碳积分底价为，主要影响汽车生产企业对于新能源汽车的生产与定价；上游(U)政策参数包括：行业基准排放因子、排放因子下降率、排放因子碳积分底价为，主要影响燃料供应企业对于传统燃油汽车燃料的生产与定价；充电(C)政策参数包括：充电基础设施发展水平，主要影响新能源汽车充电的便捷程度。因此，政府只需根据因果关系和反馈原理，对这些政策参数进行合理设定，就可以实现对道路交通碳交易政策影响效应的调控。

第 5 章
引入碳交易机制的新能源汽车发展路径研究

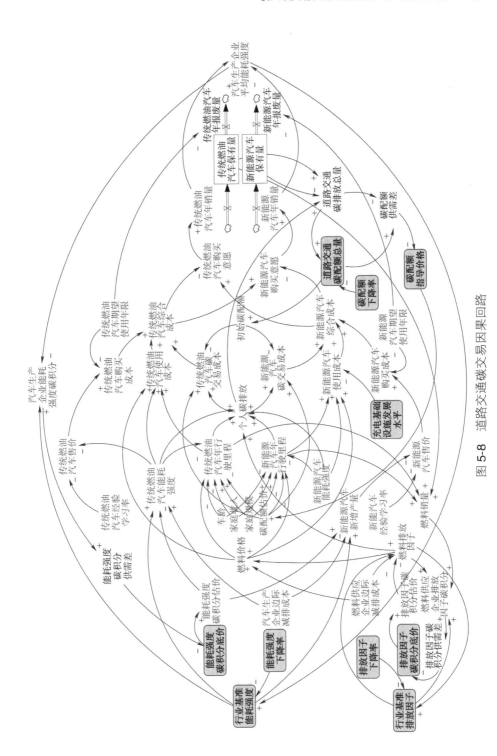

图 5-8 道路交通碳交易因果回路

5.2 道路交通碳交易对新能源汽车市场的影响效应分析

根据上一节的分析可知,道路交通碳交易的政策参数将分别对相应的内部变量产生影响,并进而影响新能源汽车的发展。由于道路交通碳配额总量、行业基准能耗强度和行业基准排放因子分别受碳配额下降率、能耗强度下降率和排放因子下降率影响,上游、中游、下游可直接调控的道路交通碳交易政策参数分别为:碳配额下降率、碳配额指导价格、能耗强度下降率、能耗强度碳积分底价、排放因子下降率、排放因子碳积分底价、充电基础设施发展水平,如图5-9所示。本节将聚焦于上述这些政策参数对新能源汽车发展的影响,基于第4章建立的道路交通碳交易多智能体仿真模型,依次改变每一个政策参数的取值,通过多次道路交通碳交易仿真实验,分析在近期(2025年)、中期(2035年)、远期(2045年)各个政策参数变化对应引起的新能源汽车市场份额(销量占比)的变化量。

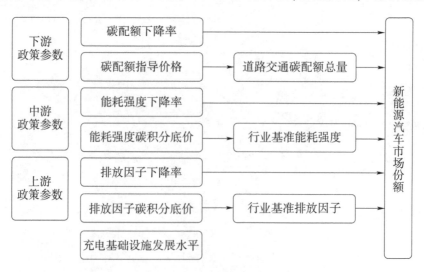

图 5-9 道路交通碳交易政策参数对新能源汽车市场份额的影响效应

5.2.1 碳配额下降率的影响效应

基于上文的道路交通碳交易因果回路，可以分析碳配额下降率对整个系统产生的影响效应及其传递过程，通过结果树状图表示，如图 5-10 所示，从左往右列举了碳配额下降率作用变量，包括内部变量和外部变量。通过作用传递关系，可以找出最末一级变量，表示碳配额下降率对于整个系统的最终影响。由图 5-10 可知，碳配额下降率通过直接作用于外部变量——道路交通碳配额总量，从而影响每个汽车使用者的初始碳配额、碳交易成本、汽车综合成本等内部变量，进而影响消费者的汽车选择决策，最终影响新能源汽车的市场份额。

仿真结果表明，当碳配额下降率从 1% 增加到 10%，2025 年的道路交通碳配额总量从 $1.07 \times 10^8 \mathrm{kg}$ 下降至 $8.85 \times 10^7 \mathrm{kg}$，新能源汽车市场份额从 10% 增加至 49.5%；2035 年的道路交通碳配额总量从 $6.55 \times 10^7 \mathrm{kg}$ 下降到 $1.40 \times 10^7 \mathrm{kg}$，新能源汽车市场份额从 62.9% 增加至 91.4%；2045 年的道路交通碳配额总量从 $1.67 \times 10^7 \mathrm{kg}$ 下降到 $4.25 \times 10^6 \mathrm{kg}$，新能源汽车市场份额从 84.6% 增加至 96.2%。可见，碳配额下降率越大，新能源汽车市场份额越高。这是因为碳配额下降率增加，将导致各目标年份的道路交通碳配额总量减小，导致个人碳配额减小，进而导致传统燃油汽车碳交易成本增加，缩小了新能源汽车与传统燃油汽车的综合成本差距，最终将促进个人新能源汽车购买意愿的增加。

5.2.2 碳配额指导价格的影响分析

基于上文的道路交通碳交易因果回路，可以分析碳配额指导价格对整个系统产生的影响效应及其传递过程，通过结果树状图表示，如图 5-11 所示，从左往右列举了碳配额指导价格作用的所有变量，包括内部变量和外部变量。通过作用传递关系，可以找出最末一级变量，表示碳配额指导价格对于整个系统的最终影响。由图 5-11 可知，碳配额指导价格作为碳配额交易的一种价格信号，通过影响每个汽车使用者对碳配额的估价，从而影响汽车使用者的汽车行驶里程、碳交易成本、汽车综合成本等内部变量，最终影响新能源汽车的市场份额。

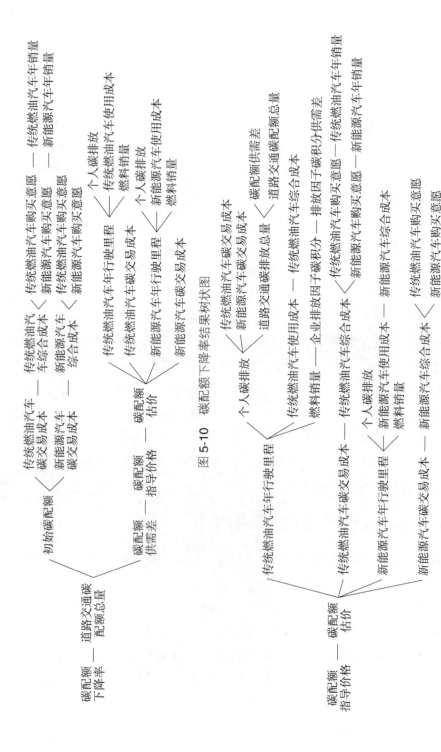

图 5-10 碳配额下降率结果树状图

图 5-11 碳配额指导价格结果树状图

仿真结果表明,当碳配额指导价格分别从 2.2 元/kg 增加至 3.0 元/kg 和 4.0 元/kg 时,2025 年的新能源汽车市场份额分别由 0.1% 增加至 22.8% 和 76.5%,2035 年的新能源汽车市场份额分别由 4.5% 增加至 87.1% 和 93.6%,2045 年的新能源汽车市场份额分别由 19.6% 增加至 96.4% 和 96.3%。可见,碳配额指导价格越高,新能源汽车市场份额越高。这是因为碳配额指导价格增加,将导致传统燃油汽车碳交易成本增加和新能源汽车碳交易成本减小(收益增加),进而缩小了新能源汽车与传统燃油汽车的综合成本差距,最终将促进个人新能源汽车购买意愿的增加。

5.2.3 能耗强度下降率的影响分析

基于上文的道路交通碳交易因果回路,可以分析能耗强度下降率对整个系统产生的影响效应及其传递过程,通过结果树状图表示,如图 5-12 所示,从左往右列举了能耗强度下降率作用变量,包括内部变量和外部变量。通过作用传递关系,可以找出最末一级的所有变量,表示能耗强度下降率对于整个系统的最终影响。由图 5-12 可知,能耗强度下降率通过直接作用于外部变量——行业基准能耗强度,从而影响每个汽车生产企业的汽车生产决策、汽车定价决策,进而引起该企业的传统燃油汽车能耗强度、新能源汽车新增产量、汽车售价等内部变量的变化,最终影响新能源汽车的市场份额。

仿真结果表明,当能耗强度下降率从 0.5% 增加至 5%,2025 年的行业基准能耗强度从 6.0L/100km 下降至 5.1L/100km,新能源汽车市场份额从 10.2% 增加至 22.8%;2035 年的行业基准能耗强度从 4.1L/100km 下降到 2.3L/100km,新能源汽车市场份额从 53.9% 增加至 78.6%;2035 年的行业基准能耗强度从 3.0L/100km 下降到 1.9L/100km,新能源汽车市场份额从 77.8% 增加至 88.6%。可见,能耗强度下降率越大,新能源汽车市场份额越高。这是因为能耗强度下降率增加,将导致各目标年份的行业基准能耗强度减小,使得更多的汽车生产企业面临减排压力,将倒逼汽车企业降低传统燃油汽车能耗强度或者增加新能源汽车产量,进而导致传统燃油汽车售价上涨,新能源汽车售价下降,缩小了新能源汽车与传统燃油汽车的综合成本差距,最终将促进个人新能源汽车购买意愿的增加。

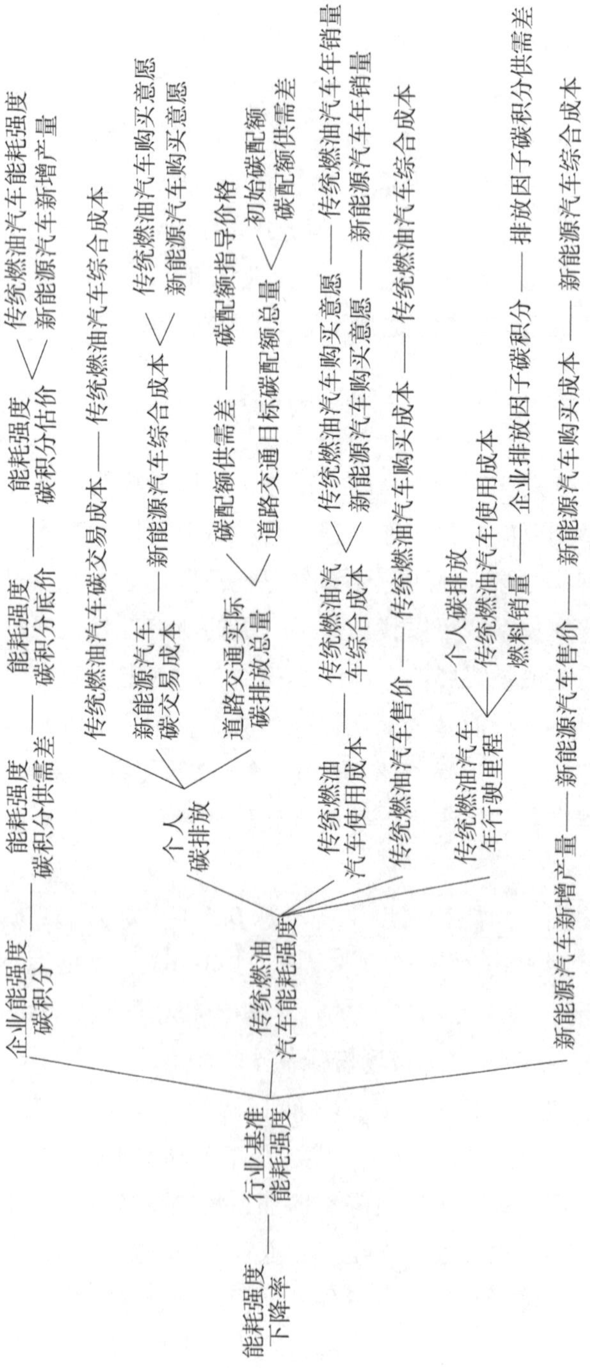

图 5-12 能耗强度下降率结果树状图

5.2.4 能耗强度碳积分底价的影响分析

基于上文的道路交通碳交易因果回路,可以分析能耗强度碳积分底价对整个系统产生的影响效应及其传递过程,通过结果树状图表示,如图 5-13 所示,从左往右列举了能耗强度碳积分底价作用的所有变量,包括内部变量和外部变量。通过作用传递关系,可以找出最末一级变量,表示能耗强度碳积分底价对于整个系统的影响。由图 5-13 可知,能耗强度碳积分底价作为碳积分交易的一种价格信号,通过影响每个汽车生产企业对能耗强度碳积分的估价,从而影响每个汽车生产企业的汽车生产决策和定价决策,进而引起该企业的传统燃油汽车能耗强度、新能源汽车新增产量、汽车售价等内部变量的变化,最终影响新能源汽车的市场份额。

仿真结果表明,当能耗强度碳积分底价从 1500 元/积分增加至 6000 元/积分时,2025 年的新能源汽车市场份额由 8.1% 增加 21.9%,2035 年的新能源汽车市场份额由 52.4% 增加至 75.3%,2045 年的新能源汽车市场份额由 83.2% 增加至 88.6%。可见,当能耗强度下降率从 0.5% 增加至 5%,2025 年的行业基准能耗强度从 6.0L/100km 下降至 5.1L/100km,新能源汽车市场份额从 10.2% 增加至 22.8%;2035 年的行业基准能耗强度从 4.1L/100km 下降到 2.3L/100km,新能源汽车市场份额从 53.9% 增加至 78.6%;2045 年的行业基准能耗强度从 3.0L/100km 下降到 1.9L/100km,新能源汽车市场份额从 77.8% 增加至 88.6%。可见,能耗强度碳积分底价越高,新能源汽车市场份额越高。这是因为能耗强度碳积分底价增加,将会导致更多的汽车生产企业边际减排成本低于能耗强度碳积分价格,因此更多的企业会主动采取减排措施,例如降低传统燃油汽车能耗强度或者增加新能源汽车产量,进而导致传统燃油汽车售价上涨,新能源汽车售价下降,缩小了新能源汽车与传统燃油汽车的综合成本差距,最终将促进个人新能源汽车购买意愿的增加。

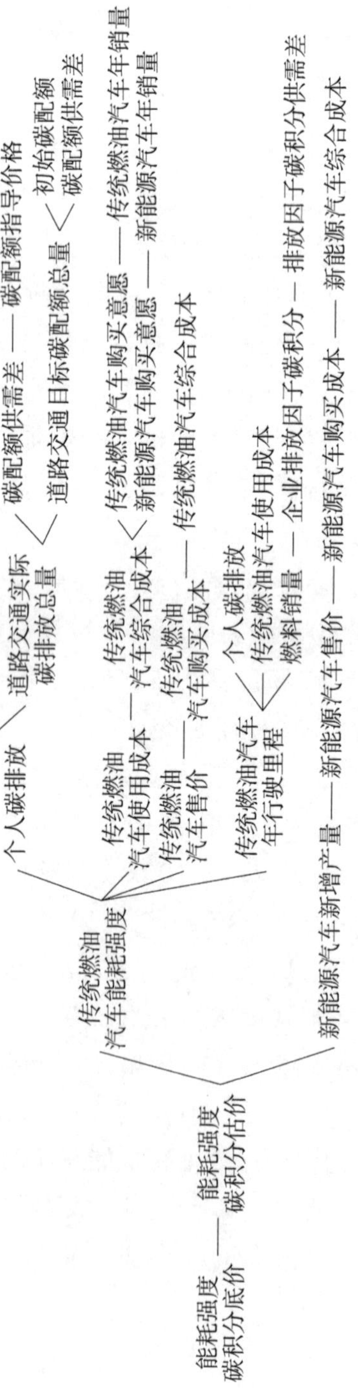

图 5-13 能耗强度碳积分底价结果树状图

5.2.5 排放因子下降率的影响分析

基于上文的道路交通碳交易因果回路，可以分析能耗强度下降率对整个系统产生的影响效应及其传递过程，通过结果树状图表示，如图 5-14 所示，从左往右列举了能耗强度下降率作用的所有变量，包括内部变量和外部变量。通过作用传递关系，可以找出最末一级变量，表示能耗强度下降率对于整个系统的影响。由图 5-14 可知，能耗强度下降率通过直接作用于外部变量——行业基准能耗强度，从而影响每个汽车生产企业的汽车生产决策、汽车定价决策，进而引起该企业的传统燃油汽车能耗强度、新能源汽车新增产量、汽车售价等内部变量的变化，最终影响新能源汽车的市场份额。

仿真结果表明，当排放因子下降率从 0.25% 增加至 2.5%，2025 年的行业基准排放因子从 2.17kg CO_2/L 下降至 1.8kg CO_2/L，新能源汽车市场份额从 16.0% 增加至 20.5%；2035 年的行业基准排放因子从 2.12kg CO_2/L 下降到 1.48kg CO_2/L，新能源汽车市场份额从 79.4% 增加至 85.2%；2035 年的行业基准排放因子从 2.07kg CO_2/L 下降到 1.48kg CO_2/L，新能源汽车市场份额从 88.4% 增加至 94.7%。可见，排放因子下降率越大，新能源汽车市场份额越高。这是因为排放因子下降率增加，将导致各目标年份的行业基准排放因子减小，使得更多的燃料供应企业面临减排压力，因此将倒逼企业研发低碳燃料，降低燃料排放因子，进而导致燃料价格上涨，使得传统燃油汽车使用成本增加，缩小了新能源汽车与传统燃油汽车的综合成本差距，最终将促进新能源汽车购买意愿的增加。

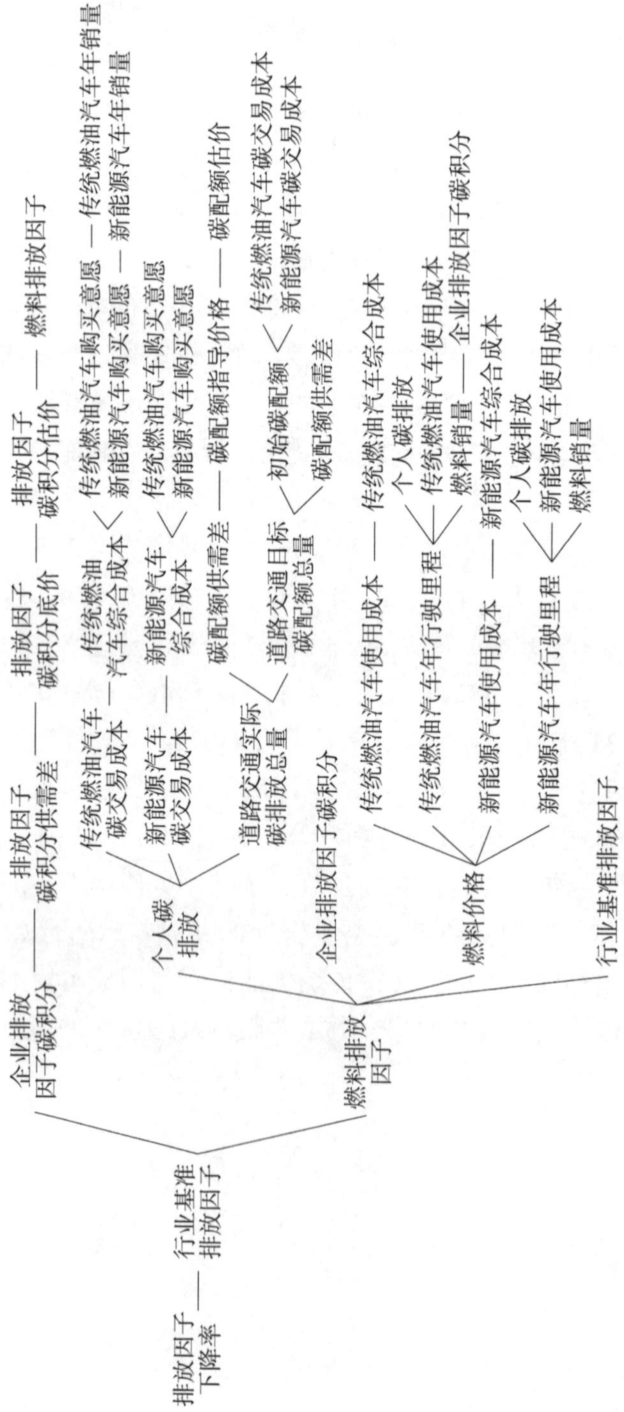

图 5-14 排放因子下降率结果树状图

5.2.6 排放因子碳积分底价的影响分析

基于上文的道路交通碳交易因果回路,可以分析排放因子碳积分底价对整个系统产生的影响效应及其传递过程,通过结果树状图表示,如图 5-15 所示,从左往右列举了排放因子碳积分底价作用的所有变量,包括内部变量和外部变量。通过作用传递关系,可以找出最末一级变量,表示排放因子碳积分底价对于整个系统的最终影响。由图 5-15 可知,排放因子碳积分底价作为碳积分交易的一种价格信号,通过影响每个燃料供应企业对排放因子碳积分的估价,从而影响每个燃料供应企业的燃料生产决策、燃料定价决策,进而引起该企业的燃料排放因子、燃料价格等内部变量的变化,最终影响新能源汽车的市场份额。

仿真结果表明,当排放因子碳积分底价从 2.2 元/积分增加至 4.0 元/积分时,2025 年的新能源汽车市场份额由 15.0% 增加至 17.6%,2035 年的新能源汽车市场份额由 77.3% 增加至 79.6%,2045 年的新能源汽车市场份额由 84.9% 增加至 93.2%。可见,排放因子碳积分底价越高,新能源汽车市场份额越高。这是因为排放因子碳积分底价增加,将会导致更多的燃料供应企业边际减排成本低于其对于排放因子碳积分的估价,因此更多的企业会主动采取减排措施,例如研发低碳燃料降低排放因子,进而导致燃料价格上涨,传统燃油汽车使用成本增加,缩小了新能源汽车与传统燃油汽车的综合成本差距,最终将促进个人新能源汽车购买意愿的增加。

5.2.7 充电基础设施发展水平的影响分析

基于上文的道路交通碳交易因果回路,可以分析充电基础设施发展水平对整个系统产生的影响效应及其传递过程,通过结果树状图表示,如图 5-16 所示,从左往右列举了充电基础设施发展水平作用的所有变量,包括内部变量和外部变量。通过作用传递关系,可以找出最末一级变量,表示充电基础设施发展水平对于整个系统的最终影响。由图 5-16 可知,充电基础设施发展水平将直接影响新能源汽车的使用成本,从而影响新能汽车的综合成本和购买意愿,最终影响新能源汽车的市场份额。

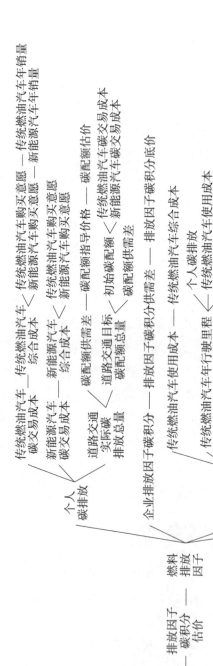

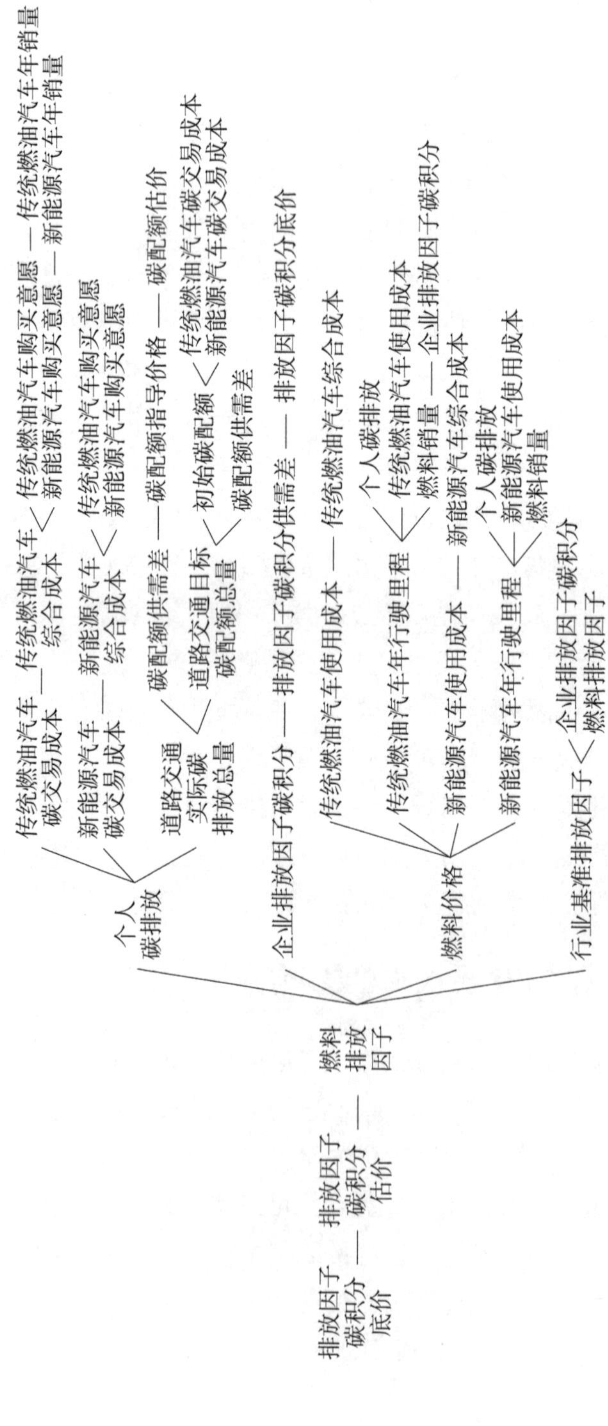

图 5-15 排放因子碳积分底价结果树状图

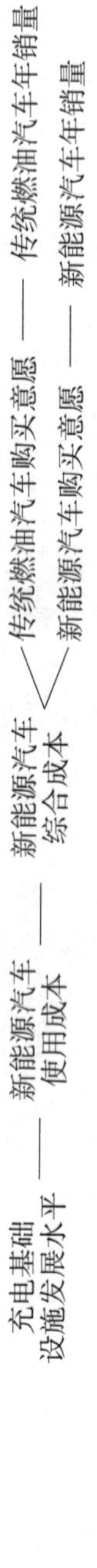

图 5-16 充电基础设施发展水平结果树状图

第 5 章 引入碳交易机制的新能源汽车发展路径研究

仿真结果表明，当充电基础设施发展水平从 0.25 增加至 2.5 时，2025 年的新能源汽车市场份额由 11.3% 增加至 34%，2035 年的新能源汽车市场份额由 49.0% 增加至 86.6%，2045 年的新能源汽车市场份额由 75.2% 增加至 94.8%。可见，充电基础设施发展水平越高，新能源汽车市场份额越高。这是因为充电基础设施发展水平反映了新能源汽车使用的便捷程度，其物理含义为充电基础设施与新能源汽车的发展进度之比。若充电基础设施发展水平等于 1，则表示充电基础设施与新能源汽车同步发展。因此加快充电基础设施发展速度可以提高新能源汽车使用的便利性，提高个人新能源汽车的购买意愿。

5.3 碳交易机制下中国新能源汽车发展预测

中国是全球最大的新能源汽车市场，截至 2021 年底，中国新能源汽车保有量达 784 万辆，占全球新能源汽车市场份额的 60% 以上。2021 年，中国新能源汽车产销分别完成 354.5 万辆和 352.1 万辆，同比分别增长 96.9% 和 93.4%，占汽车产销总量的 13.6% 和 13.4%，未来依然还有很大的增长空间和不确定性。因此，许多学者和机构对未来的中国新能源汽车市场发展做出了预测[132-135]，不同的研究结果如图 5-17 所示。然而，已有研究的预测均没有考虑引入道路交通碳交易机制对新能源汽车的影响。因此本书将基于上一节道路交通碳交易政策的影响效应分析，分别对不同道路交通碳交易政策参数设置下的中国新能源汽车市场发展进行情景仿真与预测。

5.3.1 后补贴时代新能源汽车发展问题分析

中国政府曾先后在多个政策文件提出了新能源汽车发展目标。《新能源汽车产业发展规划（2021—2035 年）》（国办发〔2020〕39 号）提出："到 2025 年，新能源汽车新车销售量达到汽车新车销售总量的 20% 左右，到 2035 年，纯电动汽车成为新销售车辆的主流。"《汽车产业中长期发展规划》（工信部联装〔2017〕53 号）中提出："到 2025 年新能源汽车产销量达 500 万～700 万辆，占比超过 20%。"《〈汽车产业中长期发展规划〉

八项重点工程实施方案》提出:"到 2025 年新能源汽车保有量达到 2000 万辆。"《节能与新能源汽车技术路线图》[130]中提出:"到 2025 年,纯电动汽车和插电式混合动力汽车年销售量占汽车总销量的 15%~20%,保有量超过 2000 万辆;到 2030 年纯电动汽车和混合动力电动汽车年销售量占汽车总销量的 40%~50%,保有量超过 8000 万辆。"

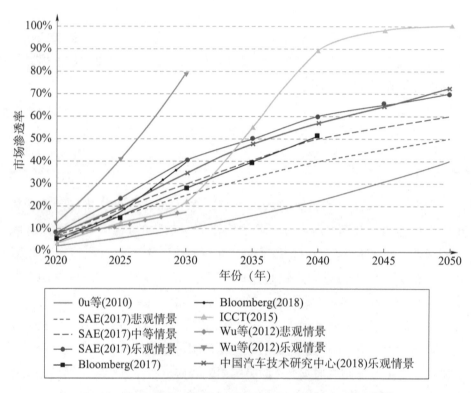

图 5-17 已有研究对中国新能源汽车市场渗透率的预测[136]

近年来,在国家补贴政策的大力支持下,我国新能源汽车的推广应用取得了较大进展。而随着新能源汽车产销量不断增长,大规模的财税扶持政策已难以为继,政府已于 2023 年完全取消电动汽车补贴,由市场决定新能源汽车的发展方向,中国新能源汽车市场目前已进入后补贴时代。而在这一转型过渡的关键阶段,中国新能汽车发展将面临巨大的挑战,主要存在以下四个突出问题。

1)新能源汽车消费需求下滑

自 2009 年以来,我国通过财政补贴及相关新能源汽车支持政策,从

第 5 章
引入碳交易机制的新能源汽车发展路径研究

需求侧有效刺激了新能源汽车的市场推广。然而其中很大一部分新能源汽车消费都是来自受政策驱动的公共领域，私人领域刚性消费需求不高。相关实践证明当取消政策补贴后，将导致新能源汽车售价上涨，甚至可能引起新能源汽车市场需求断崖式下滑。例如，美国佐治亚州于 2015 年 7 月取消州政府对于电动汽车的税收减免奖励，丹麦于 2017 年逐步取消实施电动汽车税收减免政策，结果均造成电动汽车销量大幅下滑，给产业发展造成严重的影响[15]。因此，后补贴时代仍需出台相关政策撬动新能源汽车在私人领域的消费，尤其是在三四线城市，以防止补贴取消造成市场需求急剧下滑。

2）新能源汽车生产动力不足

目前，我国大部分汽车生产企业仍然以生产传统燃油汽车为主，对于新能源汽车生产的研发投入严重不足，由于动力蓄电池技术进步较慢，且难以形成规模效应，导致新能源汽车成本居高难下。随着新能源汽车补贴的取消，很多汽车生产企业难以生产出兼具经济性和竞争力的新能源汽车产品，其对于新能汽车的生产动力将大大减弱，可能造成供给侧的新能源汽车产品种类减少、质量下降，部分低成本、低品质产品挤占技术水平较高产品的市场，形成"劣币驱逐良币"的不良现象。因此，后补贴时代需要充分发挥市场机制的作用，驱动新能源汽车供给侧转型升级。

3）新能源汽车产品竞争力不足

由于受动力电池技术的制约，新能源汽车在技术性能和综合成本上，与传统燃油汽车还存在差距。例如，目前纯电动汽车的安全性、可靠性、使用寿命、续驶里程等技术指标，均比同等价位的传统燃油汽车低。以目前动力电池的技术进步和成本下降速度看，新能源汽车成本难以在短时间内降低至与同级别的传统燃油汽车齐平。因此，在进入后补贴时代的初期，如果没有相关政策承接过渡，新能源汽车将不具备与传统燃油汽车竞争的优势。

4）新能源汽车充电使用不方便

不同于传统燃油汽车补充燃料只需要几分钟的传统燃油汽车，新能源汽车充电往往需要耗费几十分钟到数小时不等，且目前充电基础设施网络仍不完善，导致新能源汽车使用便利性严重下降。虽然近几年我国新能源汽车充电基础设施发展迅速，截至2021年底，公共充电桩和私人充电桩总量超过200万个，但仍远少于当时的新能源汽车保有量，车桩比约为3.7:1，并且分布不均匀、布局不合理，主要集中于限购城市及沿途高速公路，居民小区配建比较低，新能源汽车充电难的总体态势没有根本改变。因此，如果不能为新能源汽车提供方便快捷的充电设施，将会对后补贴时代新能源汽车的市场接受度造成明显的负面影响。

5.3.2 引入碳交易机制的新能源汽车发展对策

为了实现国家新能源汽车的发展目标，本书提出引入道路交通碳交易机制以促进后补贴时代新能源汽车发展，可在不增加政府财政支出的情况下，改善生产和使用新能源汽车的经济性效益，形成市场化激励与惩罚机制，接力新能源汽车补贴政策的退坡与取消，建立起燃油汽车反哺新能源汽车的市场机制。

根据上文的影响效应分析可知，道路交通碳交易机制下游政策参数为：碳配额下降率 R^{CEe}、碳配额指导价格 PCE_0，主要影响汽车使用者对新能源汽车的购买与使用；中游政策参数为：能耗强度下降率 R^{FC}、能耗强度碳积分底价 $PCC_{\min}^{FC}$，主要影响汽车生产企业对于新能源汽车的生产与定价；上游政策参数为：排放因子下降率 R^{EF}、排放因子碳积分底价 $PCC_{\min}^{EF}$，主要影响燃料供应企业对于传统燃油汽车燃料的生产与定价；充电政策参数为充电基础设施发展水平 CI，主要影响新能源汽车充电的方便程度。因此，道路交通碳交易机制可通过上述7个政策参数分别从道路交通上游、中游、下游全面促进新能源汽车市场发展，有效解决上述后补贴时代新能源汽车发展的突出问题(图5-18)。

在道路交通碳交易机制下，政府可通过设定碳配额下降率和碳配额指导价影响下游汽车使用者对于新能源汽车的购买与使用，进而解决新能汽车消费需求下滑的问题；通过设定能耗强度下降率和能耗强度碳积分底价影响中游汽车生产企业对于新能源汽车的生产与定价，进而解决新能源汽车消费需求下降、生产动力不足、产品竞争力不足的问题；通过设定排放因子下降率和排放因子碳积分底价影响燃料供应企业对于传统燃油汽车燃料的生产与定价，进而解决新能源汽车消费需求下滑和产品竞争力不足的问题；通过设定充电基础设施的发展水平影响充电设施建设企业对新能源汽车充电基础设施网络的建设规模与布局，进而解决新能源汽车充电使用不方便的问题。上述突出问题的解决将最终影响新能源汽车的市场份额，实现新能源汽车的发展目标。因此，政府应根据新能源汽车的发展目标，对道路交通碳交易政策参数进行合理设置，以保障规划发展目标的实现，减小政策实施的不确定性。

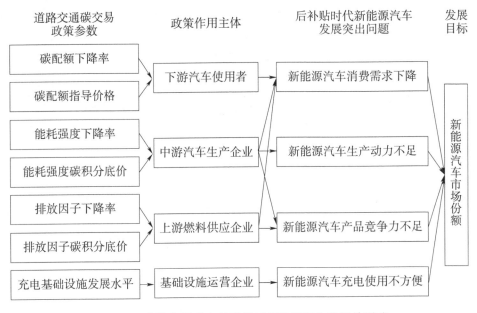

图 5-18　道路交通碳交易政策对新能源汽车发展的影响

5.3.3　中国新能源汽车发展路径规划与仿真

通过对上述7个政策参数进行组合设置，本书规划了9个新能源汽车发展路径[137]，包括1个基准（BAU）路径，4个单一发展路径："上游（U）"路径、"中游（M）"路径、"下游（D）"路径、"充电（C）"路径，4个组合发展路径："上游+中游+充电（U+M+C）"路径、"上游+下游+充电（D+U+C）"路径、"下游+中游+充电（D+M+C）"路径、"上游+中游+下游+充电（D+M+U+C）"路径。各发展路径的政策参数设置如表5-1所示，灰色填充的参数是与基准路径取值不同的参数，其余为控制参数。相比基准路径，"上游（U）"路径、"中游（M）"路径、"下游（D）"

路径、"充电（C）"路径分别在道路交通碳交易上游、中游、下游、充电政策参数上各增加50%，而"上游+中游+充电（U+M+C）"路径、"上游+下游+充电（D+U+C）"路径、"下游+中游+充电（D+M+C）"路径、"上游+中游+下游+充电（D+M+U+C）"则是对上述4个单一发展路径的不同组合。

仿真情景参数设置 表5-1

参数	情景								
	BAU	D	M	U	C	D+M+C	D+U+C	U+M+C	D+M+U+C
R^e	3	4.5	3	3	3	4.5	4.5	3	4.5
PCE_0	3	4.5	3	3	3	4.5	4.5	3	4.5
R^{FC}	2	2	3	2	2	3	2	3	3
PCC_{min}^{FC}	3000	3000	4500	3000	3000	4500	3000	4500	4500
R^{EF}	1	1	1	1.5	1	1	1.5	1.5	1.5
PCC_{min}^{EF}	3	3	3	4.5	3	3	4.5	4.5	4.5
CI	1	1	1	1	1.5	1.5	1.5	1.5	1.5

注：灰色填充的参数是与基准路径取值不同的参数。

基于上文建立的道路交通碳交易多智能体仿真模型，分别对上述9个发展路径进行情景仿真，并使用2017年中国汽车实际销量和保有量对结果进行扩样与标定。结果表明，综合所有发展路径，2050年中国汽车销量将达4000万辆，保有量达饱和值5亿辆左右，与大多数文献的预测结果相近。因此，本研究的仿真模型可以用于预测不同情景下的中国新能源汽车市场发展趋势。

图5-19和图5-20分别为2018—2050年不同发展路径下中国新能源汽车销量、保有量及其市场份额的预测。可见，本研究规划的9个发展路径均经历了引入期、发展期、成熟期以及平稳期4个不同阶段，市场份额的增长速度先增后减，大约在2025—2030年增长最快，保有量在2050年左右接近饱和，符合"S"形增长曲线。为了对标国家规划的新能源汽车发展目标，选择2025年和2030年新能源汽车销量和市场份额（销量占比）作为评价指标，并按从低到高的顺序对9个发展路径进行排序，如表5-2所示。

第 5 章 引入碳交易机制的新能源汽车发展路径研究

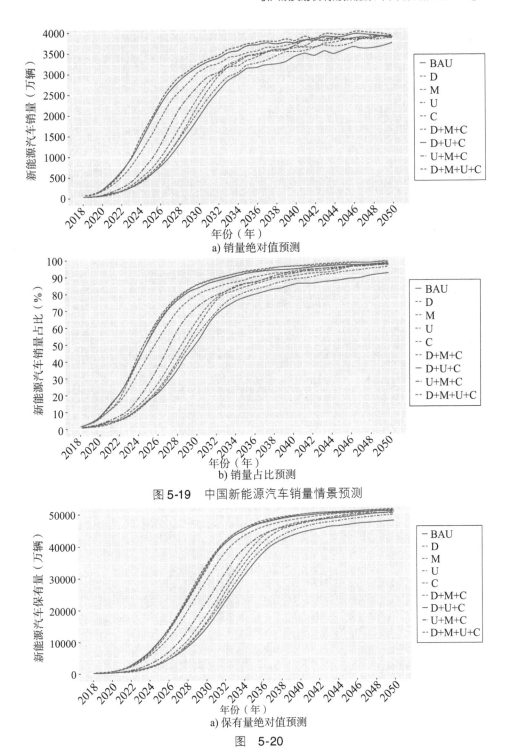

a) 销量绝对值预测

b) 销量占比预测

图 5-19 中国新能源汽车销量情景预测

a) 保有量绝对值预测

图 5-20

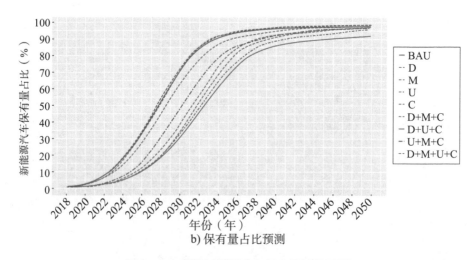

b) 保有量占比预测

图 5-20 中国新能源汽车保有量情景预测

新能源汽车发展路径对比　　　　　　　　　　　表 5-2

发展路径	2025 年销量(万辆)	2025 年市场份额(%)	2030 年销量(万辆)	2030 年市场份额(%)
规划目标	500~700	15~20	>1500	40~50
基准(BAU)	560	16	1929	50
上游(U)	574	16	2134	55
充电(C)	597	17	2453	63
中游(M)	684	20	2252	59
上游+中游+充电(U+M+C)	902	26	2730	71
下游(D)	1502	43	3049	79
上游+下游+充电(D+U+C)	1830	53	3159	82
下游+中游+充电(D+M+C)	1807	52	3235	84
上游+中游+下游+充电(D+M+U+C)	1911	55	3284	85

通过对比可以发现，本书提出的 9 个发展路径均可以实现国家规划的新能源汽车发展目标。在基准(BAU)路径下，新能源汽车发展与国家政策

文件规划的目标相近：到 2030 年，中国新能源汽车销量可达 1929 万辆，在汽车整体销售市场占比 50%，保有量可达 14350 万辆，占比 31%；到 2050 年，中国新能源汽车销量可达 3724 万辆，占比 91%，保有量可达 47671 万辆，占比 93%。而其他 8 个路径与基准路径相比，分别对不同的政策参数进行了加强，因此均在不同程度上超过了规划的发展目标。其中，"下游 + 中游 + 上游 + 充电（D + M + U + C）"组合路径下的新能源汽车发展最快：到 2030 年，中国新能源汽车销量可达 3284 万辆，占比 85%，保有量可达 33864 万辆，占比 73%；到 2050 年，中国新能源汽车销量可达 3887 万辆，占比 98%，保有量可达 50962 万辆，占比 99%。在 3 个单一发展路径中，"下游（D）"路径对新能源汽车的促进效率最高，甚至超过"上游 + 中游 + 充电（U + M + C）"组合发展路径。可见，相比于中游汽车生产企业和上游燃料供应企业，道路交通碳交易政策作用于下游汽车使用者对新能源汽车发展的影响效果更为显著。因此，为了发挥道路交通碳交易机制的最大效用，需要合理设置政策参数，从上游、中游、下游和基础设施 4 方面同步发力，进而实现新能源汽车跨越式发展。

5.3.4 面向碳中和的燃油汽车退出时间规划

在实现道路交通低碳发展和能源转型双重目标的压力驱动下，新能源汽车将逐渐成为市场主流，传统燃油汽车退出市场是一个不可逆转的全球性趋势。以美国、德国、英国、荷兰等 13 个国家和地区政府组成的"国际零排放汽车联盟"，在 2015 年底在巴黎气候变化大会上发表声明将在 2050 年之前实现辖区内乘用车全部为零排放汽车的目标[138]。而传统燃油汽车的退出应该是强制性指令与市场发展共同作用的结果。禁售传统燃油汽车（"禁燃"）作为一种行政命令，包括强制性禁止其生产与销售，是加速新能源汽车发展并实现零排放目标的一项重要政策。截至 2018 年 4 月，全球已经有 8 个主权国家确定了燃油汽车的禁售时间（表 5-3），其中以节能减排理念先进的欧洲国家为主，他们目前提出的禁售时间范围主要在 2025—2040 年之间。然而，目前大部分国家的"禁燃"声明只是以主管部门口头表态的方式提出，只有挪威、荷兰、德国、英国已通过议案、国家计划文件、交通部门战略或书面协议提出计划。

全球各国燃油车禁售计划汇总[136]   表 5-3

国家	提出时间	提出方式	禁售时间	禁售范围
荷兰	2016 年	议案	2030	汽油/柴油乘用车
挪威	2016 年	国家计划	2025	汽油/柴油车
德国	2016 年	议案	2030	内燃机车
法国	2016 年	官员口头表态	2040	汽油/柴油车
英国	2018 年	交通部门战略	2040	汽油/柴油车
印度	2017 年	官员口头表态	2030	汽油/柴油车
爱尔兰	2018 年	官员口头表态	2030	汽油/柴油车
以色列	2018 年	官员口头表态	2030	进口汽柴油乘用车

2019 年 8 月 20 日，工业和信息化部在对《关于研究制定禁售燃油车时间表加快建设汽车强国的建议》答复中表示，将支持有条件的地方和领域设立燃油汽车禁行区域试点，并制定燃油汽车禁售时间表。而在不同的时间和地区出台"禁燃"政策，由于新能源汽车市场化程度不同，对产业、区域经济、能源结构、环境产生的冲击与影响也不同。因此政府应该充分评估禁售燃油汽车的影响，根据不同地区的新能源汽车发展目标和市场份额，制定差异化的传统燃油汽车退出时间表。

在道路交通碳交易机制作用背景下，本书基于上述的 9 个新能源汽车市场发展路径，对中国传统燃油汽车退出时间进行规划与评估，以传统燃油汽车市场份额作为"禁燃"政策影响程度的评价指标，并认为只有当传统燃油汽车市场份额低于 50% 时出台"禁燃"政策才具有可行性，此时市场上选择新能源汽车的消费者已经多于传统燃油汽车，超过半数的消费者将不受到影响。因此，将传统燃油汽车的退出阈值设为：传统燃油汽车市场份额下降至 50%。

图 5-21 为不同发展路径下的传统燃油汽车市场份额（销量占比）下降趋势，其中基准路径（BAU）下降最慢，可在 2030 年实现传统燃油汽车的市场份额低于 50%，"下游+中游+上游+充电"路径（D+M+U+C）下降最快，可在 2025 年实现传统燃油汽车市场份额低于 50%。可见，在不同的道路交通碳交易政策参数作用下，传统燃油汽车的退出速度也不同。因此，政府可以通过调整道路交通碳交易政策参数，确定出台"禁燃"政策的时间。

第 5 章
引入碳交易机制的新能源汽车发展路径研究

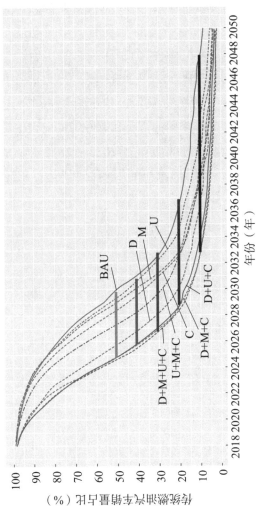

图 5-21 中国传统燃油汽车退出情景分析

图 5-21 中灰色带表示在不同新能源汽车发展路径下，传统燃油汽车市场份额占比分别下降至 50%、40%、30%、20%、10% 的时间范围，反映了政府在不同的传统燃油汽车退出阈值出台"禁燃"政策的时间：当政府在传统燃油汽车市场份额低于 50% 时出台"禁燃"政策，传统燃油汽车的退出时间应该在 2025—2030 年；当政府在传统燃油汽车市场份额低于 40% 时出台"禁燃"政策，传统燃油汽车的退出时间应该在 2026—2031 年；当政府在传统燃油汽车市场份额低于 30% 时出台"禁燃"政策，传统燃油汽车的退出时间应该在 2027—2033 年；当政府在传统燃油汽车市场份额低于 20% 时出台"禁燃"政策，传统燃油汽车的退出时间应该在 2029—2037 年；当政府在传统燃油汽车市场份额低于 10% 时出台"禁燃"政策，传统燃油汽车的退出时间应该在 2033—2048 年。可见，传统燃油汽车退出阈值越小，对传统燃油汽车的影响程度越小，出台"禁燃"政策的时间越晚。

第6章

碳交易机制下中国道路交通碳减排潜力评估

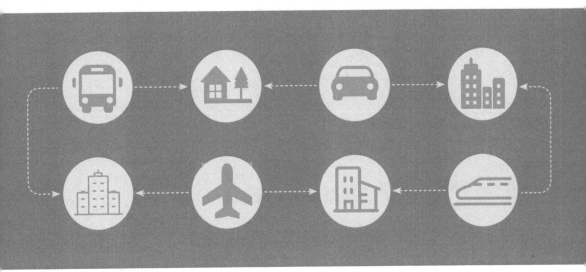

第 6 章
碳交易机制下中国道路交通碳减排潜力评估

基于前文关于道路交通碳交易机制影响效应的研究结论，本章分别设置了上游、中游、下游以及多主体协同的道路交通碳交易情景，并针对不同情景设置相应的汽车保有量、年均行驶里程、车型结构、汽车能耗强度、燃料结构、燃料碳排放因子等参数，然后采用长期能源替代规划系统（LEAP 模型），对上述情景下 2020—2060 年中国道路交通碳排放的变化趋势进行预测，同时采用对数平均迪氏指数法（LMDI）分析不同情景下各影响因素的减排贡献度，进而评估不同碳交易情景下中国道路交通碳减排的潜力。

6.1 道路交通碳排放影响因素分析

目前我国社会经济步入新常态，道路交通运输行业也出现新变化，特别是全社会的货运量和货运周转量增速明显放缓，但总量仍在增加。由于活动水平存在差异，将道路交通运输过程中的碳排放按照客运碳排放和货运碳排放进行分类，并进一步细分车辆大小和燃料类型。根据上文所述的"ASIF"道路交通碳排放分析框架，采用自下而上的方法计算中国道路交通的碳排放总量[139,140]，分别包括道路客运碳排放和道路货运碳排放，计算见式(6-1)~式(6-3)。

$$TCE = TCE^P + TCE^T \tag{6-1}$$

$$TCE^P = \sum_{i=1}^{4}\sum_{k=1}^{3} NV^P \times S_i \times Q_{ik} \times \overline{VMT_i} \times \overline{FC_{ik}} \times \overline{EF_k} \tag{6-2}$$

$$TCE^T = \sum_{j=1}^{4}\sum_{h=1}^{4} NV^T \times S_j \times Q_{jh} \times \overline{VMT_j} \times \overline{FC_{jh}} \times \overline{EF_h} \tag{6-3}$$

式中，TCE 是道路运输的碳排放总量；TCE^P 是道路客运的碳排放量；TCE^T 是道路货运的碳排放量。$i = 1, 2, 3, 4$ 分别指微型、小型、中型和大型客车类型；$k = 1, 2, 3$ 代表汽油、电力和混合动力的客运燃料类型；NV^P 是客车保有量；S_i 是 i 型客车所占比例；Q_{ik} 是 i 型客车使用 k 型燃料的比例；$\overline{VMT_i}$ 是 i 型客车的年平均行驶里程；$\overline{FC_{ik}}$ 是 i 型客车使用 k 型燃料时的平均能耗强度；$\overline{EF_k}$ 是 k 型燃料的平均碳排放因子❶。$j=1$，2，3，4 分别指小型、轻型、中型和重型货车；$h=1$，2，3，4 代表柴油、汽油、电力和天然气 4 种货运燃料类型；NV_T 是货车保有量；S_j 是 j 型货运车辆的比例；Q_{jh} 是 j 型货运车辆 h 型燃料的比例；$\overline{VMT_j}$ 是 j 型货车的年均行驶里程；$\overline{FC_{jh}}$ 是 j 型卡车消耗 h 型燃料的平均能耗强度；$\overline{EF_h}$ 是 h 型燃料的平均碳排放因子。

根据式（6-1）~式（6-3），中国道路交通碳排放总量的计算可表示如下：

$$TCE = \sum_{i=1}^{4}\sum_{k=1}^{3} NV^{P} \times S_i \times Q_{ik} \times \overline{VMT_i} \times \overline{FC_{ik}} \times \overline{EF_k} +$$

$$\sum_{j=1}^{4}\sum_{h=1}^{4} NV^{T} \times S_j \times Q_{jh} \times \overline{VMT_j} \times \overline{FC_{jh}} \times \overline{EF_h} \qquad (6-4)$$

由式（6-4）可知，道路交通碳排放总量的影响因素主要包括：汽车保有量、车型结构、燃料结构、汽车平均能耗强度、年均行驶里程、燃料平均碳排放因子。因此，下文将基于道路交通碳交易影响效应，对以上 6 个影响因素进行参数设置，构建不同的道路交通碳交易情景，进而预测 2020—2060 年中国道路交通碳排放变化趋势。

6.2 道路交通碳交易情景设置

6.2.1 基准情景

本书假设在基准情景中，中国并未实施道路交通碳交易政策，而是延续现行的道路交通碳减排政策，道路交通碳排放各影响因素将按照历史发展趋势变化。其中，汽车保有量主要由人口及人均汽车拥有率决定，因此本书首先通过出生率、死亡率预测未来中国人口数变化。根据《国家统计年鉴》，2020 年中国总人口为 14.12 亿，出生率为 8.52‰，死亡率为

---

❶ 本节在计算碳排放因子时，同时考虑内燃机汽车运行产生的二氧化碳排放以及电动汽车所消耗电能在发电时产生的二氧化碳排放，以体现电力清洁化对道路交通碳排放的影响。

7.09‰。设定初始死亡率 $DR(0) = 7.09‰$，逐年递增 0.17‰，设定初始出生率 $BR(0) = 8.52‰$，逐年下降 0.2‰，得到基准情景下中国 2010 年至 2060 年的人口变化趋势，如图 6-1 所示。

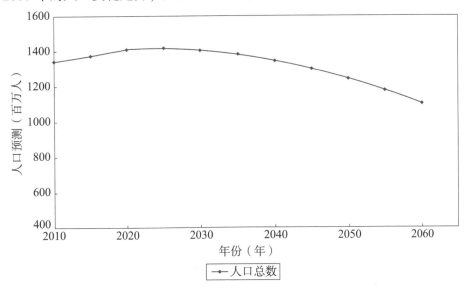

图 6-1　2010—2060 年中国人口预测

根据国际能源署的预测[141-144]，到 2050 年中国汽车保有量约为 494 辆/千人。因此，在基准情景中，2060 年的中国汽车数量设置为 500 辆/千人。基于 2010—2020 年的历史数据，采用 Gompertz 模型预测了 2020—2060 年中国的客车、货车以及汽车总保有量变化趋势，如图 6-2 所示。

同时，根据历史数据及已有政策、规划，对中国道路交通未来发展趋势做出如下合理的研判：客车结构将向中小型化转移，货车结构将向重型转移；燃料结构将向清洁化、电动化发展；客车年均行驶里程将呈递减趋势，中重型货车年均行驶里程将呈递增趋势；新能源汽车市场份额将不断提高，汽车平均能耗强度将逐渐下降；电力的清洁化水平将不断提高，电能碳排放因子将逐渐下降。基于上述趋势研判并参考相关文献的预测结果，分别设置基准情景下 2020—2060 年道路交通的车型结构、燃料结构、年均行驶里程、汽车平均能耗强度以及燃料平均碳排放因子等参数，并按照客运和货运两种形式，将关键年份（2020 年、2030 年、2040 年、2050 年、2060 年）的参数设置分别整理在表 6-1 和表 6-2

中，其余年份的参数系用线性插值法获得。

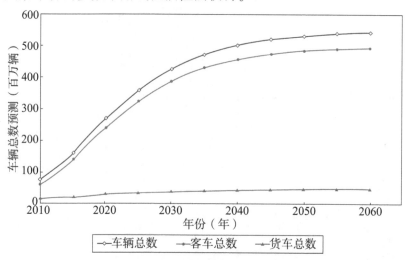

图 6-2　2010—2060 年中国汽车保有量预测

基准情景客运参数设置　　　　　　　　　　　　　　　表 6-1

影响因素	分类		参数设置				
	车型	燃料类型	2020 年	2030 年	2040 年	2050 年	2060 年
客车保有量（万辆）	全部	全部	24166.2	38958.2	45927.4	48574.4	49510.0
车型结构（%）	微型	全部	0.65	0.10	0.01	0.00	0.00
	小型		98.40	99.13	99.22	99.23	99.23
	中型		0.28	0.38	0.52	0.58	0.62
	大型		0.67	0.38	0.26	0.19	0.15
燃料结构（%）	微型、小型和中型	汽油	98	86	68	34	0
		电能	1.6	12.74	30.72	64.68	100
		混合	0.4	1.26	1.28	1.32	0
	大型	汽油	75	50	30	15	0
		电能	25	50	70	85	100
汽车平均能耗强度	微型	汽油（L/100km）	5.20	4.03	3.84	3.67	3.53
		电能（kW·h/100km）	8.70	6.73	6.40	6.13	5.89
		混合（L/100km）	2.81	2.18	2.07	1.98	1.91

续上表

影响因素	分类		参数设置				
	车型	燃料类型	2020年	2030年	2040年	2050年	2060年
汽车平均能耗强度	小型	汽油 (L/100km)	8.30	7.50	6.75	6.00	5.30
		电能 (kW·h/100km)	13.00	10.00	9.00	8.20	7.80
		混合 (L/100km)	4.22	3.36	2.75	2.60	2.58
	中型	汽油 (L/100km)	17.10	15.20	14.80	14.60	14.50
		电能 (kW·h/100km)	120.00	116.00	110.00	100.00	92.00
		混合 (L/100km)	9.24	8.22	8.00	7.89	7.84
	大型	汽油 (L/100km)	21.80	19.40	18.90	18.50	18.20
		电能 (kW·h/100km)	144.00	140.00	135.0	128.00	122.00
年均行驶里程 (km)	微型	全部	10000	8917	7917	7000	6500
	小型		12000	10700	9500	8500	7500
	中型		35000	35750	36500	37250	38000
	大型		48300	48900	49200	49500	49800
燃料平均碳排放因子	全部	汽油 (kg/L)	2.42	2.42	2.42	2.42	2.42
	全部	电能 (kg/kW·h)	0.71	0.52	0.46	0.4	0.38

基准情景货运参数设置   表6-2

影响因素	分类		参数设置				
	车型	燃料类型	2020年	2030年	2040年	2050年	2060年
货车保有量（万辆）	全部	全部	3042.6	3861.4	4453.5	4793.3	4957.4
车型结构（％）	微型	柴油	0.00	0.00	0.00	0.00	0.00
	轻型		40.20	37.68	33.75	29.12	24.50
	中型		5.70	3.00	1.70	1.10	0.50
	重型		54.10	59.33	64.55	69.78	75.00
	微型	汽油	5.50	4.00	2.40	1.20	0.00
	轻型		94.50	96.00	97.60	98.80	100.00
	中型		0.00	0.00	0.00	0.00	0.00
	重型		0.00	0.00	0.00	0.00	0.00
	微型	电能	99.50	83.38	67.25	51.13	35.00
	轻型		0.50	7.88	15.25	22.63	30.00
	中型		0.00	5.00	10.00	15.00	20.00
	重型		0.00	3.75	7.50	11.25	15.00
	微型	天然气	0.10	0.00	0.00	0.00	0.00
	轻型		3.80	2.50	1.60	0.80	0.00
	中型		0.40	0.00	0.00	0.00	0.00
	重型		95.70	97.50	98.40	99.20	100.00
燃料结构（％）	全部	柴油	69.60	60.00	51.00	43.00	35.00
		汽油	27.90	19.30	14.00	12.00	10.00
		电能	0.70	13.40	24.00	32.00	40.00
		天然气	1.80	7.30	11.00	13.00	15.00
汽车平均能耗强度	微型	柴油（L/100km）	6.80	6.10	5.80	5.60	5.50
		汽油（L/100km）	9.60	8.60	7.40	5.80	4.20
		天然气（m³/100km）	8.40	7.50	6.68	5.84	5.00

续上表

影响因素	分类		参数设置				
	车型	燃料类型	2020年	2030年	2040年	2050年	2060年
汽车平均能耗强度	微型	电能(kW·h/100km)	18.50	17.40	16.00	15.20	14.70
	轻型	柴油(L/100km)	8.70	7.80	7.40	7.10	7.00
		汽油(L/100km)	11.00	9.90	8.84	7.72	6.60
		天然气(m³/100km)	11.20	10.10	8.94	7.82	6.70
		电能(kW·h/100km)	125.00	119.00	113.00	106.00	102.00
	中型	柴油(L/100km)	15.50	14.70	14.00	13.40	12.90
		天然气(m³/100km)	17.50	15.70	14.02	12.26	10.50
		电能(kW·h/100km)	132.00	128.00	123.00	114.00	111.00
	重型	柴油(L/100km)	32.60	30.80	29.30	28.00	27.00
		天然气(m³/100km)	30.80	27.80	24.66	21.58	18.50
		电能(kW·h/100km)	150.00	146.00	140.00	132.00	129.00
年均行驶里程(km)	微型	全部	20000	20000	20000	20000	20000
	轻型		20000	20000	20000	20000	20000
	中型		24000	25627	27498	29288	31000
	重型		40000	40500	41143	41786	42500

续上表

影响因素	分类		参数设置				
	车型	燃料类型	2020年	2030年	2040年	2050年	2060年
燃料平均碳排放因子	全部	柴油（kg/L）	2.8	2.8	2.8	2.8	2.8
		汽油（kg/L）	2.42	2.42	2.42	2.42	2.42
		天然气（kg/m³）	2.62	2.62	2.62	2.62	2.62
		电能（kW·h/100km）	0.71	0.52	0.46	0.4	0.38

6.2.2 上游道路交通碳交易情景

根据前文的分析可知，在上游道路交通碳交易机制影响下，各燃料供应企业为达到行业基准碳排放因子的标准，将通过改变燃料成分或进行技术升级来降低其所生成燃料的碳排放因子。因此，在基准情景的基础上，构建各类燃料平均碳排放因子进一步下降的上游道路交通碳交易情景，主要涉及汽油、柴油、天然气、电能4种不同类型的道路交通燃料。上游道路交通碳交易情景下2020—2060年各类型燃料的碳排放因子参数设置如表6-3所示，其余参数设置均与基准情景相同，不再赘述。

上游道路交通碳交易情景参数设置 表6-3

影响因素	参数设置				
	2020年	2030年	2040年	2050年	2060年
汽油平均碳排放因子（kg/L）	2.42	2.36	2.30	2.24	2.18
柴油平均碳排放因子（kg/L）	2.8	2.73	2.66	2.59	2.52
天然气平均碳排放因子（kg/m³）	2.62	2.55	2.49	2.42	2.36
电能平均碳排放因子（kg/kW·h）	0.71	0.32	0.23	0.16	0.14

对于汽油、柴油、天然气，燃料供应企业可通过在燃料中混合一定比例的氢、氨、电子燃料、生物燃料等零碳及低碳燃料，以降低燃料的排放因子。但由于燃料特性与生产工艺的限制，该类燃料碳排放因子下降的空间有限。因此，上游道路交通碳交易情景中汽油、柴油、天然气的平均碳排放因子设置为逐年线性下降，到2060年相比基准情景降低10%。

对于电能，目前我国的电能生产主要来自煤炭，因此电动汽车全生命周期的碳排放量仍然较高。在上游道路交通碳交易机制下，发电企业将加快提高清洁能源发电比例，电能碳排放因子将大幅下降。因此，上游道路交通碳交易情景中电能平均碳排放因子的下降速度设置为基准情景的250%。随着未来电动汽车的普及，电能平均碳排放因子对道路交通碳排放量的影响将更加显著。

6.2.3 中游道路交通碳交易情景

根据前文分析可知，在中游道路交通碳交易机制影响下，各汽车生产企业为达到行业基准能耗强度的标准，将通过提高车辆燃油经济性和新能源汽车比例来降低车辆能耗强度。因此，在基准情景的基础上，构建了各类型汽车平均能耗强度进一步下降的中游道路交通碳交易情景，分为微型、小型、中型、大型客车和微型、轻型、中型、大型货车8种不同类型的汽车，并考虑不同车型所对应的燃料类型。中游道路交通碳交易情景下2020—2060年各类型汽车的平均能耗强度参数设置如表6-4所示，其余参数设置均与基准情景相同，不再赘述。

中游道路交通碳交易情景参数设置　　　　表6-4

影响因素	车型	燃料类型	参数设置				
			2020年	2030年	2040年	2050年	2060年
汽车平均能耗强度	客车	微型	汽油(L/100km)	5.20	3.54	3.28	3.07	2.89
			电能(kW·h/100km)	8.70	5.90	5.48	5.12	4.83
			混合(L/100km)	2.81	1.91	1.77	1.66	1.56

续上表

影响因素	车型		燃料类型	参数设置				
				2020年	2030年	2040年	2050年	2060年
汽车平均能耗强度	客车	小型	汽油(L/100km)	8.30	7.13	6.08	5.09	4.23
			电能(kW·h/100km)	13.00	8.75	7.47	6.49	6.02
			混合(L/100km)	4.22	2.99	2.21	2.03	2.01
		中型	汽油(L/100km)	17.10	14.32	13.76	13.48	13.34
			电能(kW·h/100km)	120.00	114.05	105.30	91.24	80.49
			混合(L/100km)	9.24	7.74	7.44	7.29	7.21
		大型	汽油(L/100km)	21.80	18.29	17.59	17.03	16.62
			电能(kW·h/100km)	144.00	138.04	130.70	120.66	112.26
	货车	微型	柴油(L/100km)	6.80	5.59	5.10	4.79	4.64
			汽油(L/100km)	9.60	7.87	6.00	3.85	2.14
			天然气(m³/100km)	8.40	6.84	5.55	4.35	3.28
			电能(kW·h/100km)	18.50	16.56	14.23	12.98	12.22
		轻型	柴油(L/100km)	8.70	7.14	6.49	6.03	5.88
			汽油(L/100km)	11.00	9.09	7.41	5.80	4.36

续上表

影响因素	车型	燃料类型	参数设置				
			2020年	2030年	2040年	2050年	2060年
汽车平均能耗强度	货车	轻型	天然气(m³/100km)	11.20	9.29	7.45	5.84	4.42
			电能(kW·h/100km)	125.00	114.39	104.20	92.84	86.62
		中型	柴油(L/100km)	15.50	14.09	12.90	11.92	11.13
			汽油(m³/100km)	17.50	14.37	11.72	9.19	6.94
			电能(kW·h/100km)	132.00	124.88	116.33	101.32	96.57
		重型	柴油(L/100km)	32.60	29.43	26.89	24.78	23.21
			天然气(m³/100km)	30.80	25.59	20.60	16.18	12.24
			电能(kW·h/100km)	150.00	142.87	132.46	119.12	114.28

与基准情景相比，中游道路交通碳交易情景下的汽车能耗强度下降更为显著，同时由于动力类型和发动机技术的差异，货运车辆能耗强度的下降空间通常大于客运车辆。因此，中游道路交通碳交易情景中客车和货车的能耗强度下降率分别设置为基准情景的150%和180%。

6.2.4 下游道路交通碳交易情景

根据前文分析可知，在下游道路交通碳交易机制影响下，各汽车使用者受碳配额的约束，将通过降低交通需求减少车公里或者选择更加节能低碳的汽车类型(例如：电动汽车、混合动力电动汽车、天然气货车)，且当碳配额价格不同时，汽车使用者的行为响应程度也不同。因此，在基准情景的基础上，构建了各类型汽车年均行驶里程进一步下降且节能汽车型占比进一步提高的下游道路交通碳交易情景,并根据碳配额价格再分为低碳价、中碳价、高碳价 3 种情景。这 3 种下游道路交通碳交易情景下的 2020—2060 年各类型汽车的年均行驶里程、燃料结构参数设置如表 6-5 至表 6-7 所示,其余参数设置均与基准情景相同,不再赘述。

下游道路交通碳交易情景(低碳价)参数设置　　　表 6-5

影响因素	车型	燃料类型	参数设置				
			2020 年	2030 年	2040 年	2050 年	2060 年
年均行驶里程(km)	客车	微型	10000	8881	7763	6644	5525
		小型	12000	10594	9188	7781	6375
		中型	35000	34325	33650	32975	32300
		大型	48300	46808	45315	43823	42330
	货车	微型	20000	19250	18500	17750	17000
		轻型	20000	19250	18500	17750	17000
		中型	24000	24588	25175	25763	26350
		重型	40000	39031	38063	37094	36125
燃料结构(%)	客车	小型、中型	汽油	98.00	82.50	60.00	17.50	0.00
			电能	1.60	15.93	38.40	80.85	100.00
			混合	0.40	1.58	1.60	1.65	0.00
		大型	汽油	75.00	37.50	12.50	0.00	0.00
			电能	25.00	62.50	87.50	100.00	100.00
	货车	全部	柴油	69.60	56.08	44.13	34.20	24.31
			汽油	27.90	18.04	12.12	9.55	6.94
			天然气	1.80	9.13	13.75	16.25	18.75
			电能	0.70	16.75	30.00	40.00	50.00

下游道路交通碳交易情景(中碳价)参数设置　　　表 6-6

影响因素	车型	燃料类型	参数设置				
			2020 年	2030 年	2040 年	2050 年	2060 年
年均行驶里程(km)	客车	微型	全部	10000	8719	7438	6156	4875
		小型		12000	10406	8813	7219	5625
		中型		35000	33375	31750	30125	28500

续上表

影响因素	车型		燃料类型	参数设置				
				2020年	2030年	2040年	2050年	2060年
年均行驶里程（km）	客车	大型	全部	48300	45563	42825	40088	37350
	货车	微型	全部	20000	18750	17500	16250	15000
		轻型		20000	18750	17500	16250	15000
		中型		24000	23813	23625	23438	23250
		重型		40000	37969	35938	33906	31875
燃料结构（%）	客车	小型、中型	汽油	98.00	79.00	52.00	1.00	0.00
			电能	1.60	19.11	46.08	97.02	100.00
			混合	0.40	1.89	1.92	1.98	0.00
		大型	汽油	75.00	25.00	0.00	0.00	0.00
			电能	25.00	75.00	100.00	100.00	100.00
	货车	全部	柴油	69.60	52.17	37.27	25.41	13.61
			汽油	27.90	16.78	10.23	7.09	3.89
			天然气	1.80	10.95	16.50	19.50	22.50
			电能	0.70	20.10	36.00	48.00	60.00

表6-7 下游道路交通碳交易情景（高碳价）参数设置

影响因素	车型		燃料类型	参数设置				
				2020年	2030年	2040年	2050年	2060年
年均行驶里程（km）	客车	微型	全部	10000	8556	7113	5669	4225
		小型	全部	12000	10219	8438	6656	4875
		中型	全部	35000	32425	29850	27275	24700
		大型	全部	48300	44318	40335	36353	32370
	货车	微型	全部	20000	18250	16500	14750	13000
		轻型	全部	20000	18250	16500	14750	13000
		中型	全部	24000	23038	22075	21113	20150
		重型	全部	40000	36906	33813	30719	27625
燃料结构（%）	客车	小型和中型	汽油	98.00	74.80	42.40	0.00	0.00
			电能	1.60	22.93	55.30	98.00	100.00
			混合	0.40	2.27	2.30	2.00	0.00

续上表

影响因素	车型		燃料类型	参数设置				
				2020 年	2030 年	2040 年	2050 年	2060 年
燃料结构（%）	客车	大型	汽油	75.00	0.00	0.00	0.00	0.00
			电能	25.00	100.00	100.00	100.00	100.00
	货车	全部	柴油	69.60	44.34	23.54	7.82	0.00
			汽油	27.90	14.26	6.46	2.18	0.00
			天然气	1.80	14.60	22.00	26.00	27.27
			电能	0.70	26.80	48.00	64.00	72.73

与基准情景相比，在下游道路交通碳交易机制下，当碳配额价格越高时，汽车使用者减排积极性越高，即汽车年均行驶里程下降越多，且低碳节能型汽车市场份额增长越快。因此，下游道路交通碳交易情景（低碳价）中设置 2060 年汽车年均行行驶里程下降为基准情景的 85%，低碳节能型汽车的占比提高为基准情景的 125%；下游道路交通碳交易情景（中碳价）中设置 2060 年汽车年均行行驶里程下降为基准情景的 75%，低碳节能型汽车的占比提高为基准情景的 150%；下游道路交通碳交易情景（高碳价）中设置 2060 年汽车年均行行驶里程下降为基准情景的 65%，低碳节能型汽车的占比提高为基准情景的 200%。

6.2.5 多主体协同的道路交通碳交易情景

基于第 3 章提出的政府-企业-居民多主体协同共治的道路交通碳交易机制，将上游、中游、下游三种道路交通碳交易融为一体，构建多主体协同的道路交通碳交易情景。因此，多主体协同的道路交通碳交易情景中的参数可设置为上游道路交通碳交易情景、中游道路交通碳交易情景、下游道路交通碳交易情景（中碳价）中的所有参数的组合，并按照客运和货运两种形式，将关键年份的参数设置分类整理在表 6-8 和表 6-9 中，其余参数设置均与基准情景相同，不再赘述。

多主体协同的道路交通碳交易情景客运参数设置　　表6-8

影响因素	车型	燃料类型	参数设置				
			2020年	2030年	2040年	2050年	2060年
燃料结构（%）	小型和中型	汽油	98.00	74.80	42.40	0.00	0.00
		电能	1.60	22.93	55.30	98.00	100.00
		混合	0.40	2.27	2.30	2.00	0.00
	大型	汽油	75.00	0.00	0.00	0.00	0.00
		电能	25.00	100.00	100.00	100.00	100.00
汽车平均能耗强度	微型	汽油（L/100km）	5.20	3.54	3.28	3.07	2.89
		电能（kW·h/100km）	8.70	5.90	5.48	5.12	4.83
		混合（L/100km）	2.81	1.91	1.77	1.66	1.56
	小型	汽油（L/100km）	8.30	7.13	6.08	5.09	4.23
		电能（kW·h/100km）	13.00	8.75	7.47	6.49	6.02
		混合（L/100km）	4.22	2.99	2.21	2.03	2.01
	中型	汽油（L/100km）	17.10	14.32	13.76	13.48	13.34
		电能（kW·h/100km）	120.00	114.05	105.30	91.24	80.49
		混合（L/100km）	9.24	7.74	7.44	7.29	7.21
	大型	汽油（L/100km）	21.80	18.29	17.59	17.03	16.62
		电能（kW·h/100km）	144.00	138.04	130.70	120.66	112.26

续上表

影响因素	车型	燃料类型	参数设置				
			2020年	2030年	2040年	2050年	2060年
年均行驶里程（km）	微型	全部	10000	8556	7113	5669	4225
	小型		12000	10219	8438	6656	4875
	中型		35000	32425	29850	27275	24700
	大型		48300	44318	40335	36353	32370
燃料平均碳排放因子	全部	汽油碳排放因子（kg/L）	2.42	2.36	2.30	2.24	2.18
		电能碳排放因子（kg/kW·h）	0.71	0.32	0.23	0.16	0.14

多主体协同的道路交通碳交易情景货运参数设置　　表6-9

影响因素	车型	燃料类型	参数设置				
			2020年	2030年	2040年	2050年	2060年
燃料结构（%）	全部	柴油	69.60	44.34	23.54	7.82	0.00
		汽油	27.90	14.26	6.46	2.18	0.00
		天然气	1.80	14.60	22.00	26.00	27.27
		电能	0.70	26.80	48.00	64.00	72.73
汽车平均能耗强度	微型	柴油（L/100km）	6.80	5.59	5.10	4.79	4.64
		汽油（L/100km）	9.60	7.87	6.00	3.85	2.14
		天然气（m³/100km）	8.40	6.84	5.55	4.35	3.28
		电能（kW·h/100km）	18.50	16.56	14.23	12.98	12.22
	轻型	柴油（L/100km）	8.70	7.14	6.49	6.03	5.88
		汽油（L/100km）	11.00	9.09	7.41	5.80	4.36

续上表

影响因素	车型	燃料类型	参数设置				
			2020 年	2030 年	2040 年	2050 年	2060 年
汽车平均能耗强度	轻型	天然气 (m³/100km)	11.20	9.29	7.45	5.84	4.42
		电能 (kW·h/100km)	125.00	114.39	104.20	92.84	86.62
	中型	柴油 (L/100km)	15.50	14.09	12.90	11.92	11.13
		天然气 (m³/100km)	17.50	14.37	11.72	9.19	6.94
		电能 (kW·h/100km)	132.00	124.88	116.33	101.32	96.57
	重型	柴油 l (L/100km)	32.60	29.43	26.89	24.78	23.21
		天然气 (m³/100km)	30.80	25.59	20.60	16.18	12.24
		电能 (kW·h/100km)	150.00	142.87	132.46	119.12	114.28
年均行驶里程 (km)	微型	全部	20000	18250	16500	14750	13000
	轻型		20000	18250	16500	14750	13000
	中型		24000	23038	22075	21113	20150
	重型		40000	36906	33813	30719	27625
燃料平均碳排放因子	全部	汽油碳排放因子 (kg/L)	2.42	2.36	2.30	2.24	2.18
		柴油碳排放因子 (kg/L)	2.8	2.73	2.66	2.59	2.52
		天然气碳排放因子 (kg/m³)	2.62	2.55	2.49	2.42	2.36
		电能碳排放因子 (kg/kW·h)	0.71	0.32	0.23	0.16	0.14

在多主体协同的道路交通碳交易情景下,上游燃料供应企业将通过改变燃料成分来降低燃料排放因子;中游汽车生产企业将通过提高车辆燃油经济性和新能源汽车比例来降低车辆能耗强度;下游汽车使用者将通过降低交通需求减少车公里或者选择新能源新汽车,实现多个道路交通碳排放影响因素的协同优化。与基准情景相比,燃料平均碳排放因子、汽车平均能耗强度、年均行驶里程、燃料结构这 4 个影响因素均发生显著变化,体现了多主体协同的道路交通碳交易影响更加深入和广泛。

6.3 碳交易情景下道路交通碳减排路径分析

6.3.1 基于 LEAP 道路交通碳排放预测简介

LEAP 模型(Long Range Energy Alternatives Planning System/Low emission analysis platform),即长期能源替代规划系统,是由斯德哥尔摩环境研究所和美国波士顿大学联合研发的一个基于情景分析的自下而上的能源-环境核算工具,该模型主要用于国家和城市中长期能源环境规划,可以预测不同驱动因素的影响下,社会各部门中长期的能源供应与需求,并计算能源在流通和消费过程中的大气污染物以及温室气体排放量。作为典型的综合评估模型,虽然 LEAP 模型能够基于部门之间、能源供给与能源消费之间的相互作用,统筹模拟各部门的减排潜力,但是为简化模型的复杂程度,本书仅关注下游道路交通部门,电力部门减排为模型外生值。

因此,本书基于 LEAP 模型,将道路交通部门细化为客运交通和货运交通两部分,输入上述不同道路交通碳交易情景中的活动水平(年均行驶里程)、活动强度(汽车能耗强度)、车型结构、汽车保有量、燃料结构、燃料碳排放因子等影响因素数据,模拟预测不同碳交易机制下 2020—2060 年中国道路交通碳排放量,进而对未来中国道路交通碳减排路径进行评估分析,模型界面如图 6-3 所示。

各情景下 2020—2060 年中国道路交通碳排放预测结果详见参考文献[145]。

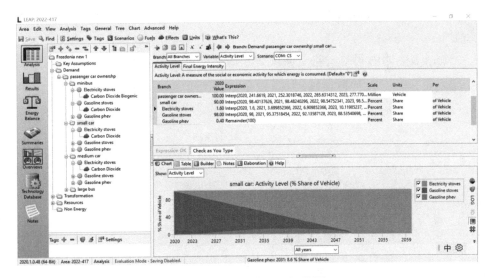

图 6-3　LEAP 模型分析界面

6.3.2 基于碳交易的道路交通碳减排路径评估

为了定量评估不同道路交通碳减排路径的减排潜力，本书以基准情景为减排参照，计算了 2020—2060 年道路交通碳交易情景与基准情景相比的碳减排量，并将上述 6 个不同碳交易情景下 2020—2060 年中国道路交通碳减排路径进行对比分析，如图 6-4 所示。可见，不同道路交通碳交易的减排潜力在不同时间阶段、不同碳价水平下存在显著差异：

（1）上游道路交通碳交易减排潜力逐年递增，由于在该情景下燃料供应企业将不断降低其燃料碳排放因子，尤其是随着后期电动汽车的全面推广，电力能源清洁化对道路交通碳减排的作用将逐渐凸显；

（2）中游道路交通碳交易在早期具有较好的减排潜力，由于在该情景下汽车生产企业将主动降低其车辆的能耗强度，但随着汽车能耗强度下降空间越来越小，其减排潜力逐渐趋于稳定；

（3）下游道路交通碳交易的碳减排潜力先逐年递增然后递减，由于在该情景下低碳节能型汽车市场份额呈"S"形曲线递增直至饱和，其增长速度先增后减直至为零；

（4）当碳价水平较低时，上游、中游、下游道路交通碳交易减排潜力

差别不大,然而当碳价水平较高时,下游道路交通碳交易的减排优势逐渐凸显;

(5)多主体协同的道路交通碳交易减排潜力最大,由于其综合了上游、中游、下游碳交易的减排路径。

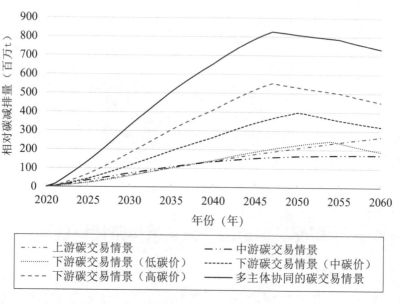

图 6-4　中国道路交通碳排碳减排路径对比

将上述 2020—2060 年中国道路交通各减排路径每年的相对碳减排量进行累加,进而得到不同道路交通碳交易情景与基准情景相比的累计碳减排量,如表 6-10 所示。根据累计碳减排量由大到小对各减排路径排序依次为:多主体协同的碳交易情景 > 下游碳交易情景(高碳价) > 下游碳交易情景(中碳价) > 上游碳交易情景 > 下游碳交易情景(低碳价) > 中游碳交易情景。由此证明了本书提出的多主体协同的道路交通碳交易机制比已有减排路径更加有效,通过全面影响上游、中游、下游各类责任主体,能够最大限度地挖掘道路交通碳减排的潜力,进而助力我国碳中和目标的实现。

道路交通碳交易情景累计碳减排量对比　　　　表 6-10

情景	与基准情景相比累计碳减排量(百万 t)
上游碳交易情景	5573.23
中游碳交易情景	4753.46

续上表

情景	与基准情景相比累计碳减排量（百万 t）
下游碳交易情景（低碳价）	5486.1
下游碳交易情景（中碳价）	9513.74
下游碳交易情景（高碳价）	13963.08
多主体协同的碳交易情景	22300.17

6.4 碳交易情景下道路交通碳减排驱动因素分析

6.4.1 基于 LMDI 的道路交通碳排放影响因素分解

因素分解法旨在分析事物性质、状态特点、变化特征及作用机理，在社会经济领域有愈来愈广泛的应用，尤其是在能源消耗与温室气体排放方面。常用的方法为指数分解分析（Index Decomposition Analysis，IDA），包括拉氏指数分解法（Laspeyres Index）与迪氏指数分解法（Divisia Index）。目前迪氏指数分解法（Divisia Index）已经逐渐成为学界实证研究的主流方法，与拉氏指数分解法（Laspeyres Index）相比，其优势在与不会产生无法合并、无法忽略的残差项，所以不会出现由于残差项较大而对分解结果造成影响的情况。对数平均迪氏分解法（Logarithmic Mean Divisia Index，LMDI）是一种典型的迪氏指数分解法（Divisia Index）方法，其全分解无残差，模型在理论和应用上更具备说服力，目前已经被广泛用于测算等式中各个分解因素对于被分解变量的变化贡献程度，因此可以用于分析碳交易情景下道路交通碳排放各个影响因素的贡献度。

根据上述道路交通碳排放影响因素分析，采用对数平均迪氏分解法（LMDI）对各情景下道路交通碳排放从峰值年到 2060 年的减排量进行分解，主要包括汽车保有量、车型结构、燃料结构、汽车能耗强度、年均行驶里程、燃料碳排放因子 6 个影响因素变化所带来的减排贡献量，计算方法如式(6-5)~式(6-11)所示：

$$\Delta C = C^{\mathrm{t}} - C^0 = \Delta C_{NV} + \Delta C_S + \Delta C_Q + \Delta C_{FC} + \Delta C_{VMT} + \Delta C_{EF} \quad (6\text{-}5)$$

$$\Delta C_{NV} = \sum_{i=1}^{4} \frac{C_i^t - C_i^0}{\ln C_i^t - \ln C_i^0} \ln\left(\frac{NV_P^t}{NV_P^0}\right) + \sum_{j=1}^{4} \frac{C_j^t - C_j^0}{\ln C_j^t - \ln C_j^0} \ln\left(\frac{NV_T^t}{NV_T^0}\right) \quad (6\text{-}6)$$

$$\Delta C_S = \sum_{i=1}^{4} \frac{C_i^t - C_i^0}{\ln C_i^t - \ln C_i^0} \ln\left(\frac{S_i^t}{S_i^0}\right) + \sum_{j=1}^{4} \frac{C_j^t - C_j^0}{\ln C_j^t - \ln C_j^0} \ln\left(\frac{S_j^t}{S_j^0}\right) \quad (6\text{-}7)$$

$$\Delta C_Q = \sum_{i=1}^{4}\sum_{k=1}^{3} \frac{C_{ik}^t - C_{ik}^0}{\ln C_{ik}^t - \ln C_{ik}^0} \ln\left(\frac{Q_{ik}^t}{Q_{ik}^0}\right) + \sum_{j=1}^{4}\sum_{h=1}^{4} \frac{C_{jh}^t - C_{jh}^0}{\ln C_{jh}^t - \ln C_{jh}^0} \ln\left(\frac{Q_{jh}^t}{Q_{jh}^0}\right) \quad (6\text{-}8)$$

$$\Delta C_{FC} = \sum_{i=1}^{4}\sum_{k=1}^{3} \frac{C_{ik}^t - C_{ik}^0}{\ln C_{ik}^t - \ln C_{ik}^0} \ln\left(\frac{FC_{ik}^t}{FC_{ik}^0}\right) + \sum_{j=1}^{4}\sum_{h=1}^{4} \frac{C_{jh}^t - C_{jh}^0}{\ln C_{jh}^t - \ln C_{jh}^0} \ln\left(\frac{FC_{jh}^t}{FC_{jh}^0}\right) \quad (6\text{-}9)$$

$$\Delta C_{VMT} = \sum_{i=1}^{4}\sum_{k=1}^{3} \frac{C_{ik}^t - C_{ik}^0}{\ln C_{ik}^t - \ln C_{ik}^0} \ln\left(\frac{VMT_{ik}^t}{VMT_{ik}^0}\right) + \sum_{j=1}^{4}\sum_{h=1}^{4} \frac{C_{jh}^t - C_{jh}^0}{\ln C_{jh}^t - \ln C_{jh}^0} \ln\left(\frac{VMT_{jh}^t}{VMT_{jh}^0}\right) \quad (6\text{-}10)$$

$$\Delta C_{EF} = \sum_{i=1}^{4}\sum_{k=1}^{3} \frac{C_{ik}^t - C_{ik}^0}{\ln C_{ik}^t - \ln C_{ik}^0} \ln\left(\frac{EF_k^t}{EF_k^0}\right) + \sum_{j=1}^{4}\sum_{h=1}^{4} \frac{C_{jh}^t - C_{jh}^0}{\ln C_{jh}^t - \ln C_{jh}^0} \ln\left(\frac{EF_h^t}{EF_h^0}\right) \quad (6\text{-}11)$$

式中，C^t 代表目标年度（2060年）道路交通的碳排放量；C^0 代表基准年最高值年道路交通的碳排放量；ΔC 代表道路交通碳排放的变化量；ΔC_{NV} 代表汽车保有量的减排贡献量；ΔC_S 代表车型结构的减排贡献量；ΔC_Q 代表燃料结构的减排贡献量；ΔC_{FC} 代表汽车能耗强度的减排贡献量；ΔC_{VMT} 代表年均行驶里程的减排贡献量；ΔC_{EF} 代表燃料碳排放因子的减排贡献量。

6.4.2 基于因素分解的道路交通碳减排贡献度分析

在基准情景下，2060年中国道路交通的碳排放量相比2033年碳排放最高减少4.7953亿t，减排比例大约为34%，各影响因素对道路交通碳减排的贡献量如图6-5所示。其中，汽车保有量、车型结构的贡献量为正值，反映了2033—2060年汽车保有量的增长以及车型结构的变化是道路交通碳排放增长的主要驱动因素。而燃料结构、汽车能耗强度、年均行驶里程以及燃料碳排放因子的贡献量为负值，反映了2033—2060年这些因素的变化是道路交通碳排放减少的主要驱动因素，其中燃料结构、汽车能耗强度变化所带来的碳减排贡献量最大，分别达到3.8735亿t和2.4727亿t。因此，新能源汽车的推广与汽车燃油经济性的提高是基准情景下道路交通碳排放下降的主要原因。

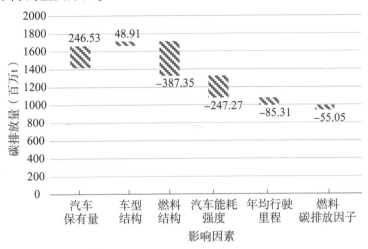

图6-5　基准情景下各影响因素对道路交通碳减排的贡献量

在上游碳交易情景下，2060年中国道路交通的碳排放量相比2029年碳排放最高值减少6.7342亿t，减排比例大约为50%，各影响因素对道路交通碳减排的贡献量如图6-6所示。与基准情景相比，上游碳交易情景下道路交通碳排放增长和减少的主要驱动因素基本相同，但燃料结构和燃料碳排放因子的减排贡献显著提高，这是由于上游碳交易机制可促进燃料排放因子下降，特别是电力能源的清洁化发展，进一步提高了新能源汽车的减排潜力。

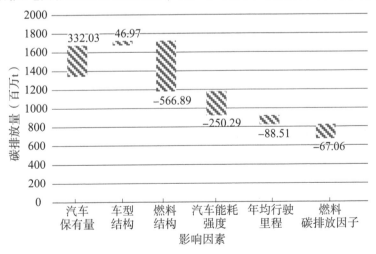

图6-6　上游碳交易情景下各影响因素对道路交通碳减排的贡献量

在中游碳交易情景下，2060年中国道路交通的碳排放量相比2029年碳排放最高值减少5.6777亿t，减排比例大约为43%，各影响因素对道路交通碳减排的贡献量如图6-7所示。中游碳交易情景下道路交通碳排放增长和减少的主要驱动因素与基准情景相比基本相同，但汽车能耗强度的减排贡献显著提高，这是由于中游碳交易机制可促进汽车生产企业提高汽车燃油经济性，并扩大新能源汽车生产规模，导致各种车辆类型的平均能耗强度均大幅下降。

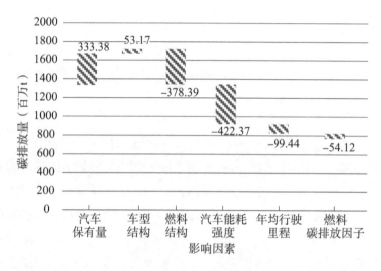

图6-7 中游碳交易情景下各影响因素对道路交通碳减排的贡献量

在低、中、高不同碳价水平的下游碳交易情景下，2060年中国道路交通的碳排放量相比2026—2029年碳排放最高值减少6.0044~7.8412亿t，减排比例大约为44%~62%，各影响因素对道路交通碳减排的贡献量分别如图6-8至图6-10所示。与基准情景相比，下游碳交易情景中车型结构变化对碳排放增长的驱动作用减弱，在高碳价时甚至变为减排驱动因素，同时年均行驶里程及燃料碳排放因子变化的减排贡献显著提高，这是由于下游碳交易机制可促进汽车使用者逐渐减少交通需求，同时使用新能源汽车替换传统燃油汽车，导致传统燃油汽车年均行驶里程持续下降，新能源汽车减排潜力不断提高。

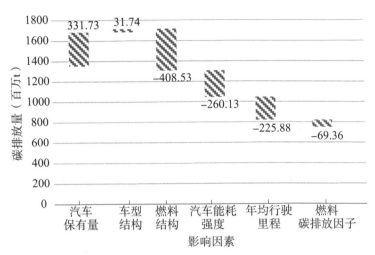

图 6-8　下游碳交易情景(低碳价)下各影响因素对道路交通碳减排的贡献量

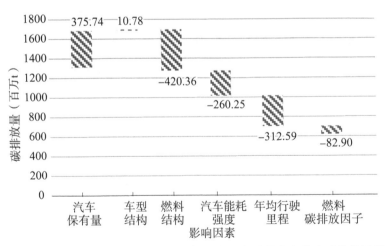

图 6-9　下游碳交易情景(中碳价)下各影响因素对道路交通碳减排的贡献量

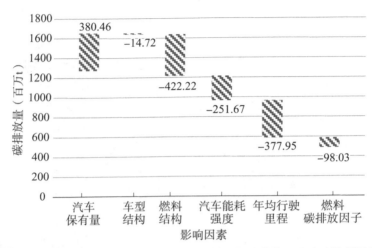

图 6-10 下游碳交易情景(高碳价)下各影响因素对道路交通碳减排的贡献量

在多主体协同的碳交易情景下,2060 年中国道路交通的碳排放量相比 2024 年碳排放峰值减少 10.0071 亿 t,减排比例约为 83%,各影响因素对道路交通碳减排的贡献量如图 6-11 所示。与基准情景相比,多主体协同的碳交易情景中车型结构、燃料结构、汽车能耗强度、年均行驶里程、燃料碳排放因子的减排贡献均显著提高,这是由于多主体协同的碳交易机制可同时驱动上游燃料供应企业、中游汽车生产企业以及下游汽车使用者参与减排,进而实现了各影响因素的协同优化。其中,燃料结构变化所带来的减排贡献程度仍然是最大的,体现了本研究所提出的多主体协同的碳交易机制可以有效促进新能源汽车的快速发展,成为道路交通碳减排的关键驱动因素。

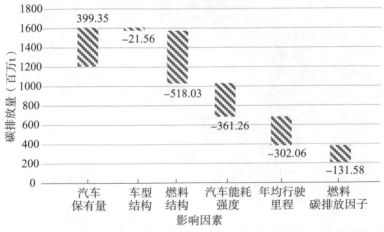

图 6-11 多主体协同的碳交易情景下各影响因素对道路交通碳减排的贡献量

第7章

基于区块链的道路交通碳交易系统构建

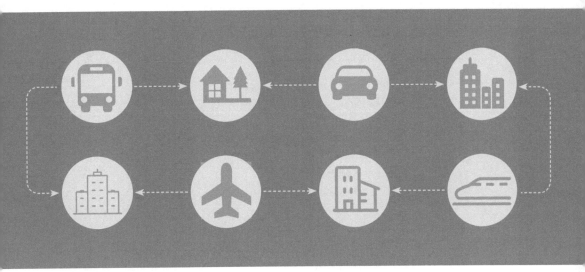

由于多主体协同的道路交通碳交易机制涉及上游燃料供应企业、中游汽车生产企业、下游汽车使用者等多类异质主体的交互以及大量移动排放源的监测和管理,因此必将带来巨大的管理难度和交易成本。而基于智能合约的区块链3.0,具有去中心化、自动化、可信任的技术特点,可以极大地降低管理难度和交易成本,并且可以保证碳排放数据的可追溯性和不可篡改性。因此,本章将应用新兴的区块链技术来构建面向多主体的道路交通碳交易系统。

7.1 区块链技术简介

7.1.1 区块链的发展历程

区块链技术从诞生至今,其发展历程可以分为4个阶段:技术起源、区块链1.0、区块链2.0和区块链3.0,如图7-1所示。

图7-1 区块链发展历程

1)技术起源

区块链技术源于中本聪创造的比特币。比特币是中本聪基于前人的各种相关技术和算法,结合自己独特的创新性思维而设计出来的。下面介绍区块链相关基础技术的发展历史。

1982年,Leslie Lamport 等人提出拜占庭将军问题(Byzantine Generals Problem)[146],这是一个非常著名的、分布式计算领域的问题,旨在设法建立具有容错性的分布式系统,即在一个存在故障节点和错误信息的分布式系统中保证正常节点达成共识，保持信息传递的一致性。1985年，Neal Koblitz和Victor Miller两人分别独立提出椭圆曲线密码学（Elliptic Curve Cryptography，ECC）[147,148]，第一次将椭圆曲线用于密码学中，建立公开密钥加密算法。相较于之前的RSA演算法，ECC的优势在于可用较短的密钥达到与RSA相同的安全强度。1990年，David Chaum根据之前提出的密码学网络支付系统理念，实现了一个不可追踪密码学网络支付系统，称为eCash[149]。不过，这是一个中心化的系统，但区块链技术在隐私安全上借鉴了其很多设计。1990年，Leslie Lamport针对自己在1982年提出的拜占庭将军问题，给出了一个解决方案——帕克索斯（Paxos）算法[150]，Paxos共识算法能在分布式系统中达成高容错性的全网一致性。1991年，Stuart Haber与W. Scott Stornetta提出了时间戳技术来确保电子文件安全[151]，中本聪在比特币中也采用了这一技术，对账本中的交易进行追本溯源。1992年，Scott Vanstone等人基于ECC提出了性能更好的椭圆曲线数字签名算法（Elliptic Curve Digital Signature Algorithm，ECDSA）[152]。1997年，Adam Back发明了哈希现金（HashCash），一种工作量证明算法[153]，此演算法仰赖成本函数的不可逆特性，具有容易被验证但很难被破解的特性，最早被应用于阻挡垃圾邮件。其算法设计理念被中本聪改进之后，哈希现金（HashCash）成为比特币区块链各节点达成共识的核心技术之一，是比特币的基石。1998年，Wei Dai发表了匿名的分布式电子现金系统B-money[154]，引入了工作量证明机制，强调点对点交易和不可篡改特性。不过在B-money中，并未采用Adam Back提出的哈希现金（HashCash）演算法。Wei Dai的许多设计也被比特币区块链所采用。2005年，Hal Finney提出可重复使用的工作量证明机制（Reusable Proofs of Work，RPOW）[155]，结合B-money与Adam Back提出的哈希现金（HashCash）演算法创造了密码学"货币"。2008年，中本聪[156]在一个隐秘的密码学讨论组发表了一篇关于比特币的论文，发明了比特币。

从上述技术发展历史来看，区块链技术并不是一蹴而就的，而是一定研究背景和技术发展下的必然产物。

2) 区块链1.0——数字货币

在区块链1.0阶段，区块链技术的应用范围主要集中在"数字货币"

领域。2009 年比特币上线之后，由于比特币区块链解决了"双花问题"和"拜占庭将军问题"，真正扫清了"数字货币"流通的主要障碍，因而获得了极大的追捧，狗狗币、莱特币之类的"山寨数字货币"也开始大量涌现。这些"数字货币"在技术上与比特币十分类似，其架构一般都可分为三层：区块链层、协议层和货币层。区块链层作为这些"数字货币"系统的底层技术，是核心部分，系统的共识过程、消息传递等核心功能都是通过区块链达成的。协议层则主要为系统提供一些软件服务、制定规则等。货币层则主要是作为价值表示，用来在用户之间传递价值，相当于一种货币单位。

在区块链 1.0 阶段，整个社会基于区块链技术构建了很多去中心化数字支付系统，很好地解决了货币和支付手段的去中心化问题，对传统的金融体系有着一定的冲击。

3）区块链 2.0——智能合约

在比特币和其他山寨币的资源消耗严重、无法处理复杂逻辑等弊端逐渐暴露后，业界逐渐将关注点转移到了比特币的底层支撑技术——区块链上，产生了运行在区块链上的模块化、可重用、自动执行脚本，即智能合约。这大大拓展了区块链的应用范围，区块链由此进入 2.0 阶段。业界慢慢地认识到区块链技术潜藏的巨大价值。区块链技术开始脱离"数字货币"领域，其应用范围延伸到金融交易、证券清算结算、身份认证等商业领域。涌现出很多新的应用场景，如金融交易、智能资产、档案登记、司法认证等。

以太坊是这一阶段的代表性平台，它是一个区块链基础开发平台，提供了图灵完备的智能合约系统。通过以太坊，用户可以自己编写智能合约，构建去中心化应用（DApp）。基于以太坊智能合约图灵完备的性质，开发者可以编程任何去中心化应用，例如投票、域名、金融交易、众筹、知识产权、智能财产，等等。目前在以太坊平台运行着很多去中心化应用，按照其白皮书说明，它们可以分为三种应用。第一种是金融应用，包括"数字货币"、金融衍生品、对冲合约、储蓄钱包、遗嘱等涉及金融交易和价值传递的应用。第二种是半金融应用，涉及金钱参与，但有很大一部分是非金钱的方面。第三种则是非金融应用，如在线投票和去中心化自治组织这类不涉及金钱的应用。

在区块链 2.0 阶段，以智能合约为主导，越来越多的金融机构、初创公司和研究团体加入了区块链技术的探索队列，推动了区块链技术的迅猛发展。

4）区块链 3.0——超越货币

随着区块链技术的不断发展，区块链技术的低成本信用创造、分布式结构和公开透明等特性的价值逐渐受到全社会的关注，在物联网、医疗、供应链管理、社会公益等各行各业中不断有新应用出现。区块链技术由此发展进入了区块链 3.0 阶段[157]。在这一阶段，区块链的潜在作用并不仅仅体现在货币、经济和市场方面，更延伸到了政治、人道主义、社交和科学领域，区块链技术方面的能力已经可以让特殊的团体来处理现实中的问题。而随着区块链技术的继续发展，我们可以大胆构想，该技术或许将广泛而深刻地改变人们的生活方式，并重构整个社会，重铸信用价值。或许将来当区块链技术发展到一定程度时，社会中的每一个人都可作为一个节点，连接到一个全球性的去中心化网络中，整个社会进入区块链时代，然后通过区块链技术来分配社会资源，区块链可能将成为一个促进社会经济发展的理想框架。

7.1.2 区块链的核心概念

区块链的本质是一个去中心化的数据库，它是比特币的核心技术与基础架构，融合应用了点对点传输、加密算法、共识机制、分布式数据存储等前沿计算机技术[158]。狭义来讲，区块链是一种以密码学方式保证的不可篡改、不可伪造的分布式账本，按时间顺序将数据区块依次相连形成一种链式数据结构[159]。广义来讲，区块链是一种全新的分布式基础架构与计算范式，它基于块链式数据结构来验证和存储数据，采用分布式节点共识算法来生成和更新数据，运用密码学方式来保证数据传输和访问的安全，使用自动化脚本代码组成的智能合约来编程和操作数据。

以比特币区块链为例，其基本结构和核心概念主要包括以下内容（图 7-2）。

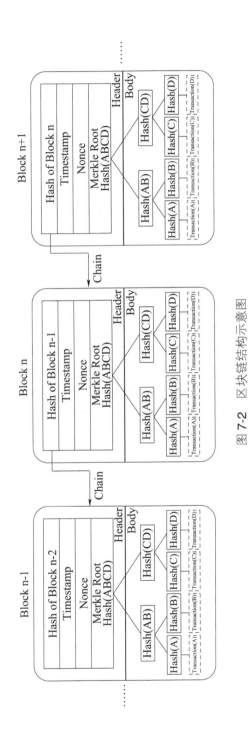

图 7-2 区块链结构示意图

①区块(Block)：每个区块由区块头(header)和区块体(body)两部分组成，其中区块头链接到前面的区块，可为区块链提供完整性和可追溯性；区块体将打包记录当前时间段内发生的交易和状态结果，完成对当前账本的一次共识；每个区块以一个相对平稳的时间间隔加入链上，在企业级区块链平台中，共识时间可以动态设置。

②链：(Chain)：将所有区块按照时间顺序链接起来，通过每个区块头中储存的上一个区块的哈希值进行前后关联，可以看作是记录所有交易历史的日志文件。

③交易(Transaction)：每一次对区块链账本的操作，并导致区块状态改变，都是一次交易，例如：A 向 B 转账 100 个比特币；相同时间段内的多个交易将会被打包在同一个区块里，并对应唯一的交易哈希值。

④哈希值(Hash)：区块链通过哈希算法对一个交易区块中的交易信息进行加密，并把交易信息计算转换为一个 256 位的二进制数字，称为哈希值；每个区块的哈希值都是不同的，可以通过哈希值标识区块，一旦区块的内容发生改变，它的哈希值一定会改变。

⑤挖矿(Mining)：为了创建一个新的区块，参与计算的任意对等节点（矿工）必须找到一个满足特定难度目标的哈希值。例如，比特币区块链的哈希值要求小于或等于一个特定的目标数，且包括前面区块的 header 的哈希值，包括一个称为随机数(Nonce)的数字，包括所有交易的默克尔根(Merkle Root)。

⑥默克尔树(Merkle Tree)：区块体中储着交易信息，在区块中它们是以一棵默克尔树的数据结构进行存储的，而默克尔树是一种用来有效地总结区块中所有交易的数据结构。默克尔树是一棵哈希二叉树，树的每个叶子节点都是一笔交易的哈希值。在比特币网络中，默克尔树被用来归纳一个区块中的所有交易，同时生成整个交易集合的数字指纹即默克尔根，且提供了一种校验区块是否存在某交易的高效途径。生成一棵默克尔树需要递归地对每两个哈希节点进行哈希得到一个新的哈希值，并将新的哈希值存入默克尔树中，直到两两结合最终只有一个哈希值时，这个哈希值就是这一区块所有交易的默克尔根，存储到上面介绍的区块头结构中。

7.1.3 区块链的关键技术

区块链技术体系是由计算机领域的经典技术构成,其关键技术主要包括以下4大创新技术[159]。

1)分布式账本

不同于传统中心式账本,分布式账本是由多个分布在不同地方的节点共同完成记账,每一个节点都记录了完整的交易记录,没有一个节点单独记录账目,因此它们都可以参与监督交易的合法性并验证交易的有效性(图7-3)。从而避免了在传统中心式记账网络中,中心记账节点被控制或丢失的风险。此外,由于存在多个节点同时记账,攻击者只有控制了超过51%的算力才有可能篡改最新生成的一个区块记录,否则账本将无法更改,保证了交易数据的安全性。因此,区块链基于技术优势解决了交易过程的安全信任问题[160]。

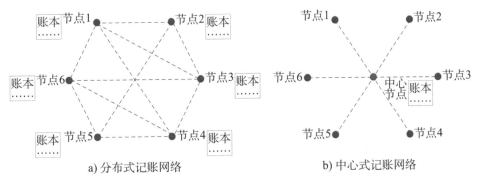

图 7-3 分布式账本与传统中心式账本对比

2)加密技术

区块链很好地集成了哈希算法、非对称加密算法和数字签名算法等加密技术,通过算法对人们的信用建立机制进行了重构,以保证交易的安全性,从而达成共识背书。其中哈希算法是将任意长度的信息输入转换为固定长度信息输出,用于生成地址密钥和数字签名[161]。非对称加密算法是指分别使用不同的密钥对数据进行加密和解密的一种加密算法,例如发送者可以使用公钥加密数据,发送特定的接收者,接收者使用特定的私钥解密数据(图7-4)。数字签名融合非对称加密技术与消息摘要技术生成交易信息的摘要，并在后面加上一段密钥信息，作为发送者身份的证明。因此在区块链上，虽然其存储的交易信息是公开的，但是交易参与者的身份信息却是高度加密的，只有公私密钥匹配的情况下才能访问，从而保证了数据的安全和个人的隐私。

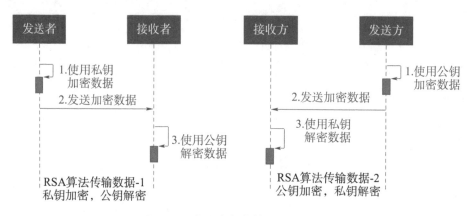

图 7-4　非对称加密算法运行流程

3）智能合约

智能合约（Smart Contract）是由 Nick Szabo 博士[162]首次提出，定义为一种可通过数字化方式，在不依靠第三方的前提下，独立自主实现双方协议条款的新型合约。区块链为智能合约提供了一个去中心化、不可篡改、公开透明的运行环境[163]，通过计算机程序预先设定好需要执行的交易协议和条款，当触发条件被满足时程序将自动执行特定交易或操作（图 7-5），从而规避了违约风险和操作风险，解决了参与方的信任问题。可编程化是区块链智能合约的显著优势之一，使得各参与者可根据适用场景的不同对协议条款而进行个性化、差异化的定制，并通过代码达成共识，极大地拓展了区块链的应用范围。

4）共识机制

共识机制是区块链系统中各个节点达成一致的策略和方法，即所有记账节点之间如何认定一个交易记录的有效性，如何将数据写入的同时防止篡改。现实生活中，由于参与成员相互不了解、不信任，交易往往需要借助公信度高、安全系数强的第三方平台达成，造成了一定程度上人力、物力、财力的资源浪费。区块链的共识机制恰恰能够完美地解决信任问题，

第 7 章 基于区块链的道路交通碳交易系统构建

从而取代第三方平台。区块链的共识机制发展到现在出现了很多不同的类别,适用于不同的应用场景。常用的共识机制主要有:工作量证明机制(Proof of Work,PoW)、股权证明机制(Proof of Stake,PoS)、股份授权证明机制(Delegated Proof of Stake,DPoS)、实用拜占庭容错算法(Practical Byzantine Fault Tolerance,PBFT)等。这几种常用共识算法的特性对比见表 7-1。

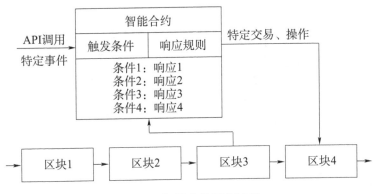

图 7-5 智能合约运行流程

常用共识算法特性对比   表 7-1

共识算法	安全性	网络规模	资源消耗	交易确认时间	交易吞吐量	分叉	去中心化程度
PoW	高	大	大	长	小	容易	较高
PoS	较高	大	中等	中等	小	容易	较高
DPoS	中等	大	小	短	中等	不易	低
PBFT	中等	小	小	短	中等	不易	中等

7.1.4 区块链的分类

按照节点参与方式的不同,区块链技术可以分为:公有链(Public Blockchain)、联盟链(Consortium Blockchain)和私有链(Private Blockchain)[159]。公有链是指任何人都可以不经许可参与、使用和维护的公开区块链。联盟链是由若干组织一起合作维护的区块链,只有获得权限许可的用户才可以访问,其共识过程可能会受某些指定节点的控制。私有链是指仅由单个组织全权控制的区块链,其信息不对外公开。三类区块链的特性对比总结见表 7-2。

三类区块链的特性对比 表 7-2

特性	分类		
	公有链	联盟链	私有链
参与者	任何人	联盟成员	个体或公司内部
共识机制	PoW/PoS/DPoS 等	PBFT/RAFT 等	PBFT 等
记账人	所有参与者	联盟成员协商确定	自定义
激励机制	需要	可选	不需要
去中心化程度	高	较高	低
优势	信用的自建立	效率和成本优化	透明和可追溯
应用场景	虚拟货币	商业应用	数据库管理、审计
典型代表	比特币、以太坊	超级账本、Corda	Mutichain

7.1.5 区块链的优势与适用性

1) 不可篡改

区块链通过分布式账本、哈希加密、共识机制等技术应用和机制设计来保证数据的不可篡改性。首先区块链是一个分布式数据库，不存在中央服务器，数据是每个节点各自存储一份。恶意篡改者最多把自己节点上的数据改掉，但根据共识规则，这是得不到整个网络的承认的，无法被其他节点验证通过，因此修改后的数据也无法被加入区块中。除非攻击者能够同时控制超过 51% 的节点，但 51% 攻击的成本和代价远高于收益，所以理性自然人不会主动发起攻击，从经济利益方面保障了区块链数据的安全。因此，区块链技术可以保证记录在区块链上的道路交通碳排放数据是不可篡改且可溯源的，便于政府对各类主体进行严格的履约考核。

2) 去中心

区块链基于去中心化、分布式共识和数字签名等机制，实现网络中多个参与方无须互相信任就能够完成价值转移。区块链上的资产是由全网节点共同维护和更新，通过网络中所有的节点来自动进行验证并达成共识的，从而取代了传统应用中保证信任和交易安全的第三方中介机构。此外，由于区块链系统是一个分布式的系统，节点可以遍布全球，可以实现无边界的价值传递。因此，区块链技术可以为道路交通碳交易提供一个无第三方中介机构的去中心化的可信环境，极大地简化了政府的管理难度，降低了参与者的交易成本。

3）自动化

区块链通过可编程智能合约，可以根据触发条件自动执行一些预先约定好的交易事务，从而降低时间成本、人力成本和资源耗用。这些智能合约往往是通过脚本语言编写，部署在区块链所有节点上，公正透明，用户无法篡改，并且能够刚性执行，也就是所谓的"代码即法律"，从而规避了违约的风险。因此，区块链技术可以极大提高道路交通碳交易系统的自动化程度和交易效率。

4）安全性

区块链结合对称加密、非对称加密及哈希算法等技术确保了交易执行和交易记录的安全性。每个区块所包含的交易情况是公开透明的，但参与交易的用户信息是绝对私密的。因此，区块链技术可以有效地保障道路交通碳交易系统的安全性和隐私性。

7.2 Fabric 区块链应用平台简介

当前主流的区块链应用有比特币、以太坊、超级账本等，代表着不同的技术特点。为了便于对比，表 7-3 中列出了上述三个主流区块链应用所属区块链类型、共识机制、是否支持智能合约、编程语言以及每秒事务处理量（TPS）等技术特点。可见，当前主流的区块链应用主要是公有链和联盟链这两种，私有链应用较少。对于不同的应用场景，应选择合适的区块链类型。由于道路交通碳交易涉及政府、企业、居民多类责任主体，不同的责任主体参与的交易类型也不同，属于典型的联盟链应用场景。

主流区块链应用技术特点对比[159] 表 7-3

特性	区块链应用		
	比特币	以太坊	超级账本
区块链类型	公有链	公有链	联盟链
共识机制	PoW	PoW/PoS	PBFT/Kafka

续上表

特性	区块链应用		
	比特币	以太坊	超级账本
智能合约	不支持	支持	支持
编程语言	C++	Solidity	Go/Java
TPS	≤7	约100	>3000
网络权限	完全公开	完全公开	需要许可
加密数字货币	比特币	以太币	无
交易费	有	有	无
模块化设计	否	否	是

超级账本（Hyperledger）是由 Linux 基金会开源组织启动的首个面向联盟链应用场景的开发平台，目前包括 Fabric、Sawtooth、Iroha、Blockchain Explorer、Cello、Indy、Composer、Burrow 等 8 大项目，其中 Fabric 是发展最好的一个企业级区块链应用平台。Fabric 引入了成员管理服务，是一个带有许可授权的区块链网络系统，因此每个参与者在进入前均需要提供对应的证书证明身份才能允许访问 Fabric 系统，同时引入多通道多账本的设计来增强系统的安全性和私密性。因此，Fabric 非常适合构建跨越多个企业边界的去中心化应用。

与比特币相比，Fabric 不使用通常依靠算力的 PoW 共识算法，而是使用更适合商业环境的 PBFT 算法，通过节点间的多轮消息传递，网络内的所有诚实节点可以快速达成一致的共识，不需要发行加密货币。此外，比特币使用的脚本语言在某些方面进行了限制，没有循环，也没有条件控制以外的复杂流程控制能力，因此是一种非图灵完备的语言，故比特币不支持智能合约的编写，可拓展性较差。而 Fabric 是支持智能合约编程的，在 Fabric 中有自己的学名，叫 Chaincode。

与以太坊相比，Fabric 采用了强大的 Docker 容器技术来运行服务，支持比以太坊更便捷、更强大的智能合约服务。以太坊只能通过提供 Solidity 语言进行合约编写，而 Fabric 可以支持多语言的合约编写，例如 Go 和 Java 语言。除此之外，Fabric 基于模块化设计，提供了多语言的 SDK 开发接口，让开发者可以自由、便捷的使用其所提供的区块链服务。

通过以上对比可以发现，Fabric 在区块链商业应用性能方面具有显著优势，因此本研究应用 Fabric 平台搭建基于区块链的道路交通碳交易系统，下文将主要介绍超级账本 Fabric 平台的技术架构及其运行原理。

7.2.1 Fabric 技术架构

Fabric 的整体架构见图 7-6，从逻辑上可分为接口层、核心层和网络层。其中接口层从应用程序的角度，提供了标准的 gRPC 接口，在 API 接口的基础之上封装了不同语言的软件开发工具包(SDK)和命令行界面(CLI)，应用端口可以通过这些接口访问 Fabric 网络中的多种资源，包括身份、账本、交易、智能合约等信息。网络层则由多个节点形成 P2P 网络，通过 gRPC 通道实现数据交互，利用 Gossip 协议完成信息同步。核心层则由成员服务(Membership Services)、共识服务(Consensus Services)和链码服务(Chain-code Services)三个服务模块构成。

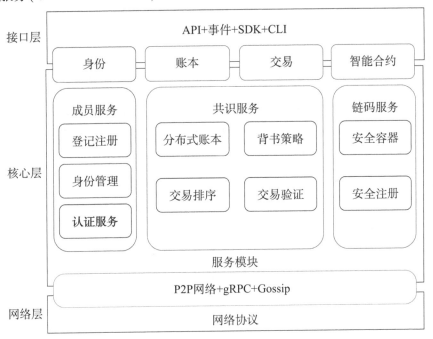

图 7-6　Fabric 技术架构

1) 成员服务

成员服务提供会员登记注册、身份权限管理、认证服务等功能，以保障平台访问的安全性和权限管理。Fabric 基于可信的第三方证书颁发机构（Certification Authority，CA），在确认申请者的身份后签发证书——一个包含公钥、申请者相关信息以及数字签名的文件。数字签名保证了证书中的内容不能被任何攻击者篡改，而且验证算法可以发现任何伪造的数字签名。这样公钥和身份被捆绑在一起，不能篡改，也不能伪造，就可以安全地实现成员管理。

2) 共识服务

共识服务负责节点间的背书策略、交易排序、交易验证等功能的实现，并生成分布式账本，是区块链的核心组成部分，为区块链的主体功能提供了底层支撑。

①背书 (Endorsement)：当客户端节点发送交易请求至背书节点，背书节点根据自身的逻辑进行检查，如果通过则模拟运行交易，对交易将造成的状态变更（读写集）进行背书，即添加数字签名。只有满足了一定背书条件（背书来源预期集合和背书数量要求）的交易请求才是合法的交易，例如：须得到某个特定成员的数字签名，或校验通过的成员数量超过特定比例。

②交易排序 (Ordering Service)：由排序节点提供交易排序服务，使得某交易时段内全网的所有合法交易拥有唯一指定顺序，并形成共识。排序服务可以有不同的实现方式，Fabric v1.0 版本中将其设计成了可插拔模块，提供了三种模式实现：Solo、Kafaka 和 PBFT。

③交易验证 (Validation)：经过排序后的交易需经过交易验证的最终核查才能被区块链账本所记录。核查内容包括：交易要素是否完整有效，数字签名是否符合相应的背书要求，交易的读写集是否满足多版本并发控制（Multi-Version Concurrency Control，MVCC）的相关要求等。

④分布式账本：是一种在 P2P 网络节点之间共享、复制和同步的数据库，即在每个节点上都维持着一份账本的副本。在 Fabric 中，分布式账本存储了所有的历史交易和状态改变记录，而状态的最新值以键值对的形式存储于状态数据库中，称为"世界状态"。

3）链码服务

链码（Chaincode）是智能合约在 Fabric 中的实现形式，是一段用 Go 语言编写的代码程序，它定义了需要存储到区块链上的交易数据信息和业务规则。Fabric 的链码服务为智能合约提供了一种安全运行容器以及安全注册中心。Fabric 链码经过编译后独立运行于一个封闭的 Docker 容器中，在其部署时将自动生成一个隔离的智能合约运行 Docker 镜像。因此 Fabric 链码与底层账本是相互独立的，若链码发生更新或升级，底层账本无须进行任何修改，意味着逻辑与数据实现了完全隔离，可以提高整个系统的安全性[166]。

7.2.2 Fabric 运行机制

在 Fabric 的网络环境中，节点是区块链的通信实体。存在三类不同的节点，分别是客户端节点（Client）、对等节点（Peer）以及排序服务节点（Orderer）[159]。

①客户端节点（Client）代表着终端用户实体，它必须连接到对等节点（Peer）后才可以与区块链进行通信交互。同时客户端节点可以根据它自己的选择来连接到任意的对等节点（Peer）上，创建交易和调用交易。在实际系统运行环境中，客户端负责与对等节点（Peer）通信提交实际交易调用，与共识服务通信请求广播交易的任务。

②对等节点（Peer）负责与共识服务节点通信来进行世界状态的维护和更新。它们会收到共识服务广播的消息，以区块的形式接收排序好的交易信息，然后更新和维护本地的世界状态与账本。此外，根据交易过程中不同环节的功能，在逻辑上将对等节点（Peer）的角色解耦为背书节点（Endorser）和提交节点（Committer），让不同类型节点可以处理不同类型的工作负载。

③排序服务节点（Orderer）是共识服务的组成部分，可以看作一个提供交付保证的通信组织。排序服务节点的职责就是对交易进行排序，确保最后所有的交易是以同样的序列输出，并提供送达保证服务的广播通信服务。

Fabric 引入了通道（Channel）的概念，即由多个成员（节点）组成的通信子网络,目的是对通道的信息进行隔离,使得通道外的成员无法访问通道内的信息,从而实现交易的隐私性。通道与绑定到该通道上的配置和数据(包括交易、账本、链码实例、成员身份等),一起构成了一条完整的链(Chain)。这些数据只会被通道内的组织成员所感知和访问到,通道外的成员无法访问。也就是说,应用程序可以指定对等节点(Peer)的子集架设通道,这些对等节点(Peer)组成提交到该通道交易的相关者集合,而且只有这些对等节点(Peer)可以接收包含相关交易的区块,与其他交易完全隔离。

此外,Fabric 支持多链(Chain)与多通道(Channel),即系统中可以存在多个通道以及多条链。如图 7-7 所示,有三个通道,分别是通道1、通道2 和通道3。通道1 用虚线连接,通道2 用点划线连接,通道3 用实线连接。每一个通道都是一个独立的、不与外界关联的通讯链路,将排序节点(Orderer)和对等节点(Peer)连接在一起:其中通道1 包含 Peer1、Peer2 和 Peer3,通道2 包含 Peer2、Peer3;通道3 包含 Peer1、Peer3。每个通道都有自己的账本,用跟在每个节点后面的小方块表示账本,每个 Peer 包含的不同的账本,分别用不同的方块表示。区块链应用根据业务逻辑决定将每个交易发送到一个或多个通道,不同通道上的交易不会存在任何联系。

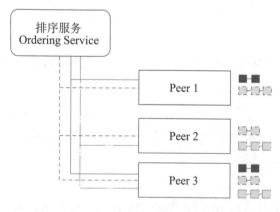

图 7-7　Fabric 多通道结构

7.2.3　Fabric 交易流程

超级账本 Fabric 上的交易(transction)就是一次合约代码的调用,分为部署交易和调用交易。部署交易是指创建新的链码,当一笔部署交易执行时,新创建的链码将被写入区块链中。调用交易指的是运行链码,链码执行时可能会修改相应的状态,并返回输出。典型的交易处理过程如图7-8所示。

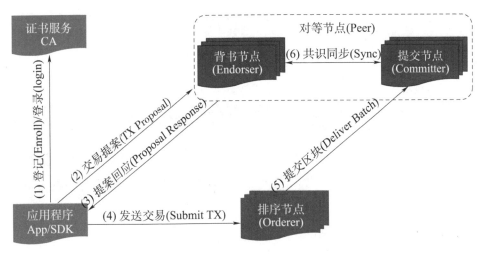

图 7-8 Fabric 实例交易处理过程

(1)应用程序客户端(Client)通过 SDK 调用证书服务(CA),进行注册和登记,并获取身份证书。

(2)应用程序客户端(Client)通过 SDK 向区块链网络发起一个交易提案(Proposal),并发送至背书节点(Endorse),其中包括带有本次交易要调用的合约标识、合约方法和合约参数以及应用程序客户端签名等信息。

(3)背书节点(Endorser)收到交易提案(Proposal)后,将验证应用程序客户端签名,并确定提交者是否有执行权限,同时按照背书策略预执行智能合约,并将预执行结果及其各自的 CA 证书签名返回至应用程序客户端。

(4)应用程序客户端收到背书(Endorser)节点返回的信息后,将验证其与提案结果是否正确、其背书数量与来源是否满足背书策略:如果验证通过,应用程序客户端将把数据打包到一起组成一个交易并签名,发送给排序节点(Orderers),否则终止处理流程。

(5)排序节点(Orderer)对接收到的交易进行共识排序,然后按照区块生成策略,将一批交易打包到一起,生成新的区块,调用 Deliver API 投递消息，发送给提交节点（Committer）。

（6）提交节点（Committer）接收到区块信息后，将逐一验证交易的有效性（如其来源和去向是否与目前的区块链状态吻合），验证通过后提交节点会把此区块添加到最新的一个区块后面，同时更新调整世界状态。在共识服务的保证下，上述流程会保证所有节点在执行一个 Deliver 事件之后同步拥有相同的世界状态。

7.3 区块链在碳交易中的应用

如上文所述，碳交易作为一个缓解气候变化的有效工具，通过控制碳排放总量，并允许进行碳配额交易，为排放主体提供了灵活的履约方式。然而，目前大部分碳交易系统都是第三方中介机构运行监管的中心化系统，因此导致了交易成本高以及可能发生系统瘫痪、报告造假、重复计算等问题[167]，这将严重影响该政策工具的效用。将区块链技术应用于碳交易，可在缺乏信任的网络中实现点对点的碳交易。区块链中的智能合约可以根据预先设定好的规则自动化执行碳配额的交易，从而取代了传统碳交易中保证信用和交易安全的第三方中介机构，极大地降低了为维护信用而造成的时间成本、人力成本和资源消耗。同时，区块链系统利用分布式共识算法来生成和更新数据，从技术层面杜绝了非法篡改数据的可能性，提高了碳排放的可追溯性。

由于区块链技术近年来才刚刚兴起且仍在不断发展中，关于区块链应用于碳交易的研究还处于探索阶段，仅有少数几个学者对其提出了一些初步设想。例如，Kawasmi 等人[168]首次提出了一个基于比特币区块链的分布式碳交易系统，旨在保护交易者的隐私和数据安全。该碳交易系统的主要功能包括：碳配额生成、参与者注册、碳交易的发起和管理。与其交互的主体包括：碳交易者、智能计费器（读取减排量）、政府减排目标、其他碳交易市场。通过与传统中心化的碳交易系统进行定性比较，该研究发现分布式碳交易系统通过实现匿名化的点对点交易，可提高碳交易的参与度，进而促进节能减排。然而，该研究仅仅只是从理论

第 7 章
基于区块链的道路交通碳交易系统构建

上设计了一个基于比特币的碳交易系统框架,并未真正将其应用,缺乏实践数据支撑。

Khamila 等人[169]基于区块链技术和智能合约设计了一个引入买卖双方信用机制的碳交易系统,并通过案例分析和多标准评价对该系统的可行性进行了验证。结果表明,引入区块链技术并非偏离传统的碳交易机制,而是对碳交易、监测、核查、报告制度和方法的增强,进而提高其有效性、功能性、一致性和可信度。通过在碳交易系统中引入信用机制,保证信用好的参与者能够优先选择或被选择,并更快完成交易,参与者的信用与其历史排放率和减排策略有关,进而鼓励参与者采取长期的减排措施。然而,该研究中提出的碳交易系统缺乏针对性,没有考虑不同行业领域碳排放的差异性。

Fu 等人[170]进一步提出了一个面向服装制造领域的碳交易框架,主要包括基于区块链的碳交易系统构建,服装制造产业链碳排放分析和产品碳排放评价与关联。这是一个政府主导,多方参与并共同管理的碳交易系统:政府相关部门负责实施碳交易政策并分配碳配额;政府授权的专业第三方机构负责监测、验证、核查企业的碳排放,并为企业提供个性化减排咨询;相关服装制造企业作为碳交易的主体,应按规定报告碳排放,并通过区块链买卖碳配额完成履约,消费者也可通过回收二手衣服,产生减排量并在区块链上进行碳交易。该研究初步将区块链技术应用在非电力领域的碳交易当中,拓展了参与主体的类型,然而对该系统中不同参与主体的具体行为并未作深入分析,碳交易对该行业的影响存在不确定性。

已有研究为建立基于区块链的碳交易系统提供了一定的理论基础,然而根据笔者掌握的文献资料,目前还尚未发现有研究将区块链应用于道路交通碳交易。由于道路交通碳交易涉及到上游燃料供应商、中游汽车制造商、下游汽车使用者等多类异质主体以及大量移动排放源的监测和管理,其机制设计更加复杂多样,使得道路交通碳交易系统难以实施。而多中心、自动化、可信任的区块链技术可完整地追踪并记录道路交通的碳排放,能以较低成本实现点对点碳交易,将道路交通上、中、下游多类主体完整地纳入碳交易系统变为可能。

7.4 基于区块链的道路交通碳交易系统设计

7.4.1 业务逻辑分析

区块链应用的业务逻辑是指分布式账本中各元素之间的结构和关系，一般包括：参与者（Participant）、资产（Asset）和交易（Transaction）。根据上述多主体协同的道路交通碳交易的制度设计，该系统涉及多类责任主体、作用客体及其相互关系，分别与参与者、资产和交易一一对应。因此，本书设计的基于区块链的道路交通碳交易系统业务逻辑如图 7-9 所示。图中的连线连接了参与者与其所拥有的资产，不同线型的连线分别代表不同类型的交易，共有 4 类参与者、4 类资产以及 6 类交易。

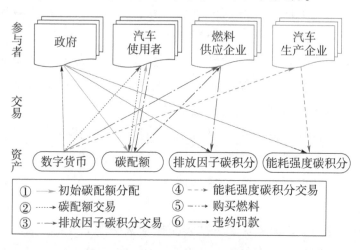

图 7-9　业务逻辑关系图

（1）①型连线代表的交易类型是初始碳配额分配，参与者是政府和汽车使用者。在碳交易实施周期的第一天，政府将碳配额免费发放到汽车使用者账户中。

（2）②型连线代表的交易类型是碳配额交易，参与者是汽车使用者。在交易周期内，所有汽车使用者根据各自的碳排放情况，决定成为碳配额的买家或卖家，卖家将剩余的碳配额出售给买家，获得相应的数字货币，完成一次碳交易。

（3）③型连线代表的交易类型是排放因子碳积分交易，参与者是燃料供应企业。在履约周期结束后，所有燃料供应企业对各自的燃料排放因子碳积分进行核算，负积分的企业需要向正积分的企业购买碳积分进行抵偿，并支付数字货币。

（4）④型连线代表的交易类型是能耗强度碳积分交易，参与者是汽车生产企业。在履约周期结束后，所有燃汽车生产企业对各自的汽车能耗强度碳积分进行核算，负积分的企业需要向正积分的企业购买碳积分进行抵偿，并支付数字货币。

（5）⑤型连线代表的交易类型是购买燃料，参与者是汽车使用者和燃料供应企业。在履约周期内，每当汽车使用者通过燃料供应企业购买汽车燃料时，都需要向燃料供应企业支付相应排放数量的碳配额，以反映碳配额的消耗。

（6）⑥型连线代表的交易类型是违约罚款，参与者是政府、燃料供应企业和汽车生产企业。在碳积分交易周期结束后，如果负积分的企业仍然未完成抵偿，则需要向政府缴纳规定数额的数字货币作为罚款，并由政府发放正积分完成最终抵偿。

可见，上述各类交易都只允许指定类型的参与者加入，且所有参与者均需要获得许可，属于典型的联盟链。基于 Fabric 的多通道特性，可以针对不同类型的交易，创建不同的通道。每一位参与者作为一个对等节点（Peer），可以根据访问控制策略订阅一个或多个通道，这些 Peer 只接受订阅通道上的区块数据。通道与通道之间数据相互隔离和保密，通道外的成员无法访问通道内数据。例如汽车使用者参与了 3 类交易：初始碳配额分配、碳配额交易、燃料购买，因此可以访问 3 个通道的数据；而汽车生产企业未参与碳配额交易，因此无法与汽车使用者进行跨通道交易。

7.4.2 功能需求分析

根据上述业务逻辑分析，系统主要分为 4 类用户，分别是政府、汽车使用者、燃料供应企业和汽车生产企业。因此，下文针对各类用户不同业务需求，分析系统所需要设计的功能，可总结如表 7-4 所示。

用户功能需求表　　　　　　　　　　　　表 7-4

用户类型	功能需求	功能描述
政府	身份管理	为责任主体提供注册登记和许可授权服务
	初始碳配额分配	向获得许可的汽车使用者发放免费的初始碳配额
	行业基准发布	向所有节点广播行业基准
	履约考核	查询所有用户的碳配额、碳积分余额
	违约罚款	向违约的企业收取罚款，并发放正积分用于抵偿
汽车使用者	碳配额交易	在交易规则下公开竞价，买卖碳配额
	购买燃料	向燃料供应企业支付碳配额
	账户管理	查询自己账户的碳配额、数字货币余额，向账户充值数字货币
燃料供应企业	碳积分核算	向政府报告燃料排放因子及销量等数据，计算排放因子碳积分
	碳积分交易	在交易规则下协商转让排放因子碳积分
	账户管理	查询自己账户的碳积分、数字货币余额
汽车生产企业	碳积分核算	向政府报告汽车能耗强度及销量等数据，计算能耗强度碳积分
	碳积分交易	在交易规则下协商转让能耗强度碳积分
	账户管理	查询自己账户的碳积分、数字货币余额

1) 政府

①身份管理：政府相关部门作为道路交通碳交易的监管者，首先需要为机制覆盖范围内的汽车使用者、燃料供应企业、汽车生产企业提供链上注册登记服务，并授权其可以参与的区块链交易。用户申请注册和登记时，需要提供个人信息进行验证，验证通过后系统将生成一对公私钥对和相应的区块链地址，作为该用户在区块链上的唯一身份密钥，并为其分配对应通道的许可证。

②初始碳配额分配与行业基准发布：在碳交易机制履约开始前，政府需要向完成注册登记的汽车使用者发放免费的初始碳配额（分配方法见 3.2），并向区块链所有节点发布行业基准排放因子和行业基准能耗强度（设定方法见 3.3），用于履约考核。

③履约考核：为了进行履约考核，政府有权限查询区块链上所有已经注册登记的汽车使用者的碳配额余额和企业的碳积分余额，在履约结束后，评估责任主体是否达到履约条件。

④违约罚款：对于考核不合格的企业，例如碳积分交易期结束后仍有负积分的燃料供应企业和汽车生产企业，政府需要强制从其账户里收取一定数额的数字货币作为罚款，然后向其发放一定数量的正积分，使负积分归零，以便开展下一年度的考核。

2）汽车使用者

①碳配额交易：汽车使用者拥有对其初始碳配额的支配权，根据自身的需求决定在碳交易市场购买或者出售碳配额。在每个碳配额交易日，汽车使用者可以在交易系统上提交报价和数量，由系统自动进行集合竞价和连续竞价，产生成交单价，并自动完成交易，即：卖家账户上碳配额自动减少报卖的数量，数字货币按成交单价自动增加相应数额；买家账户上碳配额自动增加报买的数量，数字货币按成交单价自动减少相应数额。

②购买燃料：汽车使用者在购买燃料时，除了需要用数字货币支付燃料费用，还需要支付相应数量的碳配额。加油站的智能计费器会根据所购买的燃料数量和该燃料的排放因子，自动计算出所需要支付的费用和碳配额数量。只有当汽车使用者通过区块链向燃料供应企业支付足够的数字货币和碳配额，才能完成燃料的购买。

③账户管理：汽车使用者只有权限访问自己的账户，并查看自己所拥有的数字货币和碳配额余额。根据用户需要，可通过指定交易机构往账户里充值数字货币或者提现，法定货币和数字货币的默认汇率为1:1。

3）燃料供应企业

①碳积分核算：根据碳交易机制的报告制度，在履约期末，燃料供应企业有义务向政府报告其燃料排放因子和销量等相关数据。系统将根据企业报告的数据自动核算企业的排放因子碳积分（详见3.4.2），并将其发放至企业的账户中。

②碳积分交易：在碳积分交易期内，燃料供应企业根据排放因子碳积分的正负情况，决定出售或者购买碳积分。根据交易规则，碳积分交易价格和数量由企业协商决定，并在区块链上完成自动交割。

③账户管理：燃料供应企业只有权限访问自己账户，并查看自己所拥有的数字货币余额和排放因子碳积分数量。根据用户需要，可通过指定交易机构往账户里充值数字货币或者提现，法定货币和数字货币的默认汇率为1:1。

4）汽车生产企业

①碳积分核算：根据碳交易机制的报告制度，在履约期末，汽车生产企业有义务向政府报告其汽车能耗强度和销量等相关数据。系统将根据企业报告的数据自动核算企业的能耗强度碳积分（详见3.4.2），并将其发放至企业的账户中。

②碳积分交易：在碳积分交易期内，燃料供应企业根据能耗强度碳积分的正负情况，决定出售或者购买碳积分。根据交易规则，碳积分交易价格和数量由企业协商决定，并在区块链上完成自动交割。

③账户管理：汽车生产企业只有权限访问自己的账户，并查看自己所拥有的数字货币余额和能耗强度碳积分数量。根据用户需要，可通过指定交易机构往账户里充值数字货币或者提现，法定货币和数字货币的默认汇率为1:1。

7.4.3 系统架构设计

根据上述业务逻辑和功能分析，基于区块链的道路交通碳交易系统总体上可以分为5层：应用层、业务层、合约层、区块链层以与环境层，见图7-10。

1）应用层

应用层主要为不同类型的用户（政府、汽车使用者、燃料供应企业、汽车生产企业）提供客户端和相应的业务功能。通过Fabric提供的软件开发工具包（Software Development Kit，SDK）可以开发Web网页或者手机App等不同形式的用户操作界面。政府管理员使用系统管理员分配的密钥可以登录政府客户端，其他用户可以使用在政府相关部门注册登记并授权的密钥登录相应的客户端，进行各自业务层面的操作。

2）业务层

业务层主要由系统的各功能模块组成，每个功能模块由都是一个独立运行的子系统，并面向不同客户端提供定制化的调用接口，以满足不同的业务需求。政府客户端可以调用的功能模块包括身份管理、碳配额分配、履约考核以及违约罚款；汽车使用者客户端可以调用的功能模块包括碳配额交易、购买燃料和账户管理；燃料供应企业和汽车生产企业可以调用的功能模块相同，包括账户管理、碳积分核算以及碳积分交易。

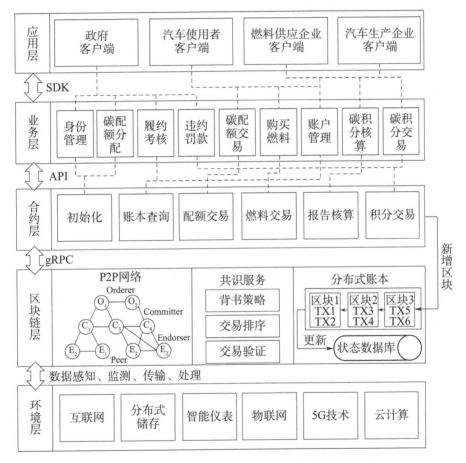

图 7-10　基于区块链的道路交通碳交易系统分层架构

3）合约层

合约层负责管理和部署智能合约，通过 Fabric 链码实现业务层面的功能。Fabric 链码是访问分布式账本的基本方法，一般是用 Go 等高级语言编写的、实现规定业务功能的代码。上层应用可以通过 API 调用链码来发起交易，并加入新的区块。只要有适当的权限，链码之间也可以互相调用。

开发人员可以自定义链码中的函数,因此一个智能合约可以实现一个或多个功能。例如:初始化合约负责实现身份管理和碳配额分配,账本查询合约负责实现履约考核、账户管理等功能;配额交易合约负责实现碳配额交易功能;燃料交易合约负责实现购买燃料功能;积分核算合约负责实现碳积分核算功能;积分交易合约负责实现碳积分交易与违约罚款功能。各智能合约的设计及运行流程详见7.4.4。

4)区块链层

区块链层主要提供区块链相关服务,由 Fabric 平台提供技术支持,主要包括 P2P 网络、共识服务和分布式账本三大技术。P2P 网络是区块链网络中节点的通信方式,负责保证 Fabric 中各节点间的通信与交互。共识服务用于在 P2P 网络中使各节点始终保持相同的状态,包括背书、排序和验证3个环节。分布式账本负责区块链系统中所有数据的存储,比如交易信息、世界状态等。当区块链层接收到应用层的交易请求,通过 gRPC 接口调用智能合约,如果预设条件满足则自动执行交易,并将交易打包成数据区块,经过共识后写入分布式账本。

5)环境层

环境层是保证基于区块链的道路交通碳交易系统运行的基础设施和资源设备等,用于链下数据的感知、监测、传输和处理等。例如,互联网环境保证 P2P 网络的构建,分布式储存保证海量数据的安全保存,智能仪表用于监测燃料数量和汽车行驶里程等参数,物联网和 5G 技术可以保证监测数据的实时上传,云计算对上传数据进行快速分析。

7.4.4 智能合约设计

智能合约是基于区块链的道路交通碳交易系统最核心的部分之一,通过部署在节点上的 Fabric 链码可以实现对分布式账本和交易实体的交互与操作,同时通过调用链码接口实现各种业务逻辑。在 Fabric v1.0 版本中,链码的接口主要包含两个方法:Init( )方法和 Invoke( )方法。Init( )方法一般在首次部署合约代码时使用,负责执行状态的初始化操作;Invoke( )方法则在调用合约代码时使用,主要负责执行实际交易操作。

智能合约的设计一般可分为两种方案:第一种方案采用面向对象的思

想，对于每一类参与者都对应设计一个智能合约，即针对政府、汽车使用者、燃料供应企业和汽车生产企业分别设计独立的合约，合约之间没有交互；另一种方案是针对不同的业务功能设计智能合约，不同的参与者表现为合约中的结构体，并且均可以调用合约，交互更加容易[171]。本书采用第二种方案，根据上述业务逻辑和功能需求设计了以下6个智能合约。

1）初始化合约

初始化合约主要实现身份管理、初始碳配额分配和行业基准发布的功能需求，由政府在履约期开始前，通过政府客户端发出调用请求，触发智能合约自动执行，其执行流程见图7-11。

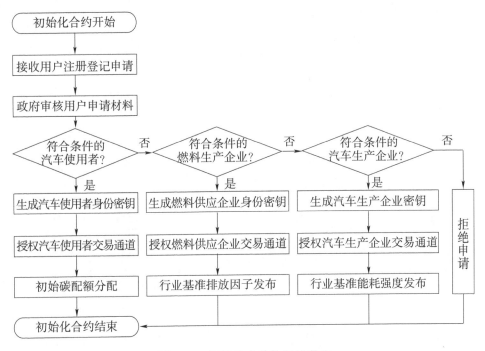

图7-11 初始化合约执行流程图

首先，在履约期开始前，各类责任主体需要向政府申请注册登记，并提交相关证明材料，例如汽车使用者需要提交其名下拥有的汽车类型、数量，燃料供应企业需要提交其历史的燃料供应量，汽车生产企业需要提交其历史的汽车销量。政府收到注册登记申请后，根据道路交通碳交易机制覆盖行业的规定（详见3.2.1），审核申请者的条件资格，启动初始化合约：分别针对汽车使用者、燃料供应企业和汽车生产企业3种不同类型的用户,如果其符合申请条件,则生成对应用户类型的身份密钥(即公私钥对和区块链地址)发送给该用户,并授权该类型用户可访问的交易通道;对于汽车使用者,根据碳排放总量设定和初始碳配额分配制度(详见3.2),将相应数量的初始碳配额发放到对应的账户地址;对于燃料供应企业和汽车生产企业,则根据行业基准设定规则(详见3.3),向全网发布对应的行业基准;如果不符合申请条件,则拒绝申请,不分配账户地址。

2)账本查询合约

账本查询合约主要实现履约考核以及用户账户管理的功能需求,在查询账户信息时,分别由政府和各类用户通过其各自的客户端发出调用请求,触发智能合约自动执行,其执行流程见图7-12。

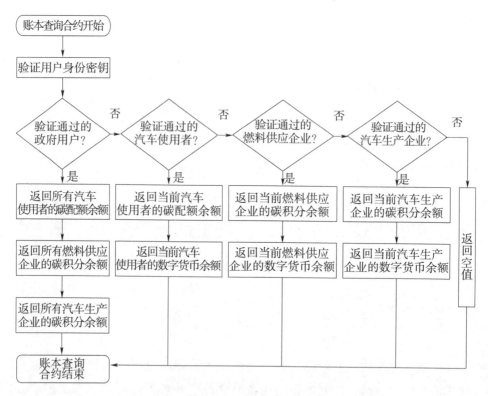

图7-12 账本查询合约执行流程

首先,智能合约需要验证客户端用户的身份密钥(即合约函数的输入参数),根据不同类型用户的请求,执行不同的操作:如果是验证通过的政府管理员,则返回所有汽车使用者的碳配余额,所有燃料供应企业和汽车生产企业的碳积余额,作为政府判断企业履约与否的标准;如果是验证通过的汽车使用者,则返回当前汽车使用者的碳配额余额和数字货币余额;如果是验证通过的燃料供应企业和汽车生产企业,则返回当前企业的碳积分余额和数字货币余额;如果未通过身份验证,则返回空值。

3)配额交易合约

配额交易合约主要实现汽车使用者之间通过碳配额交易以达到减排成本最优的功能需求,由汽车使用者在碳配额交易期内,通过其客户端发出调用请求,触发智能合约自动执行,其执行流程见图7-13。

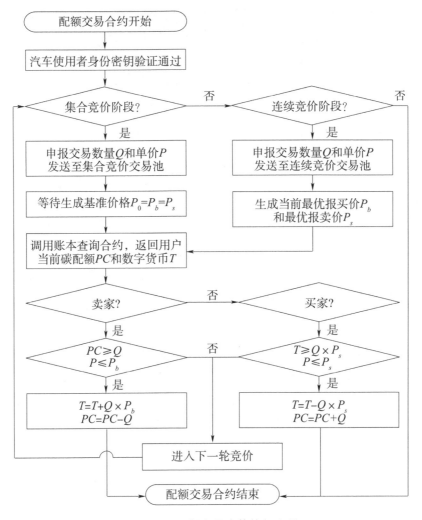

图 7-13 配额交易合约执行流程

首先，汽车使用者使用身份密钥登录其客户端账户，并根据不同交易阶段执行不同操作：如果当前时间属于集合竞价阶段（根据上文规定为每个交易日的9：15至9：25），用户通过客户端申报交易数量 Q 和单价并发送至集合竞价交易池，智能合约将按照集合竞价规则（详见3.5.2）生成基准价格 P_0，作为统一成交价格；如果当前时间属于连续竞价阶段（根据上文规定为交易日的9：30至11：30、13：00至15：00），用户通过客户端申报交易数量 Q 和单价 P 并发送至连续竞价交易池，智能合约将自动生成当前交易池的最优报买价 P_b 和最优报卖价 P_s。然后下一步调用账本查询合约，返回用户当前碳配额 PC 和数字货币 T，并分卖家和买家分别执行对应的操作。如果是卖家，则判断其当前碳配额 PC 是否大于或等于申报交易数量 Q，且报卖价格小于或等于基准价格 P_0 或最优买价（P_b）；如果是买家，则判断其当前数字货币余额 T 是否能够购买其所申报数量的碳配额，且报买价格大于或等于基准价格 P_0 或最优买价（P_s）。若以上判断结果为"是"，则碳交易执行成功，同时更新买家卖家的碳配余额和数字货币余额；若以上判断结果为"否"，则碳交易执行失败，继续进入下一轮竞价，此时用户可以选择调整申报价格和数量或选择等待新的申报加入交易池以完成匹配，直至交易期结束为止。

4）燃料交易合约

燃料交易合约主要实现汽车使用者购买燃料并消耗碳配额的功能需求，由汽车使用者在燃料供应企业的网点（加油站、加气站等）补给燃料时，通过其客户端发出调用请求，触发智能合约自动执行，其执行流程见图7-14。

首先，汽车使用者使用身份密钥登录其客户端账户，并调用账本查询合约，返回用户剩余碳配额 PC 和数字货币 T。其次，用户输入需要购买的燃料数量，此时燃料供应企业的智能仪表将根据其费率和燃料排放因子，自动计算出待支付费用 P 和碳配额 Q，并通过物联网同步发送账单至燃料交易合约中。如果用户数字货币 T 大于或等于待支付费用 P，且碳配额余额 PC 大于或等于待支付的碳配额 Q，则燃料购买成功，并更新碳配额和数字货币余额；否则燃料购买失败，提示用户重新输入燃料购买数量或终止交易。

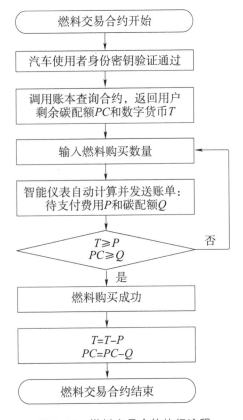

图 7-14　燃料交易合约执行流程

5）积分核算合约

积分核算合约主要实现燃料供应企业和汽车生产企业核算并自动生成实际碳积分的功能需求，由企业在履约期结束后通过客户端发出调用请求，触发智能合约自动执行，其执行流程见图 7-15。

首先，燃料供应企业或者汽车生产企业使用身份密钥登录其客户端账户，验证通过的燃料供应企业需要如实报告其燃料排放因子和销量等数据，验证通过的汽车生产企业需要如实报告其能耗强度和销量等数据。其次，智能合约根据碳积分核算方法（详见 3.4.2），自动计算实际碳积分 CC。如果碳积分 CC 大于等于 0，则系统向企业账户地址一次性发放相应数量的正积分，否则发放负积分。

6）积分交易合约

积分交易合约主体对象是燃料供应企业和汽车生产企业，两者之间通过碳积分交易以达到各自减排成本最优的功能需求以及政府对违约企业执行强制罚款的功能需求，分别由企业在碳积分交易期内以及政府在碳积分交易期结束后，通过客户端发出调用请求，触发智能合约自动执行，其执行流程见图7-16。

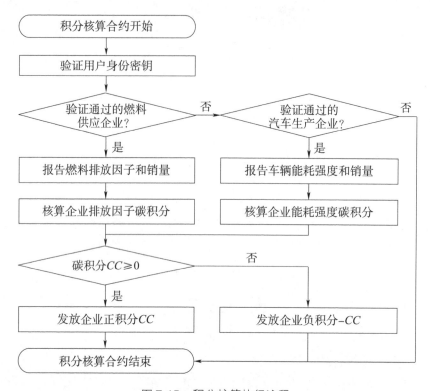

图 7-15 积分核算执行流程

在碳积分交易期内，验证通过的燃料供应企业或汽车生产企业，通过线下交易撮合平台协商交易积分数量 Q 和单价 P_0。当达成一致后，用户需要通过区块链数字签名确认，并调用账本查询合约，返回用户当前碳积分 CC 和数字货币 T。对于卖家，如果碳积分余额 CC 大于或等于协商交易积分数量，则交易成功并更新碳积分和数字货币余额；对于买家，如果数字货币余额 T 大于或等于协商交易积分数量与协商价格的乘积，则交易成功并更新碳积分和数字货币余额。

在碳积分交易结束后，验证通过的政府管理员将基于积分市场价格，发布积分罚款价格 P_f，并调用账本查询合约，返回每个企业当前的碳积分。对于碳积分 CC 小于 0 的违约企业，自动执行罚款交易，从违约企业账户强制扣除数字货币 $-CC \times P_f$ 作为罚款，并将负积分归零。

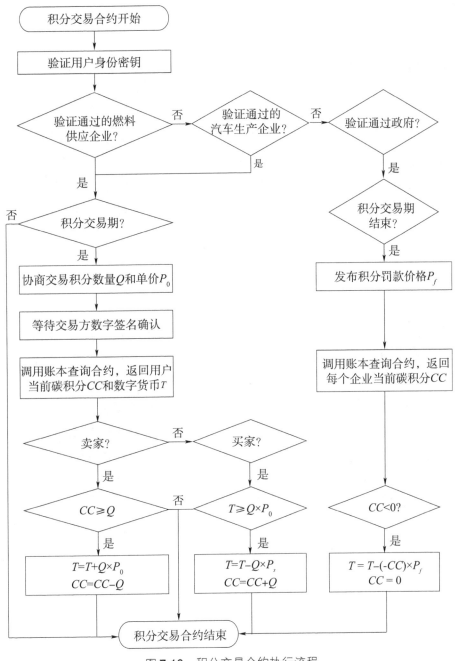

图 7-16　积分交易合约执行流程

7.5 基于 Fabric 的道路交通碳交易系统原型开发

7.5.1 开发工具简介

Hyperledger Composer 是一种支持超级账本 Fabric 的开发工具集,目的是为了尽可能地简化和加速超级账本区块链的开发与应用,通过抽象出接口使开发人员无需编写链码就可以快速创建区块链应用网络[172]。Hyperledger Composer 包含以下这些组件[173]:

①网络模型文件(.cto):定义业务网络中所包含资产、参与者和交易的类型和关系;

②交易逻辑文件(.js):定义交易的业务逻辑;

③访问控制文件(.acl):定义业务网络中不同参与者的权限和访问控制规则。例如,定义参与者可以控制的资产;

④查询文件(.qry):定义可以在网络中运行的所有查询。

Hyperledger Composer 的工作原理见图 7-17。开发人员通过 Hyperledger Composer 创建出网络模型文件(.cto)、业务逻辑文件(.js)、访问控制文件(.acl)和查询文件(.qry),然后打包生成一个商业网络文件(.bna),并将其部署到现有 Hyperledger Fabric 网络上。此商业网络文件(.bna)包含可执行的交易处理器函数,可将其视为使用 Java Script 编写的智能合约。客户端应用可通过调用 Hyperledger Composer API 以访问区块链网络,并实现其业务功能。

7.5.2 系统开发与部署

1) 开发工具安装

Hyperledger Composer 和 Hyperledger Fabric 必须安装在基于 Unix 的操作系统上,且必须满足以下先决条件:

操作系统:Ubuntu Linux14.04/16.04LTS(均为 64 位)或 Mac OS10.12。

Docker Engine：版本 17.03 或更高。

Docker-Compose：版本 1.8 或更高版本。

Node：8.9 或更高(注意版本 9 不支持)。

npm：v5.x。

git：2.9.x 或更高版本。

Python：2.7.x。

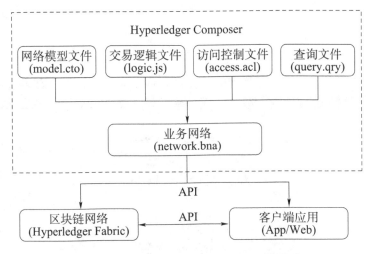

图 7-17　Hyperledger Composer 工作原理

在满足上述条件的情况下，本书分别采用了 composer-cli、composer-rest-server、generator-hyperledger-composer、Yeoman 和 composer-playground 集成开发工具，各个工具的功能见表 7-5。

集成开发工具　　　　　　　　　　　　　　表 7-5

工具	功能
composer-cli	包含所有的核心操作命令行工具
composer-rest-server	作为 REST 服务器提供访问业务网络的接口
generator-hyperledger-composer	生成业务网络中的资产
Yeoman	生成应用界面
composer-playground	提供查看和演示业务网络的用户界面
fabric runtime	本地运行的 Fabric 区块链网络

安装完上述工具后,便可以启动一个本地的 Fabric 网络,并通过 Composer 对业务网络进行定义与发布。

2) 部署网络模型

根据 7.4.1 介绍的业务逻辑关系,在 Composer 的模型文件中使用 CTO 建模语言分别定义了政府、汽车使用者、燃料供应企业、汽车生产企业四类参与者,以及数字货币、碳配额、排放因子碳积分、能耗强度碳积分四类资产,并且定义了碳配额交易、排放因子碳积分交易、能耗强度碳积分交易、燃料交易四种交易类型(另外两类交易通过初始化合约和查询文件定义)。建模代码如图 7-18 中 Model File 所示。

图 7-18　网络模型文件定义

每类参与者包含的属性有:识别编号(ID)、名称、所拥有的资产类型等;每类资产包含的属性有:识别编号(ID)、资产数额、单位、资产拥有者 ID、资产拥有者类型等;每类交易包含所涉及的资产和参与者以及外部输入参数(例如报价和交易数量)。

3) 添加交易逻辑

根据 7.4.4 介绍的智能合约执行流程,在 Composer 的模型文件中使用 JavaScript 语言分别为碳配额交易、排放因子碳积分交易和能耗强度碳积分交易四类交易添加逻辑函数,可自动编译为 Fabric 的链码(如图 7-19 中 Scrip File 所示)。

4) 设置访问控制权限

根据 7.4.2 介绍的功能需求分析,在 Composer 的访问控制文件中使用

ACL 语言分别为政府、汽车使用者、燃料供应企业、汽车生产企业四类参与者设置不同的访问交易通道和控制资产的权限，包括创建、读取、修改等操作（如图 7-20 中 ACF File 中所示）。

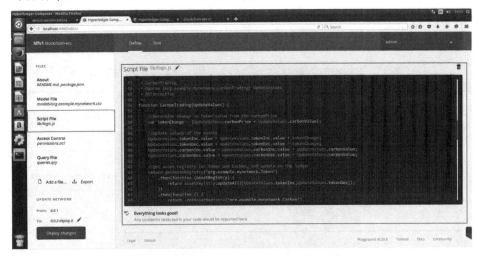

图 7-19　交易逻辑文件定义

图 7-20　访问控制文件定义

其中，政府（管理员）拥有最高权限，可以根据需要创建资产和参与者，并且读取所有参与者和资产的信息。而其他参与者只能通过调用智能合约读取和修改自己所拥有的资产，并且只能参与规定类型的交易。例如，汽车使用者只能参与碳配额交易，而不能参与碳积分交易。

5) 定义查询文件

根据 7.4.4 中账本查询合约的条件,在 Composer 的查询文件中使用 QRY 语言定义不同类型参与者查询不同类型资产的函数(智能合约)。查询函数的返回结果受访问控制文件的条件限制,只返回可访问数据范围内的结果(如图 7-21 中 Query File 所示)。

图 7-21 查询文件定义

6) 生成业务网络

通过 composer-cli 工具将上述文件打包成业务网络文件(.bna),并发布到已启动的本地 Fabric 网络,将在各个对等节点自动形成业务网络,生成网络中定义的参与者和资产类型,并进一步实例化链码,生成网络可执行的交易类型(图 7-22)。

在该业务网络中,Government、VehicleUser、FuelProducer、VehicleManufactuer 分别代表网络定义的四类参与者:政府、汽车使用者、燃料供应企业和汽车生产企业。Carbon、ECredit、FCredit、Token 分别代表网络定义的四类资产:碳配额、排放因子碳积分、能耗强度积分和数字货币。网络最初发布时只是定义了参与者、资产和交易的类型,并未创建任何参与者和资产实体,需要管理员通过调用初始化合约进行创建。

7) 提供服务接口

通过 composer-rest-server 工具,启动 REST 服务器,为外部应用提供访问业务网络中资产和参与者的接口，共包括 GET、POST、HEAD、PUT、DELETE 五类 REST API(如图 7-23 所示)。

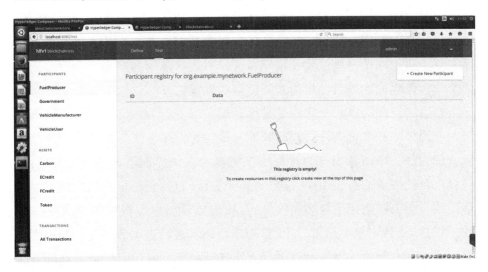

图 7-22　业务网络发布

图 7-23　服务接口发布

7.5.3　系统原型设计

基于 Angular JS 网页开发框架和 REST API 服务，本书设计了基于区块链的道路交通碳交易系统原型(Demo v1.0)，并面向不同类型的用户开发了不同的客户端,来实现上述各种业务功能。

1)政府客户端

政府客服端的用户为政府相关职能部门(如交通管理部门)的管理员,主要包含身份管理、初始碳配额分配、行业基准发布、履约考核等监管功能。登录指定网址,通过验证账户和密码可进入政府客户端界面,界面顶部是功能菜单栏,最右上角为系统信箱和设置栏。

政府客户端的第一个功能是身份管理,可分别为汽车使用者、汽车生产企业提供注册登记和许可授权服务,其功能界面见图 7-24。以汽车使用者管理为例,申请者提交的授权请求将显示在该界面下方的动态表格中,包含汽车使用者的身份 ID、名称、审核信息(包括身份证号码、地址、征信记录、历史履约记录等必须信息)。政府管理员可以根据申请者身份 ID 和授权状态(待审核、通过、拒绝)对申请请求进行查询和筛选,并根据道路交通碳交易的相关制度对申请者资质进行审核。通过表格最右侧的管理操作栏进行授权,对于符合要求的申请者将给予通过,并发放许可证和身份密钥,以授权其访问相应的碳交易通道。

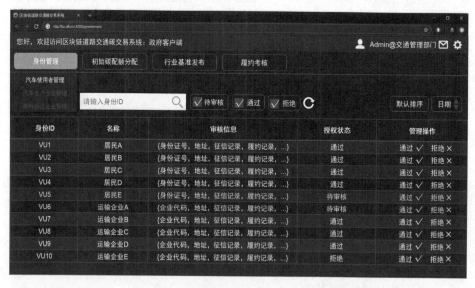

图 7-24 政府客户端身份管理功能界面

政府客户端的第二个功能是初始碳配额分配,可根据预设的分配规则为符合要求的汽车使用者发放初始碳配额,其功能界面见图 7-25。政

第 7 章
基于区块链的道路交通碳交易系统构建

府管理员点击界面右上角的"一键分配"按钮可以自动读取系统中已登记的汽车使用者汽车拥有情况,并将触发区块链"初始化合约"对其初始碳配额进行自动计算和分配,分配结果将显示在界面下方的表格里。政府管理员还可以通过身份 ID 或碳配额 ID 对结果进行搜索,并根据汽车拥有情况的变化(例如新增汽车或旧车报废)对分配结果进行编辑或更新操作。

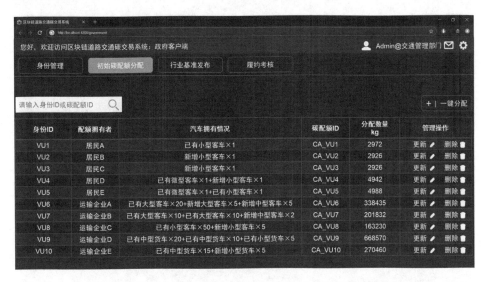

图 7-25 政府客户端初始碳配额分配功能界面

政府客户端的第三个功能是行业基准发布,可分别向所有汽车生产企业和燃料供应企业公示并发布能耗强度行业基准和排放因子行业基准。如图 7-26 展示的是能耗强度行业基准发布的功能界面,界面下方表格中是当前发布的不同车型的能耗强度行业基准和最大限值。政府管理员可以根据行业发展进度在右侧管理操作栏对该基准值进行修改更新,点击界面右上角"行业基准发布"按钮可向所有履约企业的系统信箱发送关于该行业基准的通知。

政府客户端的第四个功能是履约考核,可查看所有汽车使用者、汽车生产企业以及燃料供应企业的碳配额或碳积分剩余情况,并在履约期结束后对各主体的履约情况进行考核评估。图 7-27 展示的是对汽车生产企业的履约考核界面,下方表格展示的所有汽车生产企业的碳积分余额,政府管理员可以根据正负积分进行筛选和排序。对于在履约期结束后仍然存在负积分的企业，可以通过表格右侧管理操作栏对其进行违约罚款，并自动触发区块链"积分交易合约"，扣除企业相应数字货币用于抵偿负积分。

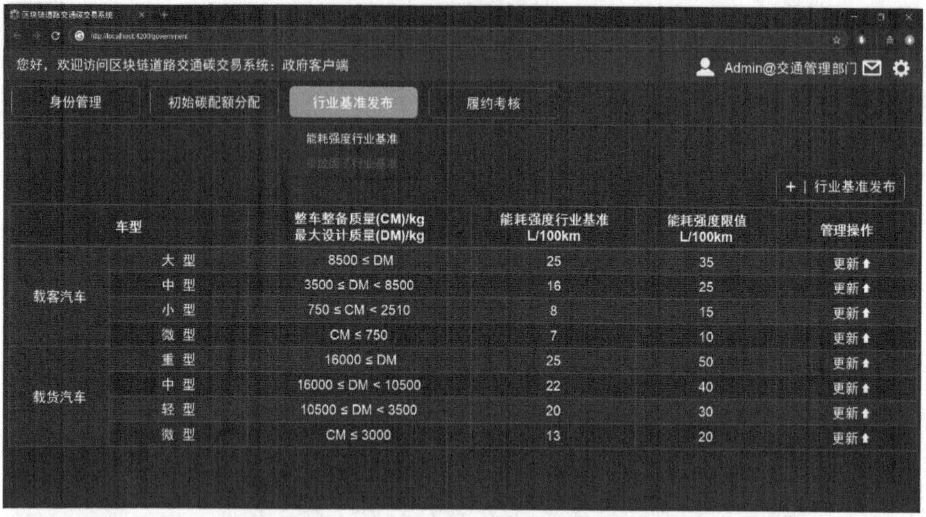

图 7-26　政府客户端行业基准发布功能界面

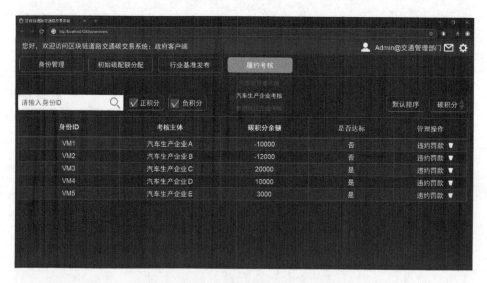

图 7-27　政府客户端履约考核功能界面

2) 汽车使用者客户端

汽车使用者客户端的用户为拥有汽车的居民和运输企业，主要包含碳配额交易、购买燃料、账户管理等功能。与政府客户端类似，汽车使用者客户端界面顶部是功能菜单栏，最右上角为系统信箱和设置栏。

汽车使用者客户端的第一个功能是碳配额交易，其中包括买入交易、卖出交易、交易撤单和订单查询等功能，其功能界面如图7-28所示。该界面左侧主页显示历史碳配额交易的行情，包括成交量和成交价（图中所示为测试数据），界面右上角显示当前时间和所处交易阶段。根据上文规定的碳配额交易规则，每个交易日的9：15至9：25为开盘集合竞价时间，9：30至11：30、13：00至15：00为连续竞价时间。如果当前时间处于集合竞价阶段，如图7-28a)，则界面最右侧将实时显示集合竞价的当前行情，主要包括当前时刻的买入最优（高）价、买入总量、卖出最优（低）价、卖出总量，以及按照当前申报实时计算出的预计最大成交量和预计成交价，最终成交量和最终成交价将在集合竞价的最后3min产生；如果当前时间处于连续竞价阶段，如图7-28b) 所示，则界面最右侧将实时显示连续竞价的当前行情，主要包括报卖、报买的最优5档价格和数量，以及上一次的最新成交价格、涨幅、涨停和跌停价格等，通过公开以上这些信息为用户提供报价参考。

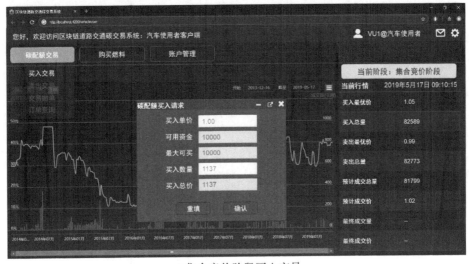

a) 集合竞价阶段买入交易

图 7-28

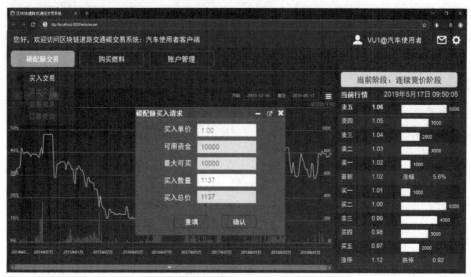

b) 连续竞价阶段买入交易

图 7-28　汽车使用者客户端碳配额交易功能界面

以买入交易为例，当用户发起交易请求时，界面将弹出交易对话框，需要输入买入单价和买入数量，可用资金、最大可买和买入总价由系统根据用户账户数据和输入数据自动生成。当用户点击确认按钮，将触发区块链"碳配额交易合约"，并根据上述条件自动完成交易，无需中间媒介进行背书和清算。在集合竞价阶段的前 5min，用户可以选择撤单，后 5min 将不允许撤单；在连续竞价阶段，未满足交易条件的请求将自动进入交易池等待匹配，用户随时可以撤单。已成交的订单可以通过订单查询进行查看和管理。

汽车使用者客户端的第二个功能是购买燃料，主要为汽车使用者向燃料供应企业支付碳配额提供通道，其功能界面见图 7-29。当汽车使用者在加油站加油时，智能仪表会自动生成一个交易订单编号，用户需要将该订单编号输入到汽车使用者客户端，系统自动获取加油站所属的燃料供应企业、燃料类型、燃料单价、购买数量、排放因子等参数，并自动计算所需要支付的金额和碳配额。当用户在客户端上点击确认后，将触发区块链"燃料交易合约"，自动完成碳配额和数字货币的转移，并释放加油站油枪开关。

第 7 章
基于区块链的道路交通碳交易系统构建

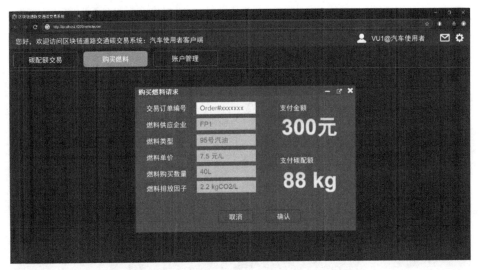

图 7-29　汽车使用者客户端购买燃料功能界面

汽车使用者客户端的第三个功能是账户管理，方便用户对其所拥有的碳配额和数字货币进行查看和管理。图 7-30a）和图 7-30b）分别展示了碳配额管理和数字货币管理的功能界面，界面右上角数值显示的是账户当前余额，左上角按键可以查询交易明细，并可按交易日期、交易类型、交易数额进行筛选和排序。对于数字货币，用户还可通过绑定银行卡进行充值和提现。

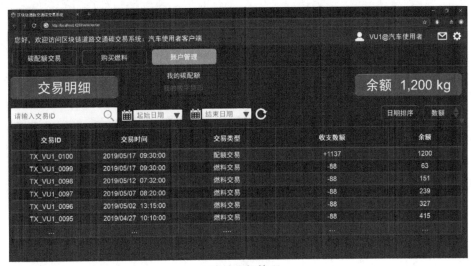

a) 我的配额管理

图　7-30

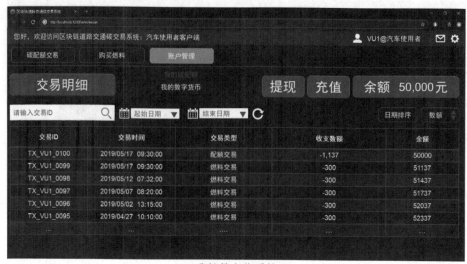

b) 我的数字货币管理

图 7-30 汽车使用者客户端账户管理功能界面

3) 汽车生产企业客户端

汽车生产企业客户端的用户为需要履约的汽车生产企业，主要包含能耗强度碳积分核算、碳积分交易和账户管理的功能。登录指定网址，通过验证汽车生产企业的账户和密码可进入汽车生产企业客户端界面，与政府客户端类似，界面顶部是功能菜单栏，右上角为系统信箱和设置栏。

汽车生产企业客户端的第一个功能是碳积分核算，用于企业在履约期结束后核算碳积分，其功能界面如图 7-31 所示。根据上文 3.6 所述的监测报告核查制度，汽车生产企业有义务对履约期间生产的各车型能耗强度和销量进行监测，并如实向政府报告相关数据。在承诺上报数据真实的情况下，汽车生产企业可以通过客户端输入各车型的标准工况能耗强度和销量，系统将自动计算其相应的碳积分。当用户确认计算的碳积分无误后可以点击提交按钮，将触发区块链"积分核算合约"，自动向该用户账户发放相应数额的碳积分。

汽车生产企业客户端的第二个功能是碳积分交易，与碳交易类似的是都包括买入交易、卖出交易、订单查询等操作，而不同的是碳积分的交易价格是通过询价协商达成，而不是通过竞价产生。因此客户端为用户提供了碳积分查询功能，图 7-32 显示了所有企业的碳积分情况，用户可以根据

第 7 章 基于区块链的道路交通碳交易系统构建

企业 ID 进行搜索,根据正负积分进行筛选,并根据碳积分数额对结果进行排序,以便于企业寻找交易对象。

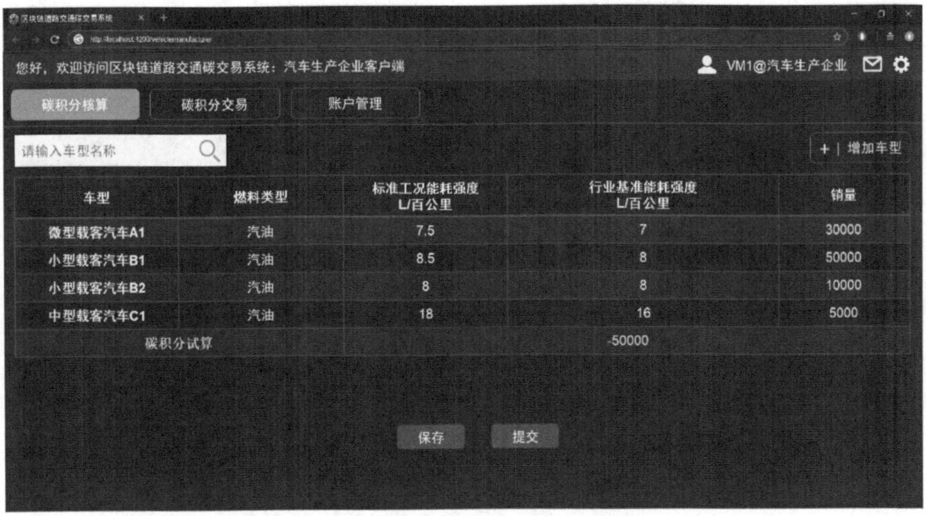

图 7-31 汽车生产企业客户端碳积分核算功能界面

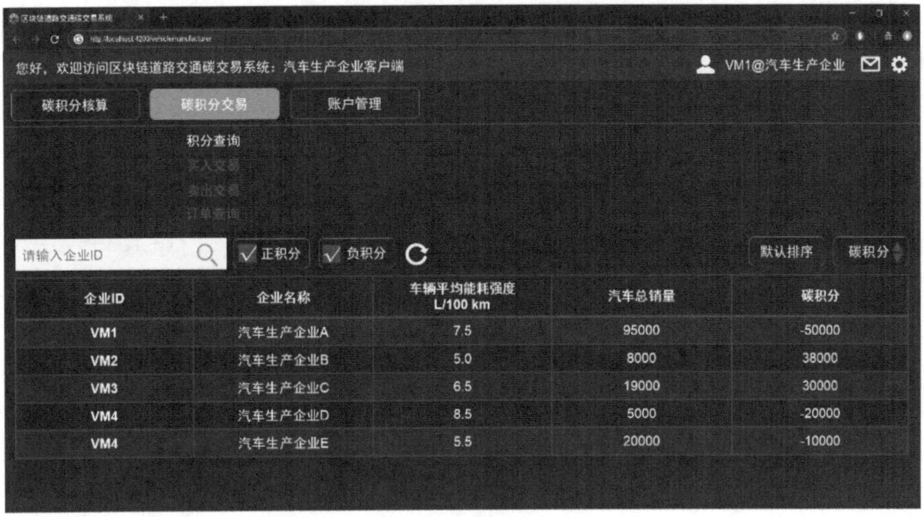

图 7-32 汽车生产企业碳积分查询功能界面

图 7-33 以买入碳积分交易为例,当用户发起交易请求时,界面将弹出交易对话框,需要用户输入卖家 ID、买入单价和买入数量,可用资金、最大可买和买入总价由系统根据用户账户数据和输入数据自动生成。当用户

233

点击确认按钮,将触发区块链"碳积分交易合约",并向交易对象发送交易请求,等待对方确认后便可自动完成交易。

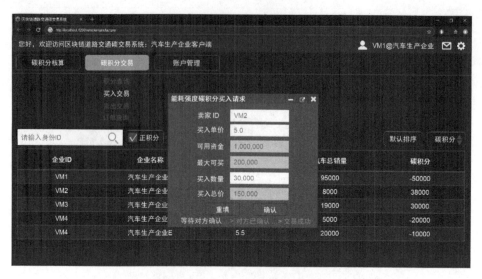

图 7-33 汽车生产企业客户端积分买入交易功能界面

汽车生产企业客户端的第三个功能是账户管理,方便企业对其所拥有的碳积分和数字货币进行查看和管理,其功能界面与汽车使用者客户端的账户管理相同,在此不再赘述。

4)燃料供应企业客户端

燃料供应企业客户端的主要用户是需要履约的燃料供应企业,主要实现排放因子碳积分核算、碳积分交易和账户管理的功能。由于其与汽车生产企业客户端功能完全相同,在此不再赘述。

第8章

结论与展望

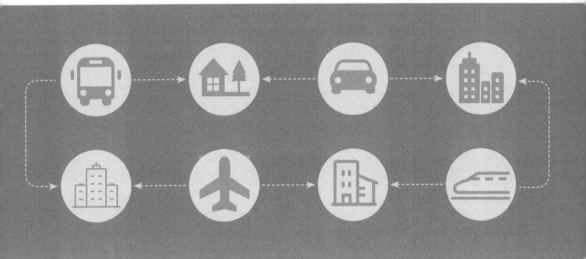

第8章 结论与展望

8.1 主要成果与结论

本书以减少道路交通碳排放和促进新能源汽车发展为目标,设计了多主体协同的道路交通碳交易机制,解析了各责任主体的行为机理,分析了道路交通碳交易不同政策参数对新能源汽车市场发展的影响,并评估了不同碳交易政策下中国道路交通的碳减排潜力,最后基于区块链构建了道路交通碳交易系统原型。主要成果和结论可总结为以下五个方面:

1) 多主体协同的道路交通碳交易机制设计

本书提出同时把上游燃料供应企业、中游汽车生产企业、下游汽车使用者作为碳交易的责任主体,设计了政府-企业-居民协同共治的道路交通碳交易机制,包括碳配额总量设定与分配制度、基准设定制度、履约与考核制度、市场交易制度以及监测报告核查制度。在道路交通碳排放总量目标约束下,政府面向汽车使用者分配初始碳配额,面向汽车生产企业设定行业基准能耗强度,面向燃料供应企业设定行业基准排放因子,规定所有汽车使用者的碳排放不能超过其配额、所有汽车生产企业和燃料供应企业的碳积分不能为负,但允许不同的主体通过碳交易完成履约,否则将受到惩罚,进而倒逼各责任主体主动履行减排义务,促进道路交通行业全面低碳化发展,提升道路交通碳排放治理能力。

2) 基于多智能体的道路交通碳交易作用机理模拟

本书构建了基于多智能体的道路交通碳交易仿真模型,通过对政府、汽车使用者、汽车生产企业和燃料供应企业等多类异质责任主体的决策行为建模与仿真,揭示了道路交通碳交易机制的微观作用机理。在政府对于碳配额和行业基准的调控下,燃料供应企业通过改变燃料成分来降低燃料排放因子;汽车生产企业通过提高车辆燃油经济性和新能源汽车比例来降低车辆能耗强度;汽车使用者通过降低交通需减少车公里求或者选择新能源新汽车。因此,道路交通碳交易通过影响上游、中游、下游各责任主体行为的协同演化,可以全面促进燃料排放因子、车辆能耗强度、交通活动需求3个道路交通碳排放驱动因素的协同优化,大幅提高道路交通领域减排效率。

3）引入碳交易的新能源汽车发展路径分析

本书基于系统动力学和多智能体仿真模型，分别从道路交通下游、中游、上游分析了道路交通碳交易的政策参数对新能源汽车发展的影响效应，主要有以下四点。

(1) 碳配额下降率和碳配额指导价主要影响汽车使用者对于新能源汽车的购买和使用；

(2) 能耗强度下降率和能耗强度碳积分底价主要影响汽车生产企业对于新能源汽车的生产与定价；

(3) 排放因子下降率和排放因子碳积分底价主要影响燃料供应企业对于传统燃油汽车燃料的生产与定价；

(4) 充电基础设施发展水平主要影响新能源汽车的使用成本。

基于上述影响效应，对9个不同碳交易情景下的中国新能源汽车市场发展进行了仿真预测：2030年、2040年、2050年中国的新能源汽车市场份额分别能够达到50%～85%、85%～95%和91%～98%，反映了引入道路交通碳交易机制可有效接力新能源汽车补贴的退坡，促进后补贴时代新能源汽车的快速发展。

4）碳交易机制下道路交通碳减排潜力评估

本书基于LEAP模型评估了不同碳交易情景下2020—2060年中国道路交通的碳减排潜力，并应用LMDI方法分析了各情景下道路交通碳减排的关键驱动因素及其贡献度。结果表明：与基准情景相比，碳交易情景下2020—2060年中国道路交通累计多减55.7322亿～223.0017亿t碳排放。其中，上游道路交通碳交易机制在中后期减排潜力较高，中游道路交通碳交易机制在前期减排潜力较高，下游道路交通碳交易机制在碳价水平越高时减排潜力越高，多主体协同的道路交通碳交易可以实现减排潜力的最大化，由此证明了本书提出的多主体协同的道路交通碳交易机制比已有碳交易机制更加有效。在多主体协同的道路交通碳交易机制作用下，车型结构、燃料结构、汽车能耗强度、年均行驶里程、燃料碳排放因子是驱动道路交通碳减排的主要因素，其中燃料结构和汽车能耗强度的变化对道路交通碳减排贡献最大。

5）基于区块链的道路交通碳交易系统构建

本书基于区块链平台和智能合约构建了面向多主体的道路交通碳交易系统，面向政府提供身份管理、碳配额分配、履约考核以及违约罚款等功能；面向汽车使用者提供账户管理、购买燃料和碳配额交易等功能；面向燃料供应企业和汽车生产企业提供账户管理、碳积分核算以及碳积分交易等功能，实现了政府、汽车使用者、汽车生产企业和燃料供应企业四类异质主体在区块链上的交互和协同。最后，使用超级账本 Fabric 区块链的集成开发工具 Composer，开发设计了基于区块链的道路交通碳交易系统原型，并对系统涉及的各种交易情景进行了测试，验证了其可行性，实现道路交通碳排放可追溯、可测量、可交易、不可篡改，进而降低移动排放源的管理难度和交易成本。

8.2 政策建议

碳中和是一场广泛而深刻的经济社会系统性变革，需要政府、企业、居民共同努力、协同发力，碳交易机制正是推动这一变革的重要工具。目前中国道路交通碳排放占比高且持续增长，是实现碳中和目标的关键治理领域。因此，根据上文关于道路交通碳交易的研究成果，本节提出促进中国道路交通碳减排及新能源汽车发展的政策建议，为国家有计划、高效率地实现碳中和目标提供参考。

1）建立政府-企业-居民协同共治的道路交通碳交易制度

建议将相互独立的上游、中游、下游三种道路交通碳交易机制进行融合设计，建立政府、燃料供应企业、汽车生产企业、汽车使用者（居民）等多主体协同共治的道路交通碳交易制度，既可以集合单一机制的优点，又可互相弥补各自的缺点，实现道路交通碳排放由政府单一主体治理到政府、企业、居民等多主体协同共治的转型升级。政府可以通过上游碳交易激励更多燃料供应企业生产低碳燃料，促进行业平均燃料排放因子逐年下降；通过中游碳交易激励更多汽车生产企业提高车辆燃油经济性，例如提升汽车轻量化、减少发动机摩擦、改善传动系统、降低车辆风阻系数，促进行业平均汽车能耗强度逐年下降；通过下游碳交易引导汽车使用者合理规划出行需求和交通方式，减少汽车年均行驶里程，同时提高道路交通上游、中游、下游的碳减排效率，加快实现道路交通碳中和目标。

2）引入碳交易机制替代新能源汽车财政补贴政策

建议引入道路交通碳交易机制替代新能源汽车财税扶持政策，从供给侧和需求侧两端发力，形成市场化激励与惩罚机制，既能有效解决汽车生产企业发展新能源汽车动力不足的问题，又能建立燃油汽车反哺新能汽车的长效机制，促进后补贴时代新能源汽车可持续、高质量发展。政府可以通过制定适当的排放因子下降率和排放因子碳积分底价，影响燃料供应企业对于传统燃油汽车燃料的定价，增加传统燃油汽车使用成本，促进更多消费者选择新能源汽车；通过制定适当的能耗强度下降率和能耗强度碳积分底价，影响汽车生产企业对于新能源汽车的生产与销售，驱动更多企业扩大新能源汽车的生产规模，提高新能源汽车技术性能，进一步降低新能源汽车售价；通过制定适当的碳配额下降率和碳配额指导价，尽可能地缩小新能源汽车与传统燃油汽车的综合成本差距，提高消费者购买新能源汽车的意愿。

3）制定差异化的传统燃油汽车退出计划

建议政府在道路交通碳交易机制实施进程中，制定差异化的传统燃油汽车退出时间表，可以适时出台分地区、分车型的传统燃油汽车禁售政策。这一政策可优先在一线城市或空气污染严重的城市试行。第一阶段可由政府主导公共营运性质的燃油汽车率先退出，如城市公交车、出租汽车及分时租赁、环卫、邮政、场地用车和城市轻型物流专用车、公务车等；第二阶段再推广至技术成熟度要求较高及市场主导的燃油汽车，如私家车；第三阶段待新能源汽车技术成熟且具有成本竞争力后，可大规模引导中、重型私人营运性燃油汽车退出。对于目前在用的存量传统燃油汽车，建议政府制定合理有效的引导政策，鼓励汽车使用者主动淘汰能耗强度较高的传统燃油汽车，更换新能源汽车，进一步提高新能源汽车的市场保有量。

4）加快新能源汽车充电基础设施建设

随着未来新能源汽车的快速发展，建议政府加大充电基础设施资金投入和政策扶持力度，围绕规划布局、标准规范、配套电力、设备质量、运营模式等多个方面，促进充电基础设施的规模化、规范化发展，使充电基础设施发展速度适当超前于新能源汽车发展速度。在全国范围内形成以用户居住地停车位、单位停车场、公交及出租汽车场站等配建的专用充电设施为主，以公共建筑物停车场、社会公共停车场、临时停车位等配建的公共充电设施为辅，以独立占地的城市快充站、换电站和高速公路服务区配建的城际快充站为补充的新能源汽车充电基础设施网络。

5) 搭建道路交通碳排放数字化管理平台

建议政府基于区块链、大数据、云计算、物联网、5G等前沿技术，搭建道路交通碳排放数字化管理平台，融合宏观、中观、微观多尺度交通活动水平数据，实现对海量移动排放源全过程、全终端、全生命周期的在线监测，确保企业、车辆、个人交通碳足迹可追溯、可计量、可分解、不可篡改，以支撑道路交通碳交易监测、报告、核查(MRV)制度。基于智能合约实现道路交通上游燃料供应企业、中游汽车生产企业、下游汽车使用者等不同责任主体之间自动化、去中心化、可信任的碳交易，为多主体协同的道路交通碳交易政策落地实施提供平台保障。

6) 健全完善道路交通碳交易法律体系

建议将道路交通纳入全国碳交易市场，加强顶层制度设计和相关立法工作，在全面系统梳理我国既有相关碳交易法律政策的基础上，同时科学借鉴国外成熟的碳交易法律政策，健全完善国家层面的道路交通碳交易法律体系，为道路交通碳交易市场运行提供法律依据和法律保障。明确道路交通上游燃料供应企业、中游汽车生产企业、下游汽车使用者等各类责任主体的权利和义务，从严制定有关违反碳交易法律的法律责任及相关监管机关的监管责任，加强碳交易市场监管，协同建立交易监管机制和风险管理机制，规范并强化碳交易信息披露制度，建立有效问责机制，加大对扰乱市场等违规行为的惩处力度。

8.3 未来展望

1) 更加精细化的道路交通碳交易机制设计

为了提高政策的可接受性，本书提出的道路交通碳交易在当前阶段采用基准线法,对符合条件的汽车使用者免费分配初始碳配额。随着碳交易机制逐渐发展成熟,后续需要探索采用固定价格出售或拍卖的形式进行有偿分配初始碳配额,以及更加灵活的碳交易制度,以提高公平性。本书建立的道路交通碳交易在当前阶段只覆盖汽车的终端碳排放,未考虑汽车生产、加工、运输、报废等阶段的碳排放,后续研究有必要对汽车的全生命周期温室气体排放进行核算,特别需要考虑电动汽车电池生产和回收过程中的碳排放。

2)更加全面的道路交通碳交易影响效应分析

本书提出的道路交通碳交易机制是一个帮助政府实现道路交通节能减排和促进新能源汽车发展的探索性政策,但尚未在任何国家或地区落地实行,该政策的实施效果还存在较大不确定性。因此,后续需要结合国家现行的道路交通节能减排和新能源汽车推广政策,进一步分析道路交通碳交易与不同政策组合的交互影响。此外,由于道路交通碳交易机制的复杂性,本书建立的仿真模型是基于很多假设条件与问题简化,在数据可获得和操作可行的情况下,后续需要逐渐放宽假设条件,进一步完善和验证仿真模型,以尽可能全面真实地模拟道路交通碳交易在现实世界中的影响效应。

3)面向未来交通行业新技术与新业态的升级拓展

本书讨论的新能源汽车发展暂且未考虑氢燃料电池汽车,随着未来储能技术的突破,氢燃料电池汽车也有望成为新能源汽车主流,并与纯电动汽车长期并存互补。此外,随着未来汽车共享、自动驾驶汽车、出行即服务等交通行业新业态的发展,汽车使用者的出行方式可能发生较大变化,消费者需求从获得汽车的所有权向使用权转移。因此,后续研究可以考虑未来交通行业新技术与新业态对燃料供应企业、汽车生产企业、汽车使用者等各类责任主体行为决策的影响,进而对已有模型进行升级拓展。

参 考 文 献

[1] National Audit Office. The UK Emissions Trading Scheme：A New Way to Combat Climate Change[R]. London：The Stationery Office，2004.

[2] European Commission. EU Emissions Trading System（EU ETS）[EB/OL]. [December 4th，2018]. https：//ec. europa. eu/clima/policies/ets_en.

[3] GANS W，HINTERMANN B. Market Effects of Voluntary Climate Action by Firms：Evidence from the Chicago Climate Exchange[J]. Environmental & resource economics，2013，55（2）：291-308.

[4] GLOVER L. Carbon Emissions Trading and Australia's Urban Transport [R]. Melbourne：Australasian Centre for the Governance and Management of Urban Transport，2009.

[5] LEE M，COLOPINTO K. Tokyo's Emissions Trading System：A Case Study [R]. Washington DC：Urban Development Unit，The World Bank，2010.

[6] 戴彦德.碳交易制度研究[M].北京：中国发展出版社,2013.

[7] 郑爽.国际碳市场发展及其对中国的影响[M].北京：中国经济出版社,2013.

[8] HOOD C. Reviewing Existing and Proposed Emissions Trading systems[R]. Paris：OECD/IEA,2010.

[9] HAN R，YU B，TANG B，et al. Carbon Emissions Quotas in the Chinese Road Transport Sector：A Carbon Trading Perspective[J]. Energy Policy，2017,106：298-309.

[10] 王善勇,李军,范进,等.个人碳交易视角下消费者能源消费与福利变化研究[J].系统工程理论与实践,2017,37（06）：1512-1524.

[11] LI W，WANG L，LI Y，et al. A Blockchain-based Emissions Trading System for The Road Transport Sector：Policy Design and Evaluation[J]. Climate policy,2021,21（3）：337-352.

[12] 宋璐璐,曹植,代敏.中国乘用车物质代谢与碳减排策略[J].资源科学,2021,43（3）：501-512.

[13] 李文翔,李一鸣,董洁霜,等.碳交易机制下的新能源汽车消费选择行

为[J].系统工程,2023,41(1):15-26.

[14] CAZZOLA P,GORNER M. Global EV Outlook 2016[R]. Paris:IEA, 2016.

[15] 中国汽车技术研究中心.中国新能源汽车产业发展报告(2018)[R]. 天津:中国汽车技术研究中心,2018.

[16] 刘斌.加州零排放汽车规定及其积分交易制度对加快我国新能源汽车推广的借鉴[M]//天津:中国汽车技术研究中心,投资有限公司日产中国,东风汽车有限公司.中国新能源汽车产业发展报告(2014).2014.

[17] Maya Ben Dror,安锋,康利平,等.加州零排放汽车(ZEV)积分交易机制及其在中国城市适用性评估报告[R].北京:能源与交通创新中心,2014.

[18] BIROL F. CO_2 Emissions From Fuel Combustion Highlights (2016 Edition)[R]. Paris:OECD/IEA,2016.

[19] 张陶新.中国城市化进程中的城市道路交通碳排放研究[J].中国人口.资源与环境,2012,22(8):3-9.

[20] 李晔,包磊,李文翔,等.中国道路运输行业CO_2和污染减排潜力情景分析[J].同济大学学报(自然科学版),2016(2):242-248.

[21] CREUTZIG F,MCGLYNN E,MINX J,et al. Climate Policies for Road Transport Revisited (Ⅰ):Evaluation of the Current Framework[J]. Energy Policy,2011,39(5):2396-2406.

[22] MOCK P,TIETGE U,GERMAN J,et al. Road Transport in the EU Emissions Trading System:An engineering perspective[R]. Washington DC:International Council on Clean Transportation,2014.

[23] ANDRESS D,NGUYEN T D,DAS S. Reducing GHG Emissions in the United States' Transportation Sector[J]. ENERGY FOR SUSTAINABLE DEVELOPMENT,2011,15(2):117-136.

[24] FLACHSLAND C,BRUNNER S,EDENHOFER O,et al. Climate Policies for Road Transport Revisited (Ⅱ):Closing the Policy Gap with Cap-and-trade[J]. Energy Policy,2011,39(4):2100-2110.

[25] O'SULLIVAN A. Urban economics[M]. New York：McGraw-Hill/Irwin,2007.

[26] MICHAELIS P,ZERLE P. From ACEA's Voluntary Agreement to an Emission Trading Scheme for new Passenger Cars[J]. Journal of Environmental Planning & Management,2006,49(3)：435-453.

[27] HEINRICHS H,JOCHEM P,FICHTNER W. Including Road Transport in the EU ETS (European Emissions Trading System)：A Model-based Analysis of the German Electricity and Transport Sector[J]. Energy,2014(69)：708-720.

[28] JOCHEM P. Impacts of a Carbon Dioxide Emissions Trading Scheme in German Road Transportation[J]. Transportation Research Record：Journal of the Transportation Research Board,2009,2009(2139)：153-160.

[29] 王靖添,黄全胜,马晓明. 中国交通运输参与国内碳交易现状与展望[J]. 中国能源,2016,38(5)：32-37.

[30] 黎诣远. 西方经济学：微观经济学[M]. 北京：高等教育出版社,2007.

[31] COASE R H. The Nature of the Firm[J]. Economica,1937,4(16)：386-405.

[32] COASE R H. The Problem of Social Cost[J]. The journal of Law and Economics,1960,3：1-44.

[33] DALES J H. Land,Water,and Ownership[J]. The Canadian Journal of Economics/Revue Canadienne d'Economique,1968,1(4)：791-804.

[34] MONTGOMERY W D. Markets in Licenses and Efficient Pollution Control Programs[J]. Journal of Economic Theory,1972,5(3)：395-418.

[35] STAVINS R N. Transaction Costs and Tradable Permits[J]. Journal of Environmental Economics & Management,1995,29(2)：133-148.

[36] ROSE A,STEVENS B. The Efficiency and Equity of Marketable Permits for CO_2 emissions[J]. Resource & Energy Economics,1993,15(1)：117-146.

[37] SARTZETAKIS E S. On the Efficiency of Competitive Markets for Emission Permits[J]. Environmental and Resource Economics,2004,27(1)：1-19.

[38] 陈德湖,李寿德,蒋馥. 寡头垄断和排污权初始分配[J]. 系统工程,

2004,22(10):51-53.

[39] 卞化蝶,李希昆.《环境保护法》的修改——从排污权初始分配和区域环境管理角度来辨析[C]//环境法治与建设和谐社会——2007年全国环境资源法学研讨会(年会)论文集(第二册).兰州,2007:68-73.

[40] 王先甲,肖文,胡振鹏.排污权初始权分配的两种方法及其效率比较[J].自然科学进展,2004,14(1):81-87.

[41] DRIESEN D M,SINDEN A. The Missing Instrument:Dirty Input Limits[J]. Social Science Electronic Publishing,2008,33(1):65-116.

[42] HOBBS B F,BUSHNELL J,WOLAK F A. Upstream vs. Downstream CO_2 Trading:A Comparison for the Electricity Context[J]. Energy Policy,2010,38(7):3632-3643.

[43] MANSUR E T. Upstream Versus Downstream Implementation of Climate Policy[J]. Nber Working Papers,2010,63(1):179-195.

[44] BURROWS P. Pollution Control with Variable Production Processes[J]. Journal of Public Economics,1977,8(3):357-367.

[45] CARLTON D W,LOURY G C. The Limitations of Pigouvian Taxes as a Long-Run Remedy for Externalities[J]. The Quarterly Journal of Economics,1980,95(3):559-566.

[46] SCHMALENSEE R. Another Look at the Social Valuation of Input Price Changes[J]. American Economic Review,1976,66(1):239-243.

[47] SMITH V K. Environmental Costing for Agriculture:Will It be Standard Fare in the Farm Bill of 2000[J]. American Journal of Agricultural Economics,1992,74(5):1076-1088.

[48] MANSUR E T. Vertical Targeting:Issues in Implementing Upstream Versus Downstream Regulation[R]. Philadelphia:Citeseer,2010.

[49] METCALF G,WEISBACH D. The Design of a Carbon Tax[J]. Ssrn Electronic Journal,2009,33(2):499-556.

[50] WEITZMAN M L. Prices vs. Quantities[J]. Review of Economic Studies,1973,41(4):477-491.

[51] FAWCETT T. Personal Carbon Trading:A Policy Ahead of Its Time?[J].

Energy Policy,2010,38(11):6868-6876.

[52] CAPSTICK S,LEWIS A. Personal Carbon Ttrading:Perspectives from Psychology and Behavioural Economics[R]. London:Institute for Public Policy Research,2008.

[53] BRISTOW A L,WARDMAN M,ZANNI A M,et al. Public Acceptability of Personal Carbon Trading and Carbon Tax[J]. Ecological Economics,2010,69(9):1824-1837.

[54] HARWATT H. Reducing Carbon Emissions from Personal Road Transport through the Application of a Tradable Carbon Permit Scheme:Empirical Findings and Policy Implications from the UK[R]. Leeds:Institute for Transport Studies,University of Leeds,2008.

[55] WADUD Z. Personal Tradable Carbon Permits for Road Transport:Why,Why not and Who Wins?[J]. Transportation Research Part A Policy & Practice,2009,45(10):1052-1065.

[56] 顾成昌.碳交易与碳税:两种碳减排措施的比较分析[D].上海:上海社会科学院,2011.

[57] 胡晓明.交通碳排放权分配与交易方式研究[D].哈尔滨:哈尔滨工业大学,2012.

[58] 况丹."碳交易—碳税"政策选择对中国经济和碳减排的影响[D].重庆:重庆大学,2014.

[59] 梁晨.民用车碳排放及碳税研究[D].北京:首都经济贸易大学,2015.

[60] 石敏俊,袁永娜,周晟吕,等.碳减排政策:碳税、碳交易还是两者兼之?[J].管理科学学报,2013(9):9-19.

[61] 张方.碳税和碳交易的减排效果研究[D].沈阳:沈阳师范大学,2013.

[62] WATTERS H,TIGHT M. Designing an Emissions Trading Scheme Suitable for Surface Transport[J]. Institute for Transport Studies,2007.

[63] KLOOSTER J,KAMPMAN B. Dealing with Transport Emissions:An Emission Trading System for the Transport Sector,a Viable Solution[R]. Stockholm:The Swedish Environmental Protection Agency(SEPA),2006.

[64] Market Advisory Committee to the California Air Resources Board. Recom-

mendations for Designing a Greenhouse Gas Cap-and-Trade System for California[R]. Sacramento: CARB,2007.

[65] WINKELMAN S, HARGRAVE T, VANDERLAN C. Transportation and Domestic Greenhouse Gas Emissions Trading[R]. Washington, DC: Center for Clean Air Policy,2000.

[66] GRAYLING T, GIBBS T, CASTLE B. Tailpipe Trading: How to include road transport in the EU Emissions Trading Scheme[R]. London: Institute for Public Policy Research,2006.

[67] SORRELL S. An Upstream Alternative to Personal Carbon Trading[J]. Climate Policy,2010,10(4): 481-486.

[68] MILLARD-BALL A. Municipal Mobility Manager: New Transportation Funding Stream from Carbon Trading? [J]. Transportation Research Record: Journal of the Transportation Research Board,2008,2008(2079): 53-61.

[69] GRAHAM D J, GLAISTER S. The Demand for Automobile Fuel: a Survey of Elasticities[J]. Journal of Transport Economics and Policy (JTEP), 2002,36(1): 1-25.

[70] DOBES L. Tradable Permits In Transport? [R]. Canberra: Bureau of Transport and Communications Economics,1998.

[71] KEPPENS M, VEREECK L. The Design and Effects of a Tradable Fuel Permit System: European Transport Conference (ETC)[C]. Strasbourg: Association for European Transport,2003.

[72] VERHOEF E T, NIJKAMP P, RIETVELD P. Tradeable Permits: Their Potential in the Regulation of Road Transport Externalities[J]. Environment and Planning B: Planning and Design,1997,24(4): 527-548.

[73] LI Y, LI W, WEI Y, et al. Using Personal Carbon Dioxide Trading to Promote Cleaner Cars[J]. Proceedings of the Institution of Civil Engineers - Transport,2017,170(2): 86-98.

[74] WADUD Z, NOLAND R B, GRAHAM D J. Equity Analysis of Personal Tradable Carbon Permits for the Road Transport Sector[J]. Environmental Science & Policy,2008,11(6): 533.

[75] WADUD Z, NOLAND R B, Graham D J. Heterogeneity of Demand Responses in Modelling the Distributional Consequences of Tradable Carbon Permits in the Road Transport sector[M] //Saving energy-just do it. Paris: eceee Summer Study Proceedings. V. 1-4. 2007.

[76] WADUD Z. Personal Tradable Carbon Permits for Road Transport: Heterogeneity of Demand Responses and Distributional Analysis[D]. London: Imperial College London, 2007.

[77] HARWATT H, TIGHT M, BRISTOW A L, et al. Personal Carbon Trading and Fuel Price Increases in the Transport Sector: an Exploratory Study of Public Response in the UK[J]. European Transport, 2011, 47: 47-70.

[78] FAN J, HE H, WU Y. Personal Carbon Trading and Subsidies for Hybrid Electric Vehicles[J]. Economic Modelling, 2016, 59: 164-173.

[79] AZIZ H M A, UKKUSURI S V, ROMERO J. Understanding Short-term Travel Behavior under Personal Mobility Credit Allowance Scheme Using Experimental Economics[J]. Transportation Research Part D: Transport and Environment, 2015(36): 121-137.

[80] RAUX C. The Potential for CO_2 Emissions Trading in Transport: the Case of Personal Vehicles and Freight[J]. Energy Efficiency, 2010, 3(2): 133-148.

[81] RAUX C, MARLOT G. A System of Tradable CO_2 Permits Applied to Fuel Consumption by Motorists[J]. Transport Policy, 2005, 12(3): 255-265.

[82] STARKEY R, ANDERSON K. Domestic Tradable Quotas: A Policy Instrument for Reducing Greenhouse Gas Emissions from Energy Use[R]. Norwich: Tyndall Centre, 2005.

[83] ANGULO E, ESPINOSA-ARANDA J L, GARCÍA-RÓDENAS R, et al. Emissions Cap-and-Trade Approaches for Managing Urban Road Mobility [J]. Transportation Research Procedia, 2014, 3(1): 770-779.

[84] California Climate Action Team. Climate Action Team Report to Governor Schwarzenegger and the Legislature[R]. Sacramento: California Environmental Protection Agency, 2006.

[85] ALBRECHT J. The Diusion of Cleaner Vehicles in CO_2 Emission Trading Designs[J]. Transportation Research Part D: Transport and Environment, 2000, 5(1): 385-401.

[86] GERMAN J. Reducing Vehicle Emissions through Cap-and-Trade Schemes[M]//Driving Climate Change: Cutting Carbon from Transportation. Burlington: Academic Press, 2007: 89-105.

[87] 李晔,李文翔,魏愚燊. 道路交通碳排放权交易研究现状与展望[J]. 同济大学学报(自然科学版), 2018, 46(4): 465-471.

[88] 李文翔,李晔,蔡近近. 政府-企业-居民协同共治的道路交通碳交易机制[J]. 中国环境科学, 2021, 41(9): 4426-4438.

[89] DAVIS S C, WILLIAMS S E, BOUNDY R G. Transportation Energy Data Book Edition 36.1, ORNL-5198[R]. Oak Ridge, TN: Oak Ridge National Lab. (ORNL), 2018.

[90] 闫云凤. 中国碳排放权交易的机制设计与影响评估研究[M]. 北京: 首经贸出版社, 2017.

[91] WU Y, YANG Z, LIN B, et al. Energy Consumption and CO_2 Emission Impacts of Vehicle Electrification in Three Developed Regions of China[J]. Energy Policy, 2012, 48: 537-550.

[92] JIANG J, YE B, MA X, et al. Controlling GHG Emissions from the Transportation Sector through an ETS: Institutional Arrangements in Shenzhen, China[J]. 2016, 16(3): 353-371.

[93] INVENTORIES G G. Intergovernmental Panel on Climate Change[J]. JT Houghton, LG Meiro, 2006.

[94] WANG C, CAI W, LU X, et al. CO_2 Mitigation Scenarios in China's Road Transport Sector[J]. Energy Conversion and Management, 2007, 48(7): 2110-2118.

[95] 段茂盛,庞韬. 碳排放权交易体系的基本要素[J]. 中国人口·资源与环境, 2013, 23(3): 110-117.

[96] 《上海证券交易所交易规则(2018年修订)》[R]. 上海: 上海证券报. 2018.

[97] 贾顺平,毛保华,刘爽,等.中国交通运输能源消耗水平测算与分析[J].交通运输系统工程与信息,2010(1):22-27.

[98] 韩亚倩,张昕,孟庆阔.乘用车油耗水平现状分析与节能技术研究[J].汽车工业研究,2017(12):36-41.

[99] 梁晶晶.基于成本优化的我国道路客运节油发展路线的建模与分析[D].北京:清华大学,2014.

[100] 张少君.中国典型城市机动车排放特征与控制策略研究[D].北京:清华大学,2014.

[101] 庞然.基于实际道路使用工况的汽车燃油消耗研究[D].重庆:重庆交通大学,2017.

[102] 张铁映.城市不同交通方式能源消耗比较研究[D].北京:北京交通大学,2010.

[103] HAASE E. Driving the Environmental Extra Mile-Car Sharing and Voluntary Carbon Dioxide Offsetting[J]. Transportation Research Part D: Transport and Environment,2022,109:103361.

[104] LI J,GAO L,HU X,et al. Effects of Personal Carbon Trading Scheme on Consumers' New Energy Vehicles Replacement Decision:An Economic Trade-off Analysis[J]. Environmental Impact Assessment Review,2023,101:107-108.

[105] 吕力,葛鹏,柳邵辉.基于节能与新能源技术路径的双积分合规成本测算模型及其应用[J].汽车工业研究,2019(1):41-44.

[106] HOLLAND S P,HUGHES J E,KNITTEL C R. Greenhouse Gas Reductions under Low Carbon Fuel Standards?[J]. American Economic Journal:Economic Policy,2009,1(1):106-146.

[107] 詹文杰,邵原.连续竞价市场的交易策略研究综述[J].管理学报,2008(6):921-927.

[108] HAO H,OU X,DU J,et al. China's Electric Vehicle Subsidy Scheme:Rationale and Impacts[J]. Energy Policy,2014,73:722-732.

[109] 李军.个人交通碳排放权交易机制对交通领域碳减排的影响研究[D].合肥:中国科学技术大学,2017.

[110] SCHWOON M. Simulating the Adoption of Fuel Cell Vehicles[J]. Journal of Evolutionary Economics,2006,16(4):435-472.

[111] SHAFIEI E,THORKELSSON H,ÁSGEIRSSON E I,et al. An Agent-based Modeling Approach to Predict the Evolution of Market Share of Electric Vehicles: A Case Study from Iceland[J]. Technological Forecasting and Social Change,2012,79(9):1638-1653.

[112] JOCHEM P. A CO_2 Emission Trading Scheme for German Road Transport: Assessing the Impacts Using a Meso Economic Model with Multi-agent Attributes[D]. Baden-Baden,Germany:Universität Karlsruhe(TH),2009.

[113] FRONDEL M,PETERS J,VANCE C. Identifying the Rebound - Evidence from a German Household Panel [R]. Bochum:Ruhr Economic Paper,2007.

[114] WANG T,CHEN C. Impact of Fuel Price on Vehicle Miles Traveled (VMT):Do the Poor Respond in the Same Way as the Rich?[J]. Transportation,2014,41(1):91-105.

[115] NEWMARK G L,HAAS P M. Income,Location Efficiency,and VMT:Affordable Housing as a Climate Strategy[R]. Housing California,2015.

[116] LIDDLE B. Long-run Relationship Among Transport Demand,Income,and Gasoline Price for the US[J]. Transportation Research Part D:Transport and Environment,2009,14(2):73-82.

[117] GREENING L A,JENG H T,FORMBY J P,et al. Use of Region,Lifecycle and Role Variables in the Short-run Estimation of the Demand for Gasoline and Miles Travelled[J]. Applied Economics,1995,27(7):643-656.

[118] WEISS M,PATEL M K,JUNGINGER M,et al. On the Electrification of Road Transport - Learning Rates and Price Forecasts for Hybrid-electric and Battery-electric Vehicles[J]. Energy Policy,2012,48:374-393.

[119] 陈悦峰,董原生,邓立群. 基于 Agent 仿真平台的比较研究[J]. 系统仿真学报,2011,23(S1):110-116.

[120] 中国人民大学中国调查与数据中心. 中国综合社会调查(CGSS)2015年度调查数据开放[EB/OL]. http://www.cnsda.org/index.php?r=site/article&id=164.

[121] ZACHARIADIS T, SAMARAS Z, ZIEROCK K. Dynamic Modeling of Vehicle Populations: An Engineering Approach for Emissions Calculations [J]. Technological Forecasting & Social Change, 1995, 50(2): 135-149.

[122] HUO H, WANG M. Modeling Future Vehicle Sales and Stock in China [J]. Energy Policy, 2012, 43: 17-29.

[123] HUO H, WANG M, JOHNSON L, et al. Projection of Chinese Motor Vehicle Growth, Oil Demand, and CO_2 Emissions Through 2050 [J]. Transportation Research Record: Journal of the Transportation Research Board, 2007, 2038(1): 69-77.

[124] HAO H, WANG H, OUYANG M, et al. Vehicle Survival Patterns in China [J]. Science China Technological Sciences, 2011, 54(3): 625-629.

[125] SHIAU C N, MICHALEK J J, HENDRICKSON C T. A Structural Analysis of Vehicle Design Responses to Corporate Average Fuel Economy Policy [J]. Transportation Research Part A: Policy and Practice, 2009, 43(9-10): 814-828.

[126] Department of Transportation. Average Fuel Economy Standards Passenger Cars and Light Trucks Model Years 2011-2015 [R]. Washington, DC: National Highway Traffic Safety Administration, 2008.

[127] YEH S, SPERLING D. Low Carbon Fuel Standards: Implementation Scenarios and Challenges [J]. ENERGY POLICY, 2010, 38(11SI): 6955-6965.

[128] 国家统计局.《中国统计年鉴2017》[G]. 北京: 中国统计出版社, 2018.

[129] 中国社会科学院人口与劳动经济研究所.《人口与劳动绿皮书》[M]. 北京: 社会科学文献出版社, 2019.

[130] 中国汽车工程学会.《节能与新能源汽车技术路线图》[M]. 北京: 机械工业出版社, 2016.

[131] 钟永光,贾晓菁,钱颖. 系统动力学[M]. 2版. 北京:科学出版社,2013.

[132] OU X,ZHANG X,CHANG S. Scenario Analysis on Alternative Fuel/Vehicle for China's Future Road Transport:Life-cycle Energy Demand and GHG Emissions[J]. Energy Policy,2010,38(8):3943-3956.

[133] 中国汽车工程学会. 中国汽车行业中长期发展趋势及用能需求预测模型研究[R]. 北京:中国汽车工程学会,2017.

[134] 中国汽车技术研究中心有限公司. 中国传统汽车和新能源汽车发展趋势2050研究[R]. 北京:中国汽车技术研究中心有限公司,2018.

[135] 中国汽车技术研究中心. 中国节能与新能源汽车发展研究报告[R]. 北京:中国汽车技术研究中心,2017.

[136] 安锋,康利平,秦兰芝,等. 中国传统燃油汽车退出时间表研究[R]. 北京:能源与交通创新中心,2019.

[137] 李文翔,李晔,董洁霜,等. 引入碳交易机制的新能源汽车发展路径研究[J]. 系统仿真学报,2021,33(6):1451-1465.

[138] The International Council on Clean Transportation. International ZEV Alliance Announcement[EB/OL]. [2019.08.08]. http://www.zevalliance.org/international-zev-alliance-announcement/.

[139] LI W,BAO L,WANG L,et al. Comparative Evaluation of Global Low-carbon Urban Transport. Technol. Forecast. [J]. Soc. Change,2019,143:14-26.

[140] LI W,BAO L,LI Y,et al. Assessing the Transition to Low-carbon Urban Transport:A Global Comparison[J]. Resources,Conservation and Recycling,2022,180:106179.

[141] IEA. The Future of Trucks:Implications for Energy and the Environment[M]. Paris:International Energy Agency,2017.

[142] IEA. Global EV Outlook 2019[R]. Paris:International Energy Agency,2019.

[143] IEA. Global Energy & CO_2 Status Report 2018[R]. Paris:International Energy Agency,2019.

[144] 薛露露,刘岱宗. 迈向碳中和目标:中国道路交通领域中长期减排战略[R]. 华盛顿:世界资源研究所,2022.

[145] DONG J, LI Y, LI W, et al. CO_2 Emission Reduction Potential of Road Transport to Achieve Carbon Neutrality in China[J]. Sustainability,2022, 14(9):5454.

[146] LAMPORT L, SHOSTAK R, PEASE M. The Byzantine Generals Problem [J]. ACM Transactions on Programming Languages and Systems,1982, 382-401(4(3)).

[147] KOBLITZ N. Elliptic curve cryptosystems[J]. Mathematics of Computation,1987(48(177)):203-209.

[148] MILLER V S. Use of Elliptic Curves in Cryptography[J]. International Cryptology Conference,1985:417-426.

[149] CHAUM D, FIAT A, NAOR M. Untraceable Electronic Cash[C]//Advances in Cryptology—CRYPTO'88:Proceedings 8. New York:Springer,1990:319-327.

[150] LAMPORT L. A Theorem on Atomicity in Distributed Algorithms[J]. Distributed Computing,1990,4(2):59-68.

[151] HABER S, STORNETTA W S. How to Time-stamp a Digital Document [J]. Journal of Cryptology,1991,3(2):99-111.

[152] JOHNSON D, MENEZES A, VANSTONE S. The Elliptic Curve Digital Signature Algorithm(ECDSA)[J]. International Journal of Information Security,2001(1(1)):36-63.

[153] BACK A. Hashcash-A Denial of Service Counter-Measure[D]. 2002.

[154] DAI W. B-money[EB/OL]. 1998. http://www.weidai.com/bmoney.txt.

[155] FINNEY H. RPOW-Reusable Proofs of Work[EB/OL]. 2004. https://nakamotoinstitute.org/finney/rpow/index.html.

[156] NAKAMOTO S. Bitcoin:A Peer-to-peer Electronic Cash System[J]. 2008:28.

[157] SWAN M. Blockchain:Blueprint for a New Economy[M]. Beijing:O'Reilly Media,Inc,2015.

[158] 杨保华,陈昌. 区块链原理、设计与应用[M]. 北京：机械工业出版社,2017.

[159] 蔡亮,李启雷,梁秀波. 区块链技术进阶与实战[M]. 北京：人民邮电出版社,2018.

[160] 蒋勇. 白话区块链[M]. 北京：机械工业出版社,2017.

[161] 林华,蔡长春. 区块链：通往资产数字化之路[M]. 北京：中信出版社,2018.

[162] SZABO N. Smart Contracts：Building Blocks for Digital Markets[J]. EXTROPY：The Journal of Transhumanist Thought,1996(16).

[163] 孙毅,范灵俊,洪学海. 区块链技术发展及应用：现状与挑战[J]. 中国工程科学,2018,20(2)：27-32.

[164] DHILLON V, METCALF D, HOOPER M, et al. The Hyperledger Project[J]. Blockchain Enabled Applications：Understand the Blockchain Ecosystem and How to Make it Work For You,2017：139-149.

[165] ANDROULAKI E, BARGER A, BORTNIKOV V, et al. Hyperledger Fabric：A Distributed Operating System for Permissioned Blockchains[C]. Proceedings of the Thirteenth EuroSys Conference. Porto Portugal：ACM,2018.

[166] 徐浩然. 区块链技术在商业银行中的应用分析[D]. 武汉：华中科技大学,2018.

[167] VILLORIA-SÁEZ P, TAM V W Y, RÍO MERINO M D, et al. Effectiveness of Greenhouse-gas Emission Trading Schemes Implementation：A Review on Legislations[J]. Journal of Cleaner Production,2016,127：49-58.

[168] AL KAWASMI E, ARNAUTOVIC E, SVETINOVIC D. Bitcoin - Based Decentralized Carbon Emissions Trading Infrastructure Model[J]. Systems Engineering,2015,18(2)：115-130.

[169] KHAQQI K N, SIKORSKI J J, HADINOTO K, et al. Incorporating Seller/Buyer Reputation-based System in Blockchain-enabled Emission Trading Application[J]. Applied Energy,2018,209：8-19.

[170] FU B, SHU Z, LIU X. Blockchain Enhanced Emission Trading Framework

in Fashion Apparel Manufacturing Industry[J]. Sustainability, 2018, 10 (4): 1105.

[171] BARTOLETTI M, POMPIANU L. An Empirical Analysis of Smart Contracts: Platforms, Applications, and Design Patterns: International Conference on Financial Cryptography and Data Security[C]. Berlin: Springer, 2017.

[172] GAUR N, DESROSIERS L, RAMAKRISHNA V, et al. Hands-On Blockchain with Hyperledger: Building Decentralized Applications with Hyperledger Fabric and Composer[M]. Birmingham: Packt Publishing Ltd, 2018.

[173] HYPERLEDGER. Key Concepts in Hyperledger Composer[EB/OL]. https://hyperledger.github.io/composer/latest/introduction/key-concepts.